胡朝华 —— 著

华为产品数据是怎样炼成的

U0331224

清华大学出版社
北京

内 容 简 介

本书力求深入浅出,减少产品数据管理专业术语的堆积,尽可能用企业的实践案例的分析加深读者对专业术语的理解,降低专业深度,更多地分析产品数据、产品数据管理对企业运作与管理的影响。帮助读者理解、思考自身工作中碰到的产品数据管理问题,寻找最合适的解决方案。

本书在多数章节的最后会对华为的产品数据管理实践或华为与业界的对比进行总结,给出浓缩性的"启示",便于读者更好地吸收本书有用的知识。

本书适合企业的管理者、IT 与数据管理人员、数字化信息化部门的人员阅读,也适合产品经理、产品开发人员、供应制造人员、财经人员等阅读,甚至可以作为企业变革管理者、销售管理者等的参考材料。

本书封面贴有清华大学出版社防伪标签,无标签者不得销售。

版权所有,侵权必究。举报:010-62782989,beiqinquan@tup.tsinghua.edu.cn

图书在版编目(CIP)数据

华为产品数据是怎样炼成的/胡朝华著. —北京:清华大学出版社,2024.4(2024.6重印)
ISBN 978-7-302-65847-4

Ⅰ.①华… Ⅱ.①胡… Ⅲ.①企业 – 产品 – 数据管理系统 Ⅳ.①F273.2

中国国家版本馆 CIP 数据核字(2024)第 060762 号

责任编辑:付潭娇
封面设计:方加青
责任校对:宋玉莲
责任印制:刘 菲
出版发行:清华大学出版社
　　　　　网　　　址:https://www.tup.com.cn,https://www.wqxuetang.com
　　　　　地　　　址:北京清华大学学研大厦 A 座　　　　邮　　编:100084
　　　　　社 总 机:010-83470000　　　　　　　　　　邮　　购:010-62786544
　　　　　投稿与读者服务:010-62776969,c-service@tup.tsinghua.edu.cn
　　　　　质 量 反 馈:010-62772015,zhiliang@tup.tsinghua.edu.cn
印 装 者:小森印刷霸州有限公司
经　　销:全国新华书店
开　　本:170mm×230mm　　　印张:19.75　　　字　　数:308 千字
版　　次:2024 年 5 月第 1 版　　　　　　　　　　印　　次:2024 年 6 月第 2 次印刷
定　　价:99.00 元

产品编号:101866-01

前　言

　　2000 年前后，"产品数据管理"（product data management，PDM）这个词在中国非常流行。整个工业界刚刚完成从物料需求计划（material requirement planning，MRP）向制造资源计划（manufacturing resource planning，MRPⅡ，ERP 的前身）的升级转变，好不容易将物料清单（bill of material，BOM）数据从单机系统迁移到 MRPⅡ系统中，让这个超级复杂的巨无霸系统有了核心产品的 BOM 信息，勉强运作起来，突然间所有的注意力都转移到文档管理、工程变更、工作流管理、产品结构甚至配置管理等与产品研发关系更加密切、更"高新尖"的管理模块上。PDM 一下子成了各大企业追捧的理念、方法论或 IT 系统。整个学术界也纷纷著书立说，关于 PDM 的书籍几乎占据了整个企业管理类书架。与此同时，国内有实力的企业也斥巨资引入了先进的 PDM 系统，希望通过购买这些昂贵的软件包，立竿见影地提升研发水平。

　　关于什么是 PDM，学术界与业界有很多不同的观点。有人认为，PDM 是软件包，可以承载研发流程与研发作业活动，提供研发协同工作平台，提升研发效率；也有人认为，PDM 是一个管理思想与方法论，可以将企业的研发资产有效地管理好，可以优化研发过程，支撑企业的创新；还有人认为，PDM 是一个产品信息管理的技术手段，可以通过一个"结构树"将产品的所有信息串在一起，直至建立"虚拟产品"（用最新术语表示就是"数字化产品"）。

　　但这种运动式、一窝蜂式以及百花齐放、百家争鸣的热闹场面并没有持续多久。大约从 2005 年开始，PDM 热度迅速下降，不仅相关的书籍寥若晨星，各大企业对 PDM 的热切期盼与求之却不可得的焦虑之情也似乎瞬间消退了。"产品数据管理"这个词也很少有人再提，即使不得不提起，也是用产品生命周期管理（product lifecycle management，PLM）取而代之，但 PLM 的范畴，已经远远超越了当初的 PDM，而在制造领域，企业资源计划（enterprise resource planning，ERP）也早就取代了 MRP Ⅱ。产品数据管理似乎从此被业界遗忘和忽略了。

然而，有一家企业、有一个团队 20 多年来一直在坚持产品数据管理的改进，不管外界如何看待产品数据管理，他们一直面对着这个领域的挑战与问题，如临深渊、如履薄冰，不断试错、探索，其间的曲折与艰辛，不为外人所知。在这个已经被外界遗忘已久的领域所发生的一切，伴随着这个企业传奇式的发展历程，同样是暗流涌动、惊心动魄。

这个企业，就是华为。

这个团队，就是华为产品数据管理团队。

笔者从 1996 年入职华为，有幸在产品数据管理领域服务华为 20 多年，见证了华为产品数据管理发展的全部过程。2018 年离开华为之后，机缘巧合，笔者接触了中国 20 多家创新型制造企业，其中包括多家大型国企，观察分析了它们的产品数据管理现状，发现大多数企业还停留在 2000 年以前的水平上。也就是说，从"PDM 热"至今，中国企业在这个领域几乎处于停滞状态！

这个发现令笔者非常震惊，没有对比就没有伤害，同样地，对华为的员工而言，没有对比就没有自豪感。所谓日用而不知，久处芝兰之室而不闻其香，原来华为在产品数据管理领域 20 多年默默无闻的耕耘以及几代的主管、数以万计的员工点点滴滴的努力，已经结出了累累果实。

这些成果的取得是有心栽花，还是无心插柳？在一个不被关注的领域能长期坚持做下去，一定有其内在逻辑与机制驱动，华为的产品数据管理之所以是现在这个状况、中国企业的产品数据管理之所以是现在这个状况，都是内因与外因共同作用的结果。

本书从产品数据管理的本质出发，剖析华为和业界的产品数据管理发展的内在逻辑，总结产品数据管理对企业经营管理的重要影响，分享华为产品数据管理的案例，交叉比对华为与业界的不同之处，希望对中国企业有所帮助。对华为产品数据管理团队而言，也希望本书能坚定他们在这个领域继续发展的决心和信心，珍惜 20 多年获得的经验与教训，始终保持开放的心态，坚持不懈地走下去。

由于作者水平有限，本书观点不免偏颇，错误也在所难免，不足之处望读者批评指正。

作　者
2023 年 11 月

专用术语

目　录

第 1 章

产品数据综述

1.1 产品数据的业务价值

1.1.1 产品数据价值的不同表述

结合华为多年的发展以及笔者对业界的实践总结，产品数据对企业的价值，有以下 5 种表述。

1. 桥梁说

20 世纪 90 年代，美国、欧洲很多学者著书立说，认为产品数据是"衔接研发与外部世界的桥梁"。在当时的环境下，产品研发人员重技术、轻管理，在进行产品研发时不考虑下游的可制造性、可销售性、可供应性、可维护性等面向诸可行性的设计（design for X，DFX，X 包括可靠性、节能减排、归一性、可服务性、可包装性、可制造性、可维修性、可采购性、可供应性、可销售性、可测试性、可修改性、可扩展性、成本、性能、安全性，等等。）需求是很普遍的现象。产品研发与制造、销售、服务等领域之间天然存在巨大的鸿沟。

研发人员没有产品大规模制造的思维，只对实验室里面的样机负责，认为只要产品功能齐备，性能指标符合设计标准，在实验室测试通过，自己就完成了产品研发任务，产品就可以上市了。至于说产品在批量生产时是否满足生产线的工艺路线要求、是否有生产装备可以满足批量生产使用的需要、是否具备外购件的可供应性、销售时的营销资料、销售工具是否已经准备好、工程安装是否可行，等等，产品研发人员则完全没有考虑。

研发部门与下游部门之间存在部门墙，研发人员与"外部世界"的唯一联系就是他们设计的图纸、BOM、软件版本等产品数据。产品数据就成了联系研发部门与其他部门的唯一桥梁。

自华为推行集成产品开发（integrated product development，IPD）之后，产品数据成了产品开发团队（product development team，PDT）交付的"产品包"的一部分。其中包含了跨部门团队在产品设计早期就介入的 DFX 设计的成果，如可靠性设计、工艺设计、产品的可维护性设计等，而且在完成开发后还要对各方面的 DFX 进行测试验证。研发与"外部世界"共同设计了产品，那个"鸿沟"消失了。

然而，产品毕竟还是要经历从线索到现金流程（lead to cash，LTC，以合同的获取、合同履行、产品交付为主线索）才能被制造出来、被卖出去、被安装、部署到客户网络上。所以，还是要靠产品数据衔接 IPD 与 LTC 这两大流程。

当然，IPD 内部从需求到设计、从开发到测试、从产品发布到生命周期全过程也是产品数据在流动。

因此，从 IPD 流程到 LTC 流程，IPD 流程内部，LTC 流程内部都有产品数据在流动，都必须靠这个桥梁沟通、连接各业务环节及各作业系统。离开了产品数据，企业内各部门、各角色、各作业环节正式有效的沟通就中断了，跨部门的协同就会失败。

而产品数据本身的质量以及产品数据管理的方式，将直接影响到各部门协同的效率，就像桥梁拥塞了一定会影响交通顺畅一样。

2. 空气说

产品数据就像空气一样重要，空气充斥每一个角落，人必须时时刻刻都呼吸空气才能维持生命。产品数据对于企业来说，也是无处不在、不可或缺的。

但是，好的产品数据通常是不被人关注的，正如清新的空气通常被人忽略。而空气一旦被污染了，人们呼吸到了被污染的空气，会有不适感，时间长了甚至会得病，此时人们才会意识到空气的重要性，才会重视空气的治理。华为早期由于研发不重视 BOM，导致了很严重的发错货问题，惊动了最高管理层；当海外市场规模突破后，又由于销售 BOM（sales BOM，S-BOM）等问题，导致了从合同配置到交付配置的打通效率低下，影响了合同的履行效率，削弱了产品的竞争力，又一次引起全公司的关注。

就像空气污染很难治理一样，如果产品数据的质量出了问题，通常要花费巨大的代价进行整改、补救，因为问题多半出在源头，出在底层逻辑上。所以，产品数据的信息架构如果一开始没有考虑好，就要靠后面进行整改，以至于伤筋动骨，事倍功半。

产品数据被遗忘的时候反而是质量最好的时候。正因如此，企业的高管们在企业平安无事时就容易忽略产品数据的存在价值，忽略那些默默无闻的产品数据管理专业人员。"救火英雄"总是比"防火员"更受关注和重视。产品数据管理专业组织可能会被高层质问："你们为什么要存在？"

出问题的时候，高层则会这么说："你们干什么吃的？"或者说："你们既然存在了，那就由你们去搞定，不要找我。"

这就是产品数据管理者经常面临的窘境。

与"空气说"类似的说法还有"血液说"，产品数据就像企业的血液一样流经整个机体，道理与空气说是一样的。

3. 基础说

1）产品数据是企业业务流程高效运作的基础

IPD、LTC 等业务流程是企业的主干流程，由很多业务领域、业务环节组成，这些业务流程中各个活动的输入、输出都是产品数据。各作业环节基于信息技术（information technology，IT）系统运作，更多的情况下产品数据是从 IT 系统输出，又被 IT 系统使用，IT 系统中流动的就是产品数据。

因此，产品数据是流程运作的基础。当企业建立了业务流程，就要梳理清楚产品数据，只有有效管理产品数据，流程才能顺畅运作。

2）产品数据是产品质量管理的基础

质量就是符合要求。华为的产品质量是靠流程执行质量保证的，流程的各个活动的输入、输出及流程的交付件都有清晰的定义，每个环节都按照流程的要求输出业务活动的结果。这种要求会细化到产品数据的层级，从输出的内容到格式再到产品数据存放的 IT 系统、位置，都有严格的定义。下游作业环节就可以按照约定的格式、路径获得其输入，环环相扣，过程的质量得到了保证，产品的最终质量也会得到保证。

举例来说，需求失真、丢失需求是在产品开发过程中经常发生的。华为对客户需求、初始需求、系统需求、分配需求都进行了严格的定义，并把需求的收集、分析、分解、整合、分配、追溯的全过程都放在 IT 系统中，需求的变更也要符合变更管理流程要求。有了需求就要有验证、有测试方案与测试用例对交付结果（软件、硬件、机械结构件等）进行测试验证，保证需求得到了满足。当需求层层分解，验证也是层层卷积时，测试验证的问题单、缺陷、变更单、补丁等都是产品数据，相互之间还可以建立关联关系，以确保需求的闭环、缺陷的闭环。这种管理要求就是将原来用文本管理的需求、测试方案、问题单进行了结构化，从而可以借助 IT 系统自动保证闭环。

3）产品数据是成本管理的基础

Part、BOM 定义了从元器件到产品模块的共用基础模块（common building blocks，CBB），也是产品进行归一化、模块化设计和标准化制造的基础。通过重用、共享 CBB，多样性的、面向客户定制的产品可以包含重用的元器件和标准模块，Part 的库存种类可以降低，呆死料风险下降；采购数量可以汇聚，降低了采购成本。

另外，通过产品配置管理，可以将成本改进的成果和措施固化到 BOM 中，并将具有成本竞争力的配置推荐给客户。

BOM 结构直接影响到制造、加工作业的效率，从而影响产品制造成本。通过 BOM 扁平化，可以减少制造工序，减少中间件的库存，消除冗余动作，提高效率。通过将差异化后移，即延迟制造，可以提升重用模块的比例；通过提前对重用标准模块备货，可以缩短产品发货提前期，提升库存周转率。

产品数据也提供了成本统计、分析的基础数据，为产品成本管理提供了可视化的基础。

4）产品数据是网络安全与合规运营的基础

产品数据管理可以识别软件的编译，构建所需的所有自研代码、第三方软件、开源软件、构建工具、编译工具、安装环境等配置项，并将其纳入配置管理，确保配置项的完整性。通过在版本发布流程与网络部署过程中嵌入数字签名、病毒扫描等手段，可以防止版本被调包、篡改，从而确保版本的完整性。

通过从需求到版本、从缺陷到补丁的端到端（end to end，E2E）可追溯，确保软件过程的可追溯性。

通过对构建过程的配置管理，确保构建可重复性，保证代码与版本的一致性。

另外，产品数据中可以标识美国技术的成分、比例，从而在配置器形成的合同配置中自动计算整个合同的美国技术成分，为合同的合规评审提供准确的数据。

产品数据中也可以标识有害物质的含量，记录产品通过环保认证和安规认证的信息，确保产品发货满足不同国家的环保、安规等法律法规要求。

4. 标准说

有人认为产品数据管理就是建立标准与规则，并要求企业内部按照统一的标准与规则执行，以获得产品质量的一致性与标准化，提升企业的运营效率。

事实上，产品数据就是一种高度标准化的信息表现形式，不管是 Part、BOM还是文档，都按照 IT 系统的要求定义了详细的格式，在数据表达方式上是标准化的。

从业务上看，产品数据代表的是产品实物、是业务对象，必须在企业各部门之间对其术语、规则取得一致的认识，才能在不同领域、不同业务环节、不同的应用系统中对这些业务对象进行信息交换、交易。统一的术语、统一的业务规则就是企业内部的标准。

产品本身也必须做到标准化才能形成规模制造，面向商业客户（to business，To B）业务模式的产品虽然存在定制化，但组成产品的模块是标准的、元器件是标准的。产品只有做到标准化，企业才能做得更大，从而走得更远。而产品标准化就很自然地体现在标准化的产品数据中。

5. 数字化说

产品数据就是对产品的数字化。

产品的创新就是从无到有地将一个产品"定义"出来，并通过标准的产品数据语言告知各部门该产品的工作原理、组成、特性与需求、设计方案、装配关系、外形、加工工艺要求、检验标准与要求、产品配置组成、物料组成等。借助现代化的计算机辅助工程（computer aided engineering，CAE）软件，在产品实物被制造出来之前，研发就可以对产品进行仿真。

一个产品的定义就是一套产品数据。

根据这套产品数据制造出来的实物产品，仍然可以用这套产品数据来表达，或者说实物产品符合了产品数据定义的各种要求。而每一个实物产品还应该有标识其唯一性的"身份标识"，如产品序列号（serial number，SN）；也可以有这个唯一实物的各种数据，如合格证、厂验报告等。

产品数字化意味着对产品的研发、制造、销售、安装、运维等环节的各类单据处理活动都可以在 IT 系统中完成，大多数活动无须人工干预，不需要在 IT 体外、线下操作。

30 多年前就有人提出，产品数据管理就是建立数据之间的关联关系，形成数字化产品结构，形成"虚拟产品"的整个过程的管理。

随着 IT、软件技术的发展，虚拟产品在产品的研发、制造、营销、服务中发挥了越来越大的作用。

1.1.2   产品数据是产品竞争力的基础

以上这些说法都很形象，也很正确。产品数据的价值，怎么形容都不为过。

总结起来就是：产品数据就是产品竞争力的基础。产品数据管理是产品竞争力的核心管理能力。

产品数据缩短了产品研发周期，加快了创新的速度；产品数据保证了产品质量，降低了产品的综合成本；产品数据记录了研发成果，积淀和提升了组织的创新能力；产品数据优化了产品投标报价、合同签订、订单处理、发货、安装全过程的配置处理与传递过程，缩短了产品交付时间，提升了产品的交付竞争力；产品数据提供了可视、透明、可重复的研发过程，为网络安全提供了基础能力，是产品安全可信竞争力的基础；产品数据承载了产品环保、安规、贸易合规管理所需的信息，是合法合规的基础；产品基本信息是产品进行经营管理、绩效考核、投资管理的基础信息，是 IPD 流程落地的基础数据。

当企业出现以下问题时，通常与产品数据没有得到有效的管理有关。

（1）企业高度依赖员工个人技术和经验，一旦流失技术骨干就会严重影响企业经营。

（2）企业的研发能力很强，但研发产生的产品数据不能及时、准确、完整、安全地传递到制造、销售等部门，导致产品批量生产错误频发，产品报价、合同履行效率低下，客户的体验很差。

（3）"低级错误"总是重复发生，一犯再犯。

（4）研发工程师总是不重视文档写作，不重视 BOM 开发。

（5）产品研发各角色总是不能有效协同，客户需求响应慢，产品上市周期

（time to marketing，TTM）长。

（6）设计变更时总会出现生产与销售部门的混乱，变更总是不能彻底、完整地执行。

（7）企业花重金引进了业界先进的 PLM、ERP、软件配置管理（software configuration management，SCM）、客户关系管理（customer relationship management，CRM）等信息管理系统，却不能充分发挥其效能，甚至束之高阁，作业还是依赖人工和体外操作。

（8）产品经营管理的各类报表要用 Excel 等线下工具体外处理，IT 系统中的数据不可信，往往需要人工调整，企业有大量的"表哥表姐"。

（9）很难建立一支专业化的产品数据管理队伍，并使其业务骨干在产品数据领域长期成长与发展。

1.2　产品数据管理基本原理

1.2.1　ID 模型是产品数据管理的基础模型

产品数据管理本质上是对产品的生命周期内涉及的项目（Item）及其相关文档的管理。Item 及文档构成了产品数据的所有内容，就像任何物质都由分子构成，分子由原子构成，Item 与文档就是任意复杂的产品数据的"原子"。

所有条目化、结构化的业务对象都可以抽象为 Item，比如产品的一个 Part，或者是产品的一条需求。Item 下面有很多"属性"，对该 Item 进行标识、描述、管理、说明。比如，零部件的 Part 有 Part 编码（part number，PN）、名称、版本、分类、生命周期状态、责任人、来源（自制或外购等）、环保属性、存储要求（温度、湿度、光照等）、特征属性（该 Part 的物理、化学特征）等。Item 的唯一识别码是 Item 编码（item number），任何的 IT 系统，只要指定了 Item 的 Item 编码，就可以"调用"这个唯一的 Item 的所有属性信息。就像居民身份证号码，只要在 IT 系统中填写正确，就能对应某特定公民，其姓名、性别、出生日期、地址等信息都自动读取出来了。如果该身份证绑定了手机号、微信号、银行卡号，那么 IT 系统也可以根据预先设定的规则自动读取这些信息，无须人工再一一输入。

Item 的范围比产品数据更加广泛，多为非产品数据，如以上说的公民身份证，也可以用 Item 进行管理。

文档是指对 Item 进行进一步描述、解释、说明、要求的非结构化数据，其存在形式很多，文字、图像、视频、音频、2D 图、3D 图及其他特殊格式，需要特定工具才能识别的电子文件，可以都是文档。在华为，软件，如源代码与二进制代码，也被当成了文档。在产品数据管理语境下，所有产品数据的文档都是附加在某 Item 上的，人们不会无缘无故写文档，一定是为了某类业务对象写的。例如，一张电缆的工程图纸，就是用于对该电缆 Part 的补充说明，因为在很多情况下，只有 Item 的属性信息还不足以精准描述该 Item，就需要用文档加以补充描述。

文档虽然是非结构化的数据，但为了对其进行有组织、有层次的管理，将其抽象为一个"文档对象"，文档对象又是结构化的数据，也有编码、名称、分类、版本及其他属性。就像图书馆的图书，可以用其编目信息在计算机里面进行管理，编目信息是结构化信息，每一个编目信息对应一本实体图书，图书上再贴一个条码，就可以与其编目信息的图书编码对应上，通过扫码，相应的图书文档对象上就会形成借阅、归还的记录。

文档对象指代一个实体文档（电子件、纸件），两者必须建立对应关系。电子件均可以作为文档对象的附件。例如，在 PDM 上打开一个软件版本，可以看到下面的软件二进制文件。

以上产品数据 Item 与文档的关系，可以用图 1-1 所示的数据模型表达。

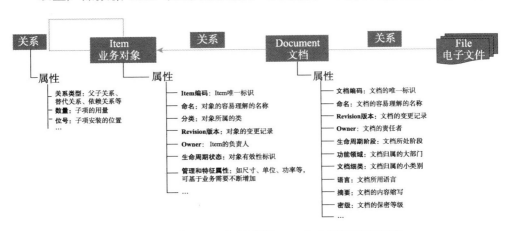

图 1-1　ID 模型——产品数据 Item 与文档的数据模型

为了讨论方便，此处将 Item 与文档的数据模型简称为 ID（Item-Doc）模型。ID 除了是 Item 与 Document 的缩写，还有身份证明（identification）的含义，表示产品数据管理的根基是建立在对所管理的产品对象进行 Item 化的基础之上的。

Item 化的好处是 IT 系统可以自动识别 Item，可以自动读取 Item 属性值，加上规则，可以自动筛选所需 Item、自动校验是否符合规则、自动控制 Item 在业务活动中的交易。比如，"已经结束销售（end of market，EOM）的产品不可以再销售"这样的规则，只要配置器或配置、定价与报价（configure-price-quote，CPQ）系统读取 Part 的"生命周期状态"属性值，EOM 及以后状态的 Part，就不会出现在可销售产品的范围内，无须人工用 Excel 表体外查询产品是否已经 EOM。

Item 化对于重复使用、多处调用、交易量大的 Item 可以带来显著的经济收益，可以大量减少人工查询时间，大幅度降低出错概率。

文档与 Item 建立关联关系可以将零散的、非结构化的信息进行结构化管理。这对于产品这种多层级、高复用对象的 PDM 尤为有利。大量的产品文档汇聚到由 Item 与 Item 之间的关系所建立的产品结构上，文档的归档、查阅、发放跟随产品结构可以部分享受到 Item 化带来的好处。而且，当工程变更（engineering change，EC）发生时，这种关系可以帮助识别变更的配套性，提升 EC 的完整性与一致性。

图 1-1 的 ID 模型每一个实心框代表一个"实体"（entity），其中 Item 为业务对象实体，Document 为文档对象实体，File 电子文件就是文档实体。粗线条代表两个实体之间的关系。例如，Item 与 Item 之间的关系就是左上角的矩形粗线条，产品的 BOM 结构就是用 Part 与 Part 之间的关系进行表达的。

每一个实体都有"属性"，属性是可以扩展的，有些 Item 属性可以多达几百个。属性扩展时，不会对已有的数据结构和 IT 系统架构带来影响，因为属性可扩展就是 ID 模型所决定的。企业在应用 ID 模型时，可以非常方便地增加属性定义，以满足新的业务管理需求。

比如，为了满足由美国贸易制裁带来的贸易合规要求，华为在某些类别的 Part 增加"美国技术占比"这样的属性，就可以增加 Part 管理的维度，但不会对已经存在的数据关系和 IT 系统带来任何的影响。

"关系"也是一类实体，也可以带属性。比如，Part 与 Part 之间可以建立父子关系，下面有"数量""位置"等属性，这种关系就是 BOM。

ID 模型是产品数据的基础数据模型，此模型在 30 多年前就已经确定了，现在所有的产品数据管理的流程、规则，所有的 IT 系统都是符合此模型的。华为的产品数据管理体系也是基于对此模型的理解、叠加、应用、实践。但对 ID 模型本身，华为没有进行任何改动与创新。

ID 模型对于产品数据管理来说，就像是用一砖一瓦、一梁一柱构筑起宏伟的教堂，该模型就是砖、瓦、梁、柱的模具，如果符合该模具，可以烧制、浇注出各式各样的砖、瓦、梁、柱。如果符合该模具，教堂就可以修得高大且坚固；如果不符合该模具，教堂就盖不高，而且不能永久坚固，未来很可能需要重盖。

1.2.2 ID 模型落地实施的三步骤

华为没有对 ID 模型进行改动与创新。

那么，为什么基于相同的数据模型，有些企业的产品数据做得好，而有些做得不好呢？区别在于以下几方面。

（1）对 ID 模型的理解是否准确。

（2）基于 ID 模型制定的规则是否合理。

（3）规则是否得到执行。

3 个方面其实是 3 个步骤，依次递推，环环相扣，前面一个步骤做不好，后面的一定也做不好。如果第一步对 ID 模型的理解就不全面，或者有偏差，那么据此制定的规则就一定不合理，也更谈不上执行了。

第一步：全面准确地理解 ID 模型。总结华为 20 多年产品数据管理实践，以及对 20 多家中国企业产品数据管理实践的研究发现，很多企业对 ID 模型的理解一开始就有认知的错误，导致后续的规则、IT 实施出现很多问题。华为也经历了开始时对 ID 模型理解有偏差、对模型错误应用、发现问题后进行整改、纠正错误的过程。

比如，很多企业将 Part 编码的每一位都赋予了含义，然后 IT 系统"解析"它们的含义，当业务需求发生变化时，就需要大动干戈去改 Part 编码和 IT 系统，这是一件非常痛苦的事。这就是典型的对 ID 模型没有理解到位。事实上，

Part 编码中的很多含义，应该作为属性值放到结构化的属性中，IT 系统自动读取。这样的话，当业务需求发生变化时，属性可以变更，而编码、IT 系统则都不用更改。

还有，很多企业将"产品名称"直接等同于 Part。也就是说，用产品 BOM 的顶级 Part 等效于"产品"，导致产品 BOM 发生一些 EC 时都会产生新的"产品"。事实上，发生 EC 时，产品还是同一个，不可能跟着产生新产品，这就是错误地认为产品的所有对象都是 Part，没有引入 Offering（具体见本书第 8 章）这一业务对象（Item），在产品信息架构上，没有将产品对象与 Part 对象解耦。或者说，没有根据业务流程的需要，将 Item 类别进行合理划分，出现了概念的混淆。

一步错，步步错，这些基本概念一定要理解全面彻底，只要全面准确理解了 ID 模型，在产品数据管理的原理之上的实践第一步就正确了。

这一步非常重要，产品数据管理体系的需求最后都会落地到 IT 中，如果对 IT 的工作原理没有了解，就很难利用好 IT 改善业务过程。业务不懂 IT，IT 不懂业务，这是企业的普遍现实，术业有专攻，产品数据管理人员应该在业务与 IT 之间发挥桥梁与纽带作用，用双方都能理解的语言将业务需求转变为 IT 需求。而数据模型就是这样的一种共同语言，可以通过概念模型、逻辑模型、物理模型的建立，将业务需求逐步转变为 IT 语言。

很多企业没有设置专业的产品数据管理团队，没有专人负责将业务需求转换为数据模型，业务主管以为自己是懂 IT 的，是理解产品数据管理底层逻辑的，但往往理解得不全面、不透彻，容易出现"张冠李戴""指鹿为马"的认知错误，这就是我们经常说的"信息架构的错位"。

很多业务主管了解了 Part 编码的规则后，总是心心念念认为上面可以做很多文章，可以加上版本，加上生命周期状态等"号段"，由 IT 系统根据业务需求去截取部分信息进行使用。而在 ID 模型中，版本、生命周期状态是 Item 的属性，是可以变化、更改的，用属性管理这些信息弹性会更大，可扩展性更强，数字化的手段会更加丰富。

第二步要在不同业务部门之间对产品数据的信息架构达成共识。信息架构包含了术语定义、标准、规则等。考虑到很多初创企业对"信息架构"还很难理解，此处用"规则"进行宽泛说明。不同业务部门出于方便或从自己角度出发，希望规则最好是由自己定义，别人执行。但产品数据的特点是多人、多部门共用，要适应不同环节的需要。比如，"产品名称"，不同部门希望按照自己的理解定义，那就有了多个"产品名称"，最后相互之间无法拉通，报表都出不来，所以要在集团内部形成"产品名称"的共识，对外也是用统一的"产品名称"。

形成合理的规则是产品数据管理最重要也是最难的一步。很多企业忽略了这个问题，导致业务与产品数据管理做成了"两张皮"。数据治理、主数据管理等方法论也很容易绕开最难的这一步，导致看起来"往前走"了，但问题还在那里。

华为由于业务复杂，企业规模大，内外环境变化快，第二步做起来尤为困难。但企业都是从小发展到大的，如果一个企业在发展的早期，即在管理难度尚低时不重视这个问题的解决，等规模大了，业务变复杂了才来做就会积重难返，本来容易解决的问题变成轰轰烈烈的、运动式的业务变革，效果还不明显。

第三步：对规则的遵从。华为组织庞大，要抓执行力、遵从性，原本比规模较小的企业更难，但因为有 IPD 这样的流程基础，跨部门团队运作比较顺畅，反而在流程遵从性方面比其他企业好很多。另外，华为已经将是否遵从规则纳入质量管理的管控范围，已经有了制度保证，所以尽管企业规模越来越大、业务越来越复杂，但它对规则的遵从还是做得很好。

很多企业认为华为产品数据管理之所以能做得好，是因为华为财力雄厚，大企业大投入。而自己因为企业规模小，没有那么多的钱与人，所以做得不好。

他们正好说反了。

产品数据管理要做得好，前面的第一步与公司大小根本没有关系；第二步、第三步更是企业越大越难做。中小企业反而比华为更有优势。

不是企业大小的问题，也不是有没有钱的问题，而是有没有正确方法的问题。

当然，规则如果能融入 IT 系统，由 IT 系统自动判断，自动执行，那么对规则的遵从就更有保障。但前提是这 3 个步骤要先做好。

很多企业曲解了 IT 系统的作用，认为 IT 系统上线，产品数据管理就能做好。其实，逻辑完全反了，前述产品数据管理 3 个步骤做好了，IT 系统才会真正解决产品数据管理的问题，才真的能给企业带来价值。

某上市公司在 2018 年购买了业界先进的 PLM 系统，其中包含了计算机辅助工艺规划（computer aided process planning，CAPP）模块，也实现了 PLM 与 3D 模型设计系统的集成。但这家上市公司后来发现产品数据管理的基础规则（如 Part 的分类、编码规则）不合理，制约了业务的多样性、多元化发展，也无法支撑研发模块化设计的业务转型。甚至工艺工程师与研发工程师的 BOM 都没有打通，做成了"两张皮"。于是一年后，企业不得不发起产品数据管理变革项目，重新梳理业已迁入 PLM 的产品数据。

IT 是服务于业务的，是对业务对象、业务过程、业务规则的数字化。如果业务本身都没有梳理清楚，存在不合理的作业流程、业务规则，关于业务对象的术语、标准都不一致，IT 怎么能帮助解决这些问题呢？另外，业务没有理解产品数据管理的原理、没有全面准确地理解 ID 模型，导致信息架构错位，又怎么能用好 IT 系统，充分发挥 IT 系统的价值呢？

没有梳理好业务就上线 IT 系统，然后再回头梳理业务，梳理 IT 系统中的产品主数据，这是企业当前非常普遍的问题。华为早期的 ERP 上线、PDM 上线也曾经历过这样的过程。

1.3　华为产品数据管理实践发展历程及业界对比

1.3.1　华为产品数据管理始终跟随主业务发展

华为的产品数据管理是随着业务的发展而不断发展的，其发展历程如图 1-2 所示。

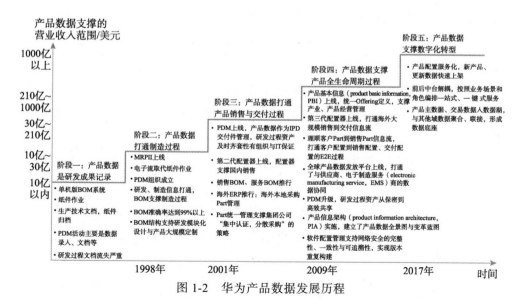

图 1-2　华为产品数据发展历程

从这 5 个发展阶段看，一方面，产品数据管理的范围在不断拓展。例如，Item 的类别从 Part 到 Offering，再到产品信息架构（product information architecture，PIA）的四结构中的需求、系统、功能、模块、缺陷、软件漏洞，BOM 类别从传统支持制造过程的 BOM 拓展到销售 BOM、服务 BOM；另一方面，产品数据在下游应用的深度也在持续拓展。例如，BOM 的应用拓展到了销售配置、交付配置、生产配置方面，以及 Part 拓展到客户 Part、销售 Part 等。

产品数据直接用于业务运作，业务直接向产品数据提出需求，只要是产品的研发、制造、销售、服务等业务，或者是产品的经营管理等运营活动，时时刻刻都离不开产品数据。

产品数据与业务是一体的，是业务的输入、输出及业务状况的真实反映。产品数据不能与业务做成两张皮，假如在业务以外需要额外进行产品数据管理的活动，就说明业务活动与产品数据管理活动脱节了。从华为产品数据发展历程中可以看到，产品数据与业务始终保持了高度的一体化。业务在发展，产品数据管理也与时俱进地跟着发展。

反观很多企业，在研发的时候没有明确按照标准化的要求创建产品数据，可能需要额外增加活动将研发成果"转换"为产品数据。在制造、销售、服务等环节，也没有明确必须使用哪些产品数据，这些环节的人员要么根据研发不规范的输出再次加工所需要的产品数据；要么在效率低下、质量无法保证时，只是从自己身上找原因和解决方案，却不知道到产品数据的源头寻找改进的机会。

产品数据管理是在业务活动中自然而然发生的，它与业务必须是一致的。这就是华为业务在快速发展过程中，产品数据也必须跟随其快速发展的原因。

有很多中国公司在学习华为的实践，就像华为一直对标国际商业机器公司（International Business Machines，IBM）、爱立信、思科等业界标杆企业，学习它们的最佳实践一样。华为在管理上走过的成长道路也是其他中国公司可能会走的，所以，学习华为的实践，可以缩短企业管理优化的路程，加快企业管理变革的进程。

华为几乎有全世界最大的研发投入、最庞大的研发团队、最复杂的应用场景。因此，华为在实施 IT 系统时，IT 系统厂商在华为都碰到了挑战。例如，系统的客制化多，性能差，版本发布节奏满足不了华为快速变化的需求等。产品数据也同样面临业务复杂性与快速变化的挑战，华为产品数据管理的昨天就是中国很多企业的今天。当华为产品数据管理适应了，满足了华为高复杂度、超大规模产业快速变化的应用场景，这一点就是对世界的巨大贡献。

这些企业虽然多数不从事与华为相同的产品研制，但在业务模式上基本属于 To B 企业，它们的制造模式基本都是以客户直销为主，存在大量的客户定制需求。在创新模式上，基本上也是根据客户需求研发产品，产品的更新换代很快。因此，这些企业业务环境与华为相似，其产品数据管理与华为还是存在可比性的。

华为用了 20 多年的时间走到了第五阶段，大多数中国企业还处于华为的起步阶段。而且，在 BOM 与产品配置管理方面，很多企业一直在探索，却也一直在原地徘徊，无法往前走一步。

有一家大型国企，21 世纪初就筹划上线配置器系统，一直未果。直到 2021 年再次启动上线配置器系统时，该企业的高管竟然还在问"销售 BOM 应该是研发负责还是销售负责"这样的问题。20 多年时间，配置器系统就是用不起来。

这种现象令人非常困惑，但仔细思考也容易理解：华为之所以能很快从第二阶段走出来，是因为华为很早就启动了 IPD 流程。IPD 流程的核心理念就是跨部门团队运作，PDT 对产品的 E2E 经营结果负责。2001 年的时候，虽然 IPD 还没有在华为全面推行，但文化氛围已经有了，第一个原因是任正非亲自推动，改造了研发工程师的思维习惯，从研发源头改进下游的业务。这种管理理念经过多年潜移默化的营造，已经深入各级管理者心中，成了管理者的习惯性思维。第二个原因是华为在 IPD 全面推行前有中试部这样的过渡组织在 PDT 成立前从研发前端关注制造、销售等需求。而中国企业大多数没有打通研发、销售、制造等业务领域，还是停留在传统的职能型组织模式，管理者的习惯思维还是对直接主管负责，而不是对流程负责，所以一直在第二阶段止步不前。

产品数据最大的价值就是拉通 E2E 流程，要做好产品数据，需要跨功能团队的共同努力。因此，华为早期 IPD 变革的基础与这种跨部门协同的文化氛围对产品数据的发展尤为有利。

当然，很多企业的产品数据管理虽然还处于第二阶段，但已经上线了 ERP

和 PDM，他们可能不认为自己还在第二阶段，而是在第三阶段。

上线了 IT 系统与是否已经取得了 IT 系统应该有的收益和价值是两个概念。很多企业已经上线了 ERP，但连 MRP 都没有跑通，制造、采购、库存、成本等模块之间还需要体外 Excel 导入导出；上线了 PDM，却发现研发文档都没有完整地归档到 PDM 系统中，EC 与产品数据没有集成，图号与 Part 编码混为一谈，改一个图纸需要 BOM 各层连锁反应般升级，IT 系统上线了，但能力没有跟着提升，IT 系统也名存实亡。

华为产品数据发展阶段是根据产品数据真正给业务带来的收益、解决的重大问题划分的，虽然其中也将重要 IT 系统的上线作为发展水平的界定依据，但 IT 系统上线仍然是以该系统是否达到了改进业务的目标为界定标准的。以 PDM 系统为例，2002 年 PDM 上线之初，华为非但没有得到 PDM 上线带来的研发效率提升的好处，反而在某种意义上效率下降了。2006 年、2010 年华为进行了 PDM 的两次升级，重新梳理了研发的作业流程，PDM 才达到了可用的水平，研发才真正从 PDM 系统获得了应有的收益。

有两个因素，或者说是矛盾的两个方面塑造了华为产品数据发展的历程。其一是华为业务的复杂与多变，使产品数据管理要兼顾的方面很多，要进行的改进更多，产品数据管理始终处于变动中，如果架构有问题，将导致根基不稳，产品数据管理会"劳民伤财"，这是不利因素；其二是华为有 IPD 流程，有从高层开始的重视管理改进的氛围，跨部门团队运作比较顺畅，团队协同紧密，对于穿透产品全流程的产品数据管理来说，这是有利因素。

以上两个因素互相促进又互相制约，使华为产品数据的发展花了 20 多年时间才达到现在的水平。

1.3.2　其他企业产品数据管理发展路径建议

那么，中国企业（还是以前述 20 多家中国企业为例）需要多少年时间的改进才能达到华为现在的第五阶段水平呢？

这些企业中最大规模的企业（年收入 1000 亿元左右）与华为相比，其业务的复杂度还不及华为的 1%。业务复杂度从以下方面界定。

（1）产品形态：软件、硬件、机械、服务等。

（2）研发投入：研发人员数量、科研与技术研发的深度。

（3）创新速度：推出新产品、新技术的节奏。

（4）商业模式：定价项、产品价值构成等。

（5）交易模式：直销、分销、渠道。

（6）客户群：商业大客户、中小客户、消费者。

（7）制造模式：按订单设计（engineer to order，ETO）、按订单制造（make to order，MTO）、按订单装配（assemble to order，ATO）、按库存生产（make to stock，MTS）等。

（8）供应链：直发、本地囤货、本地采购、全球供应网络等。

（9）售后服务：工程安装、运维、备件、维保、代维等。

（10）对外合作模式：外购、原始设备制造商（original equipment manufacturer，OEM）、原始设计制造商（original design manufacturer，ODM）、电子制造服务（electronic manufacturing service，EMS）、联合创新等。

　……

这些方面的业务复杂性都直接决定了产品数据管理的难度与复杂度，华为基本上选择了这些方面中最复杂的选项，导致了管理难度呈几何级数上升。

复杂度与业务规模有关，但又不是简单的正比关系。比如，华为的消费者业务在鼎盛时期营收一度超过了运营商与企业网业务（两者合并称信息与通信技术，information and communications technology，ICT）总和，但消费者业务的复杂性体现在分销网络、产品宣传（如品牌、传播名、存货单位等）方面，而客户群只有单一的消费者客户，产品的定制比例几乎是 0。因此，在产品的制造模式、交易模式、商业模式方面的复杂度又比运营商业务低了一个数量级。

假设一家企业在逐步扩张与增长，产品线越来越长，创新速度越来越快，市场越来越大，规模越来越大，那么通常情况下也会遵循华为产品数据发展的逻辑，分阶段梯次提升。总结华为产品数据发展历程的经验与教训，结合一般企业发展的不同阶段，这里给出一个一般的发展路径建议，供企业在规划产品数据管理的发展路径时参考，如图 1-3 所示。

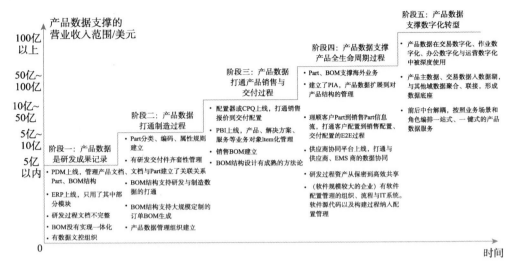

图 1-3　产品数据一般的发展路径建议

该发展路径并没有给定每个阶段的时间跨度，因为时间跨度与以上说的第二个因素相关，此因素直接取决于管理层对业务管理优化的认识水平与决心，以及企业对卓越运营的追求。

考虑到当前产品数据管理相关 IT 系统的普及应用，加之软件技术、互联网技术的发展，现在企业的产品数据管理手段比华为早期起点要高很多，因此 5 个阶段的划分中，第一阶段的起点比华为当年抬高了很多。部分的产品数据管理能力，如 PBI 考虑到现在很多企业开始实施 IPD，需要对重量级团队进行量化考核，对业务进行数字化管理，因此也将其上线的阶段提前了。

1.4　华为 PDM 能力框架

当前（2023 年）由于美国的打压与制裁，华为原先使用的美国企业提供的 IT 系统都无法继续获得，华为被迫组织国产软件厂商自研 PDM、ERP 等软件包，而且已经取得了重要的突破。

但华为也并非消极、被动地采用国产软件包替代美国软件包，而是采用云化、服务化的最新技术重构了这些软件包。新的国产软件包反而性能比美国软件包更优，响应业务需求的速度更快，面向业务场景、价值流与角色的服务化编排能力更强，用户体验也更好。

　　尤其重要的是，华为有了 20 多年的管理变革、业务优化的实践，已经积累了很深厚的"内力"。不管用什么软件包，不管是外购还是自研，华为取得的管理改进成果可以固化在这些软件包中。

　　产品数据管理也是如此，20 多年取得的产品数据管理改进成果必然会固化到重构的 IT 系统中，如 PLM 系统（以创建产品数据为主）、ERP 系统（以使用产品数据为主）。

　　总结产品数据管理改进成果，可以形成华为产品数据管理能力框架（图 1-4）。

图 1-4　产品数据管理能力框架

　　该能力框架的基础是对产品数据管理原理的理解，只有理解了产品数据是怎么组织、构造的，产品数据怎么分类、在 IT 系统中怎么工作，才能形成正确的方法论。

　　方法论又分分类与标识方法论，变更、升级与替代方法论，工作流设计方法论。

　　产品数据管理的核心是对产品对象的管理，这些对象在华为比较成熟的有 Part 和 BOM、产品文档和 Offering 三大类。Part 与 Offering 属于业务对象，是有业务内涵的；产品文档属于数据对象，是对业务对象的说明、解释、描述。

首先，这些对象该按照什么维度进行分类、按什么方法进行描述、用什么方法进行识别与标识、什么时候应该给予一个新的对象、什么时候应该进行版本升级或者建立替代关系。这就是对象的分类与标识方法论和对象的变更、升级与替代方法论要解决的问题。

其次，这些基础问题回答正确了以后，对其进行"生老病死"的生命周期管理，需要建立各种电子流，如创建与归档电子流、变更电子流等。这就是工作流设计方法论要解决的问题。有了电子流，就可以将这些对象的生命周期管理融入产品研发的作业环节，由业务人员在日常工作中按照产品数据管理的标准、规则进行操作。

再次，产品数据管理的一些重大问题，需要有管理制度加以保证，如变更管理、产品数据的发放、保密与共享等。

最后，基于以上的基础能力，产品数据会在业务上进行深入应用，如 BOM 结构设计、配置 E2E 打通业务设计、服务 Item 化（服务 BOM）等，这些业务应用会对方法论不断提出新的需求，需要各业务人员（包括研发、制造、采购、销售、工程、服务）与产品数据管理专业人员之间紧密配合，才能保证这些业务应用的有效开展。

此外，产品数据管理需要有组织保障，产品数据管理组织建设不仅仅是指产品数据管理专业团队，还包括按照产品数据标准与规则进行作业的广大的研发、制造、销售、服务人员。

数据治理准确地说不属于产品数据管理能力的范畴，但考虑到将广义的产品数据（包括主数据、交易数据、报告数据、观测数据、元数据）进行管理时，可以直接使用数据治理这一业界比较成熟的方法论。到了产品数据发展的第五阶段时，数据治理会发挥比较重要的作用，因此，在该能力框架中，将数据治理方法论也列入其中。华为的数据治理方法论也是在经过大量的实践检验后，参考了业界公司实践以及如国际数据管理协会（Data Management International，DAMA）等国际组织的推荐实践后总结而成，比国际组织推荐的实践更具有操作性。华为的数据治理方法论不仅可以指导产品数据管理，还可以指导其他领域数据的管理，如客户数据、员工数据、制造数据、供应商与合作伙伴数据、财务数据、合同数据等，都可以普遍使用数据治理方法论。

　　本书其实是在讲述该能力框架形成过程的完整故事，能力总是通过理论到实践再到理论的反复循环、螺旋式上升而形成的，这个过程对于其他企业更有启示意义。

第 2 章

Part，硬件开发的起点

2.1 Part 是硬件开发的基本业务对象

2.1.1 用"搭积木"方式进行硬件开发

本书的"硬件"通常指电子电路板，或称 PCBA（电路板或单板），也包括 PCBA 以上的模块、整机等。

华为在 1993 年之前就有"元器件优选库"，在硬件工程师开发 PCBA 时选型使用。

早期有一个部门叫作物料品质中心，其职责是对供应商提供的元器件进行技术测试、认证，确保其功能、性能、质量、供应能力满足产品使用要求，经过其测试认证的元器件进入元器件优选库中。在该库里面的元器件，开发人员必须优先选型使用。除非元器件优选库里面确实没有所需的元器件，工程师才可以走一个申请流程，经过采购部门的供应商认证、物料品质中心的技术认证后才能选用，而且认证合格的元器件也会进入元器件优选库。

这种"搭积木"似的元器件选型的硬件开发方式，看起来似乎限制了工程师选择元器件的灵活性，但其实对企业的意义是很大的。

首先，这样的元器件库就像是一个资源库，工程师直接从里面挑选所需的元器件，缩短了工程师找供应商和元器件的时间，降低了硬件开发的难度。

其次，因为库里面的元器件都是经过认证的、合格的，其质量、供应性是有保证的，选择了优选元器件搭建的电路，可以大大提高其可靠性与稳定性，大大降低技术风险、质量风险与供应风险。任何电子产品，最小的构成部分就是外购的元器件，如果外购元器件可以直接从成熟的元器件库挑选，那么产品的基本质量就有了保证；一些有供应风险的元器件类别也可以通过这种"选用"模式大大降低其风险。

最后，也是更重要的一点，当所有的硬件工程师都基于这样的规则进行硬件开发时，就能使企业产品中使用的供应商、供应商提供的元器件有一个"集中度"，可以用尽可能少种类的元器件来实现产品开发功能的需求，可以形成企业的规模效应，降低产品开发成本。一方面，由于元器件种类集中，元器件通用性就会提高，产品出现的呆死料，可以使用在另一个产品上，呆死料就"活"了，这样就减少了库存的损失，MRP 对于这种种类少、批量大的元器件也就可以做得相对比较准确；另一方面，对于某个供应商而言，由于采购量大了，供应商就愿意降价，供应也会比较稳定。

这样的硬件开发规则设计，其实就是后来 IPD 流程的 CBB 实践的前身。华为 1996 年之前还没有引入 IPD 流程，但元器件管理已经有此最佳实践的雏形了。

时至今日，华为不管是研发还是市场的规模都已是当年的百倍以上，但整个集团公司还在共享唯一的元器件优选库。

元器件可以这么管理，自制件也可以。换言之，考虑到一个系列产品之间的重合性，一定会有很多自制件也是可以像元器件那样选用的，而且，别人已经开发出来的硬件单板、模块，同样可以为我所用。企业内部应该鼓励这种重用。因为内部共享不用交专利费。自制件的重用同样会带来与元器件相同的好处。

重用好处很大，但要有相应的管理制度与管理手段支撑，否则效果适得其反。比如，重用相同元器件的各方，要及时了解到该元器件发生的变更，如厂家停产、技术升级等，需要对元器件进行生命周期的管理，确保使用了该元器件的产品能持续、稳定地生产。又如，重用了自制件（如 PCBA）的产品，也要及时获知该自制件发生的变更，对于自制件的原始开发者，会提出更高的要求。已成为 CBB 的单板，是不能随意变更的，要变更就要走 EC 流程。而 EC 流程的第一步，就是要通过 BOM 的用途反查，将使用了该 CBB 的所有"父项"都查出来，然后通知到这些"父项"的责任人，经过确认、评审没有问题后才允许对此 CBB 实施变更。

因此，为了管理好元器件库、CBB 库，需要建立起使用方与提供方的信息关联。这就需要引入 Part 的概念。

2.1.2　Part 的定义

Part，中文直译可以是"部件"，在中国，不是很规范地称呼有物料、物料编码、编码、物码、料号、BOM 编码等，国外有 Item、Product Item、Product 等。其实，"部件"的翻译也不确切，具体原因可以见本书后续的分析。参照 ISO 国际标准，本书直接采用英文术语 Part。

Part 的详细定义，读者可以随着本书的展开慢慢体会。在华为的元器件优选库中，每一个可以被选择的元器件就是一个 Part，就是认证合格的元器件的一种表达，这种表达对计算机与人都是有意义的，计算机与人都可以看懂，而且可以基于 Part 进行工作。

比如，工程师认为某个 Part 符合自己设计的使用要求，就可以选中它，并将其拉到自己设计的电路板的清单中。

问题是，工程师怎么知道 Part 是符合自己设计使用要求的？

Part 上有很多信息，如 Part 编码、名称、描述、规格参数等，这些信息又称为"属性"。工程师选择 Part，首先看这些属性是否符合自己的要求，如果还不能判断，还可以去查看 Part 上关联的文档。

Part 原理符合 ID 模型，Part 是 Item 的一个类别。

当然，在实际中，工程师也有可能参考其他人设计成熟的相类似的电路板上选用的 Part，只要选用一个相同的 Part 就可以了。而相同的 Part 的判断标准是 Part 编码，Part 编码是 Part 最重要的一个属性，也是 Part 唯一性的标识符。如果 Part 编码相同，一定是同一个 Part，否则就不是。所以，Part 编码就像一个人的身份证号码一样，一定是唯一的。

假设把 Part 纳入 Excel 管理，那么元器件库可能是如表 2-1 所示。

但 Excel 是不能承担"元器件库"功能的，因为 Part 被选用的时候，要求通过 Part 编码就可以找到正确的 Part，一旦选中了 Part，那么，Part 里面所有的信息都被同时选中了。而 Excel 不是数据库，不具备这种结构化的调用能力，所以需要有管理 Part 的 IT 系统。比如，PDM 或 PLM 系统均具备 Part 管理功能，可以承担元器件库的功能。在这些 IT 系统中，开发人员选择了自己所需的元器件，直接打钩就可以将此 Part 选入 PCBA 的 BOM 中。

表 2-1　元器件库示例

Part 编码	54230001	54230002	54230003	…
小类	瞬态抑制二极管	瞬态抑制二极管	瞬态抑制二极管	…
描述	瞬态抑制二极管–5.6 V–18 V–50 W–5.0 A–MLF16-050-0402L	瞬态抑制二极管–6.0 V–20 V–30 W–3.0A-HSD0201	瞬态抑制二极管–6.0 V–16 V–30 W–4.0 A–BGA15-16-0404	…
生命周期状态	开发	试制	生产	…
器件高度/mm	0.55	0.33	0.42	…
封装	MLF16-050-0402L	HSD0201	BGA15-16-0404	…
优选等级	A	B	B	…
计量单位	PCS	PCS	PCS	…
…	…	…	…	…

直到今天，很多规模与当年华为相当的创新型制造企业，在重用、共享开发方面还做得很差。很多企业还在不断重复"项目制"扩张的模式。企业的规模是靠很多客户定制化项目累加起来的，各个项目之间的重用都很少，更不用说跨产品的、集团级的元器件或零部件重用了。这样的企业看似规模很大或者规模在变大，但由于没有"集中度"，企业的规模效应并没有发挥出来，发展到一定的程度，仅是爆炸式增长的 Part 就会反过来制约企业发展。

Part 是 BOM 管理的基础，BOM 就是由 Part 的"使用"与"被使用"关系累加起来的。这种关系由如同家族族谱那样的多层级关系构成。企业的产品越来越复杂，BOM 的层级也会越来越多，但无论是多么复杂的产品还是多么复杂的 BOM 层级，都是由最基本的 Part 组合而成。

Part 是复杂产品的 BOM 大厦的一砖一瓦，更是 BOM 大厦的基石。若 Part 管理好了，BOM 管理就有了很好的基础；反之，若 Part 没有管理好，BOM 大厦的基础就不牢靠。

正因为 Part 在 BOM 和产品开发中的举足轻重地位，华为很早就对 Part 的管理给予了充分的关注，对 Part 管理的改进也一直没有停止过，Part 管理改进贯穿了整个产品数据管理发展的历史过程。

2.2 Part 的分类与属性模板

2002 年，随着 PDM 系统上线，华为对 Part 的描述进行了结构化。PDM 系统的"分类属性模板"功能被启用（元器件库见表 2-2）并与硬件开发的电子流集成，Part 管理的效能因此得到了更大的发挥。

表 2-2 采用 PDM 的分类属性模板后的元器件库

属性	是否合成描述			
Part 编码	N	54230001	54230002	54230003	⋯
分类名称	Y	瞬态抑制二极管	瞬态抑制二极管	瞬态抑制二极管	
分类编码	N	5423	5423	5423	
描述		瞬态抑制二极管–5.6 V—18V—50W—5.0A–MLF16-050-0402L	瞬态抑制二极管–6.0 V—20 V–30 W—3.0A– HSD0201	瞬态抑制二极管–6.0 V—16V–30 W—2.0 A–BGA15-16-0404	
击穿电压（VBR）	Y	5.6 V	6.0 V	6.0 V	
钳位电压 Vrsm(VC)	Y	18 V	20 V	16 V	
钳位电流（Ic）	N	1.0 A	1.0 A	1.0 A	
峰值功率（Pppm）	Y	50 W	30 W	30 W	
结电容	N	1.3 pF	1.2 pF	1.2 PF	
最大重复反向电压（Vrrm）	N	5.0 V	5.0 V	9.0 V	
最大反向峰值电流（Ipp）	Y	5.0 A	3.0 A	2.0 A	
最大反向漏电流（Ir）	N	1.0 μA	1.0 μA	2.0 μA	
器件高度/mm	N	0.55	0.33	0.42	
封装	Y	MLF16-050-0402L	HSD0201	BGA15-16-0404	
计量单位	N	PCS	PCS	PCS	
生命周期状态	N	开发	试制	生产	
优选等级	N	A	B	B	
⋯	⋯	⋯	⋯	⋯	

这个过程可以分几步实现。

第一步，对 Part 进行分类。

Part 可以用于表示企业内任何的元器件、单板、机柜、线缆、软件、结构件、安装件、发货附件，甚至产品本身也可以是 Part。而对于不同类型的 Part，描述它们的模板是不一样的。Part 的不同类型，可能在创建申请、维护变更、归档发放等电子流中经过的审批路径也是不同的，所以，对 Part 进行分类非常重要。

Part 用于企业经营管理、业务流程的方方面面，与 Part 相关的利益干系方也多，不同的利益干系方可能会对企业的 Part 分类提出不同的要求。例如：有企业将 Part 按照外购还是自制，是外协制造还是客户提供这样的来源进行分类；也有企业希望对 Part 归属哪个产品线或事业部进行分类；甚至有企业提出希望按照 Part 在产品的装配关系中所处的层级（如成品、半成品、组件、零部件、原材料）进行分类；等等，不一而足。总之是青菜萝卜，各有所爱。

根据对 Part 管理的需要，Part 的分类可以有不同维度，就像对"人"的分类，按照性别分类有男人、女人，按照年龄有新生儿、儿童、少年、青年、中年人、老年人，按照人种有白种人、黄种人、黑人，等等。

但这里分类的目的是对 Part 所代表的物料进行描述，所以分类应该是唯一的维度，就是按照 Part 的自然属性进行分类。而由于有些 Part 可能由复杂的内部结构、成分组成，自然属性主要强调这些 Part 呈现出来的"外部特征"，因此应该从对这些 Part 的使用方所关注的用途、对外的接口、几何外形、物理量等方面进行分类。

分好类后，每一个分类都对应一个名称，如表 2-2 中的"瞬态抑制二极管"就是一个分类名称。另外，对分类还要有一个分类编码，如表 2-2 的"瞬态抑制二极管"的分类编码是 5423，这个编码也是唯一的，可以唯一、无二义性地指代一个分类。

分类最终体现为一棵 Part 分类树，就是分层分级的分类，如大类、中类、小类等。

第二步，对 Part 分类确定特征属性模板。

不同分类的 Part 所需的"特征属性"是不同的，特征属性可以理解为对 Part "是什么"的结构化描述，有些地方又称"事物特性表"。在德国工业标准

（Deutsche Industrie-Norm，DIN）中，对此早有定义与建议。

以表 2-2 的"瞬态抑制二极管"分类为例，这类 Part 下面有击穿电压（VBR）、钳位电压 Vrsm(VC)、钳位电流（Ic）、峰值功率（Pppm）、结电容、最大重复反向电压（Vrrm）、最大反向峰值电流（Ipp）、最大反向漏电流（Ir）、器件高度（mm）等特征属性。那么，这个分类所对应的"属性表"就是该类别的属性模板。不同类别的属性模板是不同的。例如，"电力电缆"（假如分类编码为5011）这样的类别，其属性模板可能包含以下这些属性。

芯数

额定电压（V）

额定电流（A）

截面面积 1（mm^2）

截面面积 2（mm^2）

截面面积 3（mm^2）

截面面积 4（mm^2）

材质

护套材料

……

选择了一个正确的分类（需要精确到分类编码）后，就对应地确定了一个属性模板。

有了分类属性模板，硬件工程师如果需要引入一个新的元器件，就可以按此模板，逐条填写属性值，这样就把很长的、比较随意的描述拆分成了一个个的特征属性，避免了重复申请 Part 编码。

硬件工程师只要到元器件库中，输入自己对元器件的分类、参数的需求，就可以比较准确地查询到备选元器件。

若创建的时候做到规范化、标准化，使用的时候也就能高效准确了。

需注意，一个 Part 除了属性模板中的特征属性，还有很多管理属性，如生命周期、计量单位、创建者、创建时间等，而这些属性与 Part 的分类无关，不同分类都有这些属性，因此为了更好地管理属性模板，应该将这些属性放在属性模板以外进行管理。例如，在表 2-2 中，仅阴影背景部分的属性放到属性模板中。

第三步，与 Part 编码申请电子流集成。

Part 编码申请电子流是硬件工程师在元器件库中查找不到自己所需的元器件时启动的新增元器件 Part 的申请流程。由于前面的 Part 分类、分类属性模板及元器件库都集成在了 PDM 系统中，可以很方便地将三者与电子流集成起来。硬件工程师在填写 Part 编码申请电子流时首先要在"Part 分类树"选择正确的元器件分类，硬件工程师作为专业人员，找对分类是可以做到的，除非 Part 分类树设置得不合理，导致硬件工程师选择分类时出现二义性，或似是而非的分类。分类名称与分类编码是一一对应的，但 PDM 系统是根据分类编码调用了分类属性模板，此时硬件工程师的电子流界面会弹出分类所对应的属性表。

硬件工程师按照属性表要求，填写自己所需新增 Part 的参数，提交后，系统后台自动校验是否有重复，这样就可以通过 IT 系统自动规避了"一物多码"——也就是对一个实物申请了多个编码的情况。这也是当前很多企业在 Part 管理中经常出现的问题。系统碰到这种"撞码"情形，就会自动报错，这是 IT 系统的强项。

如果这个编码确实不存在，电子流审批完成后，PDM 系统会自动"分配"一个新编码给此新增 Part。自动分配编码，不会与已有编码"打架"，这也是 IT 系统的强项。当然，编码的格式可以自己定义。比如，华为迄今为止采用的规则是 Part 编码的前面几位就等于分类编码，后面则是按流水号依次编码。

至此，硬件工程师申请新编码就成功了，新编码由于经过了认证，因此也加入了元器件库中。

某新能源制造企业学习华为的 Part 分类属性模板实践，在 2019 年启动了对企业物料分类的全面梳理，建立了分类结构树，规划了属性模板。由于企业规模还不是很大（当时大约是 30 亿元收入，200 多名研发人员），梳理工作用了 3 个多月时间就完成了。

由于企业财力有限（相比华为），当时还没有资金引入昂贵的 PDM 系统。他们就在办公自动化（office automation，OA）系统实现了这些功能，并将企业原有的近 200 个分类 4 万多个有效的 Part 按新规则改造后，在 OA 系统上进行管理。

这一做法解决了该企业多年来 Part 编码无序增长、一物多码突出的问题。当时该企业的产品线总监评价："这样的属性模板将元器件的描述标准化了，便于工程师填写的规范性，方便了选型。"

实事求是地说，OA 系统不是管理 Part 的理想系统，但在条件有限的情况下，企业只要把 Part 的数据结构按照以上实践改造好，即使用 OA 系统，也能取得明显的效果。很多企业有了资金就盲目上线 PDM、ERP 等系统，却忽略了对产品数据基础规则的梳理以及对基础数据的改造，效果适得其反。

这就是很多企业在实施 ERP 等系统失败或者达不到业务优化目标的主要原因。

启示 1：Part 的分类、分类编码与属性模板三者是 Part 的三个最重要的管理属性，分类及分类编码会决定其他的属性名称，影响到该类 Part 的描述方式。现在的 PLM 系统已经将这种 Part 的结构固化在软件包中，但企业还需要正确理解其内在逻辑，正确使用。

2.3　外购 Part 与自制 Part

PCBA 板通常包含印刷电路板（printed circuit board，PCB）、电子元器件、软件、结构件。这些组成 PCBA 的 Part 有不同来源：外购、自制。

外购比较容易理解，就是直接向供应商采购商用的 Part。

而自制并非一定就是"自加工""自生产"，而是自行设计、自行生产加工，或者自行设计、委外生产加工。换句话说，自制还是外购，不是取决于是自己的工厂制造还是其他公司的工厂制造，而是看知识产权归谁所有，如果是归自己所有就是自制，反之就是外购。更复杂的情况还有 ODM，如企业（假如是华为）提供基本规格，由合作方完成图纸设计、加工制造，或者再委托另外的合作方制造，但只要合同里面明确了图纸是归属华为的，仍然是属于自制，等同于华为将开发活动外包给合作方完成，华为支付劳务费，但知识产权（intellectual property rights，IPR）归属华为。

一个 PCBA 涵盖了以上所有的制造模式及供应模式。例如，一般的电子元器件都是外购，PCB 是华为自己设计，委托专业的 PCB 厂家加工，某些结构件（如外壳）可以委托专业公司设计并加工。至于单板上的软件，既有可能是自己设计，也有可能是外购（如数据库、操作系统），更有可能是一个安装包中两者都有。例如，华为早期大量采购 W 公司的嵌入式操作系统（operating system，OS），在其基础上编写源代码，最后编译成一个二进制安装包，并通过加载或烧录方式"安装"到单板的集成电路（integrated circuit，IC）中。华为根据发货量，向这家公司支付 OS 的授权许可费用。

不管 PCBA 及其组成部分是外购还是自制，这些业务对象都是用 Part 进行表达的。但 Part 的信息不仅需要区分其所代表的实际物料的供应方式或来源，还要能表达物料之间的构成关系，因此，对于还能分解下层组成部分的 Part，就要定义 BOM。例如，以上的 PCBA 就需要有 BOM，而 PCB、外购元器件、软件（不管是外购还是自制）均没有 BOM。

Part 的来源可以用"项目模板"进行区分。所谓项目模板，是指 IT 系统（如 PDM、ERP）之间约定好的，规定 Part 在设计、制造、计划、采购、库存、财务等不同环节需要进行相应处理的性质，相当于给一个 Part 打了一个"标签"，然后 ERP 中各模块就知道该怎么处理这个 Part 了。

华为早期上线的 ERP（O 公司提供，早期称 MRP Ⅱ）就有很全面的项目模板的功能。

比如，一个项目模板为"采购"（Purchase，符号为 P）的 Part，就意味着这个 Part 可以下采购订单（purchase order，PO），在 MRP 环节，这种 Part 会自动分解出采购计划，形成采购请求（purchase request，PR），也可以在 ERP 中做来料接收、入库、出库等各种外购件的操作。前面说的采购 Part，就应该设置为"P"项目模板，而且，在缺省情况下，这种 Part 下面是没有 BOM 的。

自制 Part 分两种情况，一种是自己设计、自己加工制造，此时的项目模板应该是"装配项目"（assembly item，符号为 AI）。在 ERP 中，这意味着这类 Part 下面应该定义 BOM，而且是组成关系、数量都是固定的 BOM（不固定的 BOM 在后续章节会介绍）。在 MRP 中，这种 Part 会自动分解出生产任务令（有些企业称"工单"）。另外，这种 Part 还可以入库，形成库存。

另一种是自己设计、委外加工，此时的项目模板应该设置为"P"，因为这种 Part 是需要下 PO 的，要通过采购流程，向外协厂、EMS 下达委托加工任务，并在检验接收通过后向合作方付款。需要说明的是，这种情况下由于是自己设计，尽管项目模板是 P，但通过调整 ERP 中的某些"开关"，依然可以在 Part 下面定义 BOM。

如果软件 Part 是自制软件，则可以用"软件"（符号为 SW）的项目模板，这意味着该 Part 下层不能定义 BOM，但可以定义到其他 Part 的 BOM 中，没有库存。

以上不同来源的 Part 在 ERP 中项目模板的设置及相关环节的操作可以用表 2-3 表示。

表 2-3　**Part 的不同来源及项目模板**

来源	制造 主体	项目 模板	是否有下 层 BOM	是否可以加 入 BOM 中	是否可 以采购	是否可 以加工	是否有 库存	…
自制	自行加工、制造	AI	有	是	否	是	是	…
	自己制造	SW （软件 Part）	无	是	否	否	否	…
	合作方加工、制造	P	看 Part 本 身的构成	是	是	否	是	…
外购	制造商	P	无	是	是	否	是	…

事实上，在 ERP 中，由一个项目模板控制的各模块的"开关"（在 ERP 中也是属性）多达几十个，这里仅为了说明 PCBA 中相关 Part 在 ERP 中的应用，仅举例说明 Part 属性与 ERP 的相关操作的关系，其他"开关"则不一一介绍。

项目模板的管理方便了硬件工程师对复杂 ERP 业务逻辑的理解，有利于硬件工程师在定义 BOM 时选择正确的项目模板，并控制 ERP 中的相关操作，研发人员不需要过多了解 ERP 的详细原理，只要通过简单的培训，了解项目模板控制的主要属性，就可以在创建 Part 和定义 BOM 时选对项目模板。这无形中降低了研发人员定义 BOM 的技能门槛，并将研发与制造流程通过 Part 和BOM 联系了起来。

自制与外购不是一成不变的，企业可以根据自己的业务发展需求灵活选择Part 的来源。

对于 Part、BOM 管理来说，主要的经验是要能适应物料供应模式和来源灵活多变的可能性，不要将外购或自制看作一成不变。

很多企业将自己的 Part 分类按照自制件、外购件进行划分，而且将分类编码合入 Part 编码中。因此，当碰到供应来源变化时，就必须更改 Part 编码，带来很多不必要的区分。更大的问题在于，将 Part 分来源管理，两者的描述方式，也就是前述的属性模板就不同了，那就天然地给这两种 Part 划了一道鸿沟，会导致在 CBB 管理上无法根据需求对 Part 进行归一化管理，本来可以重用的外购件，都跑到自制件那里去了，自制件的 Part 增长会失控，而且，自制的零部件还需要画图，这无疑增加了研发人员的工作量。

根据前面的分析，自制、采购 Part 是可以通过项目模板进行区分的，而且是 IT 系统自动区分，所以不应该把这样的区分体现在 Part 分类中。

启示 2：Part 管理要灵活适应供应来源的灵活切换，不能将一个 Part 类别锁定一种供应类型。

2.4　新增一个 Part 的全流程成本

Part 重用带来了很好的经济效益。IBM 顾问认为，任何产品的创新都是"站在巨人肩膀上"的创新，IPD 强调的是以客户需求为导向，以商业成功为目标，企业为了尽可能快地实现新产品交付，满足客户需求，尽快推出质量好、成本低的产品，就需要尽最大可能重用 CBB。CBB 可以是一个产品系列、产品族的大平台，也可以是一个基础的元器件。

IBM 还特别强调 BOM 对 IPD 的重要意义。1998 年，IBM 在华为提到 Part 的全流程成本的概念。IBM 认为，企业应该控制 Part 的增长，因为新增一个 Part，会给全流程增加很高的成本，新增一个 Part 的全流程成本大约是这样计算的（以新增一个元器件 Part 为例）。

1. 新增 Part 的人力成本

（1）研发填写申请单的人力投入。

（2）采购认证人员认证供应商及元器件的人力投入。

（3）研发人员测试新增元器件的人力投入。

（4）研发人员更改 BOM 的人力投入。

（5）维护新增 Part 的生命周期状态、厂家停产失效等人力投入。

（6）由于新元器件引入导致质量不稳定产生的可能的修复、整改成本。

2. 新增 Part 的供应成本

（1）申购样片的物料成本。

（2）增加库位带来的空间成本。

（3）库存跌价损失。

（4）不对新增 Part 做库存带来的赶工成本。（如果计算了（2）、（3）两项成本，则不计算此项成本，反之亦然。）

（5）由于计划不准确导致的可能的呆死料损失。计划预测在总量不变的前提下，Part 数量越多，预测越不准确，带来的呆死料风险越大。

（6）采购数量分散带来的价格上涨的成本。在采购总量不变的前提下，Part 数量越多，单价越高。

......

在 IBM，当时顾问给的新增一个 Part 全流程成本是 10 000 美元。

基于以上的假设，华为也计算过新增一个编码的成本。大约在 1999 年，华为算出新增一个采购 Part 大约是几十万元，新增一个 PCBA 大约是几百万元。

当然，这种计算也只是内部管理一个 Part 的全流程成本的粗略估计，不是真的向编码申请者收费。但还真有人"卖"编码。

以下是 CLEI 码的故事。

2006 年，华为的固定网络产品逐步上量进入欧洲市场。产品数据管理部收到了市场部的一个请求，意大利某大 T（华为的 VIP 客户，类似中国电信、中国移动、中国联通）标书中有一条要求：进入它们网络的设备，每一个 Part 要向一个叫 Telcordia 的公司申购一个通用语言设备识别码（common language equipment identifier，CLEI）。编码长度是 10 位，有 CLEI 要求的客户在标书中要求供应商针对进入该客户的设备申购 CLEI 码，可以独立更换的设备（如 PCBA 板）均要有此编码，一个编码的价格是 700 美元（2006 年的价格，现在应该涨价了）。

CLEI 其实是 Telcordia 发起的一个编码统一标准，目的是对加入此标准的电信运营商采购的设备进行统一编码。Telcordia 推行此标准，"顺手"将编码作为一种资源出售。欧洲有很多电信运营商采纳了 Telcordia 的标准，要求其供应商的设备进入它们的网络时要先获得 CLEI 码。

CLEI 码要标贴在设备的醒目位置，用于电信运营商对设备的固定资产管理、设备维护、备件管理等。每一个 Part 要对应一个 CLEI 码，如果版本升级影响到客户，每一个版本还要有不同的 CLEI 码。前面计算了每一个 Part 的全流程成本，如果还需要购买 CLEI 码，那么还要算上购买 CLEI 码的成本！

考虑到当时华为产品毕竟没有全部进入欧洲市场，产品数据管理部建议

CLEI 码的申购由项目驱动，记入项目费用中，但要建立一个电子流，一线人员在需要 CLEI 码时启动申请、申购，得到 CLEI 码后则由机关统一维护到 Part 或 Part 版本中，作为一个属性。以后对相同 Part 或版本，再有 CLEI 码的需求时则可以直接使用，不再重复采购。

产品数据管理部向时任产品与解决方案办公会议（products and solutions staff team，PSST，相当于产品线的上级部门）总裁费敏汇报。没有想到的是，当费敏听到一个 Part 竟然要收费 700 美元时，勃然大怒，竟然把汇报材料撕得粉碎！

对费敏来说，欧洲市场的拓展是非常艰辛的，那个时候可以说是惨淡经营。华为产品在欧洲市场面临的来自各方面的挑战很多，如欧盟的环保法规、欧盟的反倾销、欧元的贬值……CLEI 码无疑是压垮了骆驼的最后一根稻草，硬生生把其逼得情绪失控！

Part 的全流程成本模型和 CLEI 码的插曲，都说明了新增 Part 是有成本的，有些 Part 的成本还不低。尽管华为后来没有再更新当时计算的各类 Part 的全流程成本模型基线，但控制 Part 数量的增长，已经成了华为尤其是全体硬件人员的共识。

尽可能重用 CBB，尽可能重用 Part，"尽可能"不是说努力去做就可以。事实上，华为在全面推行 IPD 之后，也建立了产品架构设计的组织、流程、方法和能力。产品的开发，不是只要满足了客户需求就可以的，而是用最小代价、最快速度，以及对客户未来长期运维成本（operating expense，OPEX）最低的方式满足，这就是产品的架构设计要考虑的问题，也是在产品从 Charter（相当于立项报告或商业计划书）开发到方案设计，以及产品的代码阶段都要回答、评审的。在产品的设计中构筑质量优势、成本优势、竞争优势，就是说架构设计要符合公司的基线要求。CBB 与 Part 重用，就是在架构设计中重点考虑的内容。

2007 年之前，华为的无线产品线从 2G 到 4G 存在多个产品制式，2G 时代有全球移动通信系统（global system for mobile communications，GSM）、码分多址（code division multiple access，CDMA），3G 时代有宽带码分多址（wideband code division multiple access，WCDMA）、CDMA2000 和时分同步码分多址（time division-synchronous code division multiple access，TD-SCDMA），4G 时代则是时分双工长期演进（time division duplex long time evolution，TD-LTE）、频分双

工长期演进（frequency division duplex long time evolution，FDD-LTE），而相互之间缺乏共享，开发效率低。后来无线产品线组织了 200 多名系统工程师（system engineer，SE）对产品架构进行重构，在硬件上用一块主控板支撑不同制式，消除了不同制式的耦合，通过软件的 License 控制，满足不同制式的差异化设计。华为在基带板和其他射频硬件方面也做了这样的优化。这样的架构设计，不仅在华为内部减少了 66% 的单板种类，而且大大减少了客户网络升级演进带来的大量硬件的更换。按照前面假设几百万元一个单板 Part 计算，节省下来的钱何止上亿元！

华为的研发一直有一个关键绩效指标（key performance indicator，KPI），就是对外购元器件，要求每年降低成本若干百分点，而该指标多半是压给了采购部门，要求他们每年对供应商压价。但降了几次后，供应商那边便叫苦不迭。

陈总，原始工号是 20，华为元老级人物，尤其是硬件领域的资深管理者兼专家。2009 年他负责华为的归一化部门，3 月某天他找到了产品数据管理部。

他认为，只有把现在 PCBA 选用的 Part 进行归一化，减少数量，提高单 Part 的采购量，才有可能继续向供应商提出降价要求，而且这是双赢的结果。虽然华为很早就有元器件库，硬件开发从中选型，但各产品之间、各产品线之间各选各的，还是存在很大的自由度，公司级没有拉通选型的机制。

于是，产品数据管理部将华为的 PCBA 所用的外购件 Part 全部提取出来，并按照 Part 分类对数据进行整合。陈总的团队经过汇总分析，提出规格相近元器件的归一化方案，并下发给相关的硬件工程师进行方案测试验证，最后更改 PCBA 的 BOM。归一化的意思就是将规格相近的元器件合并成一个 Part，硬件设计的参数本来是有裕度的，合并的 Part 照样可以满足 PCBA 的功能、性能要求。这样就能将原来分散的采购量集中到更少的 Part 上，每一个 Part 的采购量就大了，与供应商的议价空间自然也就大了。这确实是一个供需双方双赢的结果。

这次归一化的效果很好，减少了 5% 的 Part，达成了当年降成本 15 亿元的 KPI，而且供应商都很高兴并配合做这件事。可见 Part 归一化带来的是整个供应链的收益。

启示 3：企业可以建立 Part 全流程成本基线并建立 Part 的重用率指标，控制 Part 数量增长。

2.5　新增 Part 的原则

Part 的增长会对企业带来不利的影响，但企业有创新就不能避免 Part 的增长。

Part 增长如果确实反映了企业发展而带来的业务的多样性，或者说 Part 增长是由于业务更加丰富、供客户选择的范围更大而导致的，则增长也是合理的。

但要避免不必要的 Part 增长，就需要正确识别什么 Part 的增长是合理的，什么 Part 的增长是不合理的。

前面所讨论的是在研发管理上做好 Part 的数量控制，在架构设计、元器件库、CBB 等能力上构筑产品创新的重用与共享机制，华为早期虽然已经有了部分的 CBB 的思想与实践，但架构设计、平台、业务分层、技术货架这些实践是在 1998 年 IPD 的创新模型引入后才逐步建立并成长起来的。有了这些能力，Part 的增长才不会失去控制。一个企业如果处于业务快速发展时期，如新产品增加多、新市场拓展快、发货量增长快，但 Part 还能保持比较有序的增长，Part 的重用率比较高，就说明该企业在这些能力上的建设比较成熟，相应的流程与组织运作比较有效。

然而，有些企业不了解 Part 的原理，没有正确地理解 Part 与所表示的业务对象的关系，使 Part 的管理与业务实际脱节，也会导致出现 Part 增长无序的情况。而这种无序完全是企业 Part 管理的能力不足导致的。很多企业在这方面出了问题，却不知道问题在哪里，自然也无从改进。

简单来说，就是因为没有回答好什么时候应该新增 Part。

正如前面所分析的，Part 是成品、半成品、元器件、原材料等业务对象的数字化呈现，一个 Part 代表唯一真实存在的业务对象，比如一个设计出来的 PCBA，一个从供应商那里引入的元器件。那么，怎么理解"唯一"，又怎么又理解"一个业务对象"？

世界上没有两片雪花是完全相同的。从哲学意义上讲，没有两个事物是完全相同的，如同一个 PCBA Part 生产了 10000 块，每一块 PCBA 之间一定是有差异的，即使同一个 Part 的一批元器件也是如此。但如果这种差异在企业整个业务流程中都可以忽略，那么就可以当成一个 Part 来管理。忽略差异的目的是使企业可以简化各环节的操作，减少不必要的活动，可以批量生产产品，也可以批量销售产品。有了批量，就有了规模，企业就有了效益。

因此，该区分的要区分，该忽略的差异要忽略，这就是企业管理 Part 的差异性原则。

基于此原则，就可以回答什么是"一个业务对象"了：只要企业内外部各环节认为两个事物之间的差异可以忽略不计，可以互换，就可以将两个事物视为一个业务对象。如果有环节需要区分差异，则应该视为不同的业务对象。

可以分不同场景分别讨论。

1. 场景一：Part 与 Part 实例（individual part）

Part 是通过 Part 编码申请流程产生的，不管是自制 Part，还是外购 Part，一旦在 IT 系统中生成了 Part，就指代对应事物的"一个定义"。例如，一个 PCBA Part，编码为 33040034，就指代硬件工程师设计开发的，与其他 PCBA 有功能、性能、特性、规格差异的"一个 PCBA 的定义"。严格来说，这里不能说是"一类 PCBA"，因为一个类别可能会指代好几个设计的 PCBA。例如，"用户板"是一类 PCBA，凡是具备用户板功能的 PCBA 都属于这一类，对应了很多个 Part。也不能说是"一块 PCBA"，因为这种说法又容易与生产线上生产出来的一个实物混淆起来。

又如，一个 IC Part，编码是 76550023，指代了硬件工程师通过外购件认证及编码申请流程引入的一个新的外购 Part。该 Part 可以指代供应商提供的该 Part 的所有个体。

参考相关的国际标准，这些实物、个体可以称为 Individual Part，或 Part 实例。并不是说 Part 实例之间没有差异，而是企业为了管理需要，在很多业务环节上有意忽略了这些差异。比如：设计环节 Part 相同，就是同一个设计指向同样的图纸、BOM，通过 Part 编码唯一识别一个设计是不会有问题的；库存环节，只要 Part 编码相同，出入库的任何个体都是相同的；发货环节也是如此……

然而，有些环节是在意个体差异的。例如，生产部门的追溯系统，要将 Part 所生产出来的每一个个体标识出来，记录在案，以便出现批次性质量问题时可以追溯到具体客户、局点的具体设备上。此时可以用 Individual Part 的标识符——序列号（serial number，SN）代表某一个具体个体。一个 Part 生产了 1000PCS，就有 1000 个唯一的 SN 号。PCBA 安装在客户现场，也需要对相同 Part 的 PCBA

区分具体安装的位置、网元（通信网络的一个节点，具有独立的成套设备），因为客户的运维、备件管理、资产管理等活动需要区分不同的 Individual Part。因此，华为还专门提供了这些 PCBA 的电子标签，客户可以在自己的网管中心，通过网络、软件查询到具体 PCBA 的 Part、版本、SN 号。

2. 场景二：Part 与厂家型号

外购 Part 是直接从供应商购买的商用产品，企业为了避免独家供应商带来的供应风险，以及为了降低采购价格，通常对相同的规格需求的 Part，寻找多家制造商的元器件，作为采购的替代或备份。

华为由于早期在计划、采购方面管理经验不足，在 1997 年曾经遭遇过"断供"的事故，而"断供"的竟然是当时发货量最大的模拟用户板上用于固定拉手条与 PCB 板的一颗小小的铝铆钉！

出事后，华为一阵手忙脚乱的补救，铝铆钉协调回来了，最后虽然没有停产，仅耽误了一些订单发货，但也把公司高层惊出了一身冷汗。

事后调查发现，这种铝铆钉全世界只有英国一家规模不大的公司生产供应，而这家公司进入夏季后由于工人度假，导致产能不足，华为又没有识别出这种风险，事故就这么发生了。

"断供"不分主料和辅料，生产一个部件所需的物料只要有一个供应不上，整个部件就无法生产了，哪怕是一颗螺丝钉"断供"，都会导致生产停线，而关键的、规模生产的部件"断供"带来的风险更大。对于"专用"物料，由于用途窄、供应源少，更容易出现供应不上的情况。不能吊死在一棵树上，对于大规模生产而言，这点尤为重要。

华为在 1997 年上线 ERP 系统时，使用了该系统的"一码多厂"功能。"一码多厂"的意思就是一个 Part，对应多个厂家型号。表 2-4 所示就代表一个 Part（54230001）对应两种不同制造商的厂家型号。

厂家型号是制造商给自己提供的元器件取的名字，元器件用户在自己的 ERP 系统中直接引用就可以。

表 2-4　"一码多厂"示例

Part 编码	厂家型号	制造商
54230001	IDV0R54A	A
54230001	SII0675-10	B

注：供应商不等于制造商。供应商是直接的采购对象，对于大厂而言，供应商是指其渠道代理商。制造商是元器件的品牌创造者与责任者。本示例只考虑 Part 与制造商的厂家型号关系，不考虑供应商。

之所以能建立一个Part与多个厂家型号的关系,是因为对元器件的用户(如华为)而言,这几个厂家型号在企业内部,包括其客户那里都可以"无差别"地互相替代,或者说,全流程都认为这些厂家型号之间的差异可以被忽略。

对于设计环节,只要正确选择了 Part 并定义到 BOM 中,不用管是哪个厂家提供的;对于生产计划环节,也只要对此 Part 进行 MRP,不用管哪个厂家;对于库房,出入库控制只要看 Part 的编码,不用管是哪个厂家型号;在客户侧,只要华为提供的 PCBA 单板质量符合要求,功能性能稳定,也根本不会在意是哪个厂家的元器件;等等。只有到了采购下 PO 的环节,才需要确定是哪个供应商,采购数量是多少。

这种"一码多厂"的操作方式,解决了独家供应商的风险问题,同时给内部的操作带来很大的便利,可谓一举两得。

当然,任何事情有一利必有一弊。"一码多厂"也非万能,不是可以用于任何的场景。另外,"一码多厂"对于采购认证、技术认证的要求比较高。

华为在电子元器件方面大量使用"一码多厂"的管理方式,也因此有效地控制了电子元件类 Part 数量的增长,应该说这个实践是成功的。

然而,当华为尝试在其他物料 Part 上也采用"一码多厂"的方案时,却碰到了意想不到的问题。

2000 年年初,华为产品陆续发往海外,有些客户发现华为配套的设备中使用了国产的品牌,如空调,当时中国品牌的产品还没有广泛被海外客户接受,客户指定需要配套韩国的××品牌或日本的××品牌。

后来发现华为在这些 Part 上建立了厂家替代。但碰到客户指定品牌的情形时,这种替代就不起作用了,反而增加了额外的管理成本。

客户指定品牌,意味着客户认为两个品牌是有差异的,这种差异就不能被忽略。也就是说,"一码多厂"的前提假设变了,规则也就不再适用。

3. 场景三:Part 与版本

古罗马哲学家普鲁塔克提出过一个问题:假如有一艘船(古称忒修斯之船)可以运行几百年,但船上的木头慢慢地朽坏后,要不断地替换,直到所有的木头都不是原来的木头,那这艘船还是原来的那艘船吗?这个问题称作"忒修斯之船悖论"。与"人不能两次踏入同一条河流""祖父的旧斧头"之类的问题一样,都是在探索一个哲学问题:一个事物不断变化,变到后面还是原来那个事物吗？

这个问题放到 Part 管理上，就是"一个 Part 不断进行变更，到什么时候应该换 Part 呢？"

有变更就产生差异，变更后的 Part 与原来的 Part 当然是不一样了，但是否要换 Part，问题又回到前面讨论的原则上来了，那就是"是否全流程可以忽略这种差异"。如果可以忽略，就仍然作为一个 Part 对待；如果不能，则换 Part。

考虑到是将"变更"这个变量引入了这种场景，那么应该对变更本身做一些讨论。

变更的结果有 3 种：一是比原来更好；二是比原来更坏；三是有些方面比原来好，有些方面比原来坏。

变更的结果比原来更好，就是变更后的 Part 可能修复了原来 Part 的不足及缺陷，或者改正了某些错误；或者优化了技术的性能，改善了功能特性，甚至比原来多了一些功能、特性。总之，就是变更的 Part 能够完全替代原有的 Part。在这种情况下，企业为了管理的便利性，可能会选择所有用了原有 Part 的产品设计，全部用变更后的 Part 替代。此时除已生产完成或已发货到了客户现场的Part 以外，对于所有还没有生产的 Part，都用变更后的 Part 替代。如果原有 Part存在重大缺陷，影响了客户的使用，还要考虑客户现场的 Part，或者已经完成生产的 Part 返工、返修。这种变更称为兼容性变更，这种替代称为兼容性替代，即变更后的 Part 兼容原有 Part 所有使用环境。

既然完全兼容，那么 Part 就可以不用更换。但变更后的 Part 与变更前的Part 毕竟是有区别的，为了标识这种区别，用 Part 的另一个属性——版本进行区分。虽然 Part 不变，但版本升级，高版本完全替代低版本。

版本是标识同一个 Part（相同的 Part 编码）在不同时间、不同应用场景下出现"差异"时的标识符号。相当于在一个 Part 下面出现一个或多个"差异识别码"。例如，一个 Part（33040034），可能出现了多个差异，可以分别用 A、B、C 等版本标识其差异，如表 2-5 所示。

表 2-5　一个 Part 有多个版本

Part 编码	Part 名称	Part 版本
33040034	PCBASL08	A
33040034	PCBASL08	B
33040034	PCBASL08	C

按照前述的处理变更规则，表2-5中的C版本可以替代A、B版本，B版本可以替代A版本。因为后面的版本总是比前面的"好"。

需要指出的是，对于向着"好"的方向进行的变更，虽然高版本可以完全兼容低版本，不用换Part，但也并不是说不可以换Part。

有些情况下，企业对Part进行了优化变更，后续的版本可能对前序版本进行了比较多的功能、性能的改善，增加了特性，给客户带来了额外的价值。此时企业可以主动更换Part，甚至可以为新的价值特性重新定价，对客户进行差异化销售。这样做也没有违反"差异是否可以忽略"的换Part的原则，因为新版本的Part与老版本的Part之间确实存在差异，而且企业认为这种差异不仅不能忽略，反而应该突出并在客户侧进行区分。版本兼容升级不换Part，这是企业为了简化管理而采取的策略；但即使是兼容性变更，更换Part而获得差异化的价值，这属于企业的商业选择，也是正确、合理的。

变更的结果比原来更坏，就是变更后的Part在技术上的性能指标、规格方面，或者是质量与稳定性方面，又或者是客户体验方面相比原有Part变"坏"了。这其实是失败的变更。此时如果版本已生产、发货，可能就涉及返修、整改的补救动作。然后马上要再更改一次设计，形成一个新的、正确的版本。而之前那个失败的版本，尽管在IT系统中会有记录，但不会再有实际的生产了。

变更的结果有些方面比原来好，有些方面却比原来坏。就是说，变更后的Part相比原有Part，某些应用场景下，功能、性能、质量更好了，或者比原有Part增加了一些新的特性、应用场景；但是，在某些应用场景下，反而不如原有的Part，甚至原有Part能满足的需求、能应用的场景，变更后的Part反而不能满足、不能应用了。变更后的Part并不是一个"次品"，但确实不能兼容原有Part了。

这种情况的出现，有的时候是企业有意为之，通过变更Part，主动形成一个与原有Part不同的全新Part，此时，换Part就是必然的了。

但很多情况则是变更的失误造成的，可能企业并不是真想换Part，而是希望变更后得到比原来更好的结果。但事与愿违，因为Part的重用很普遍，变更后的Part的应用场景没有全部考虑到，测试不充分，所以在一些特定的应用条件下，问题就爆发了。

华为早期的接入网是一个销量很大、适用范围很广的产品族，该产品族中的一块信号处理板（CCSIG03）在1997年前后进行了一次EC并进行了所有产品的替换升级，Part 的版本号从 A 变更到 B。应用了两年后，在某局点发现该板工作异常。经过分析定位，发现只有在上级设备为某厂家的核心网打开了某一项业务功能时才会出现问题。若换回原有版本，则问题消失。而该厂家的此项业务功能后来也成了业界的标准，所以必须满足；而且新老版本都已经有大量的发货，如果再升级一个版本，修订 B 版本的不足，又涉及大量的兼容性测试，得不偿失。综合考虑，最后的处理方式是保持原来 Part 及其版本序列不变，新增了一个 Part（CCSIG03-I），把 A 版本所有功能"复制"到该新 Part 上，专门用于这种新碰到的场景，而其他的场景仍然用 CCSIG03 B 版本。

以上 3 种情况，在华为都会碰到，而且还很普遍。处理方法也是具体问题具体分析。但不管是什么处理方式，必须清晰地理解新 Part 与新版本都意味着什么，确保在批量生产而且用 IT 系统自动支撑庞大的业务量的前提下，才不会出错。

4. 场景四：Part 与生命周期

如果有人问"人变老了，身份证号码要改吗？"这样的问题，你肯定认为这个人疯了。

那么，一个 Part 从开发阶段到验证阶段再到生产阶段，Part 编码要更改吗？不见得所有人都能作出正确的回答。

某企业就对产品在不同生命周期阶段采用了换编码的方式。例如，11030512D 代表开发阶段，11030512T 代表试制阶段，11030512 则代表量产阶段。每次产品"过点"的时候都要进行换编码的操作，非常麻烦。

这里必须重申，Part 编码就是 Part 的识别码，具有唯一性，就像人的身份证号码一样，是不会重复的，即使人可以重名，但身份证号码不会重复。因此"换编码"就是"换 Part"，至于有些企业理解为"换编码"不是换 Part 对象就是没有正确理解 Part 的原理。

以上案例中有 3 个不同编码，11030512D、11030512T、11030512。不管编码规则是什么，都是代表 3 个不同的 Part。Part 的编码变了，就是不同的 Part，这是 Part 的底层原理，不能违背。

正确的办法是用一个"生命周期状态"属性代表同一个 Part 所处的不同生命周期阶段。随着时间的推移，产品处于开发流程的不同阶段，只要维护生命周期状态属性即可，不需要换 Part 编码，见表 2-6。

表 2-6   一个 Part 有多个生命周期状态

Part 编码	Part 名称	生命周期状态	生命周期状态生效时间
11030512	CELL4000-U	开发	1997.1.5
11030512	CELL4000-U	试制	1997.3.4
11030512	CELL4000-U	量产	1997.6.8

5. 场景五：内外有别

如果有这么一个问题：有一对双胞胎，长得特别像。家里人为了区分他们，在家里给他们穿上两件不同的马甲，出了家门，就脱去马甲，让外人认为他们是同一个人，这可能吗？

你一定认为这样的问题很疯狂，两个人就是两个人，怎么可能变成一个人呢？

但在 Part 管理上，就经常出现这样疯狂的想法。

1996 年之前，华为的产品相对比较单一，市场也基本以国内为主，由于产品变更频繁，尤其是对客户没有影响，可以忽略技术变更，当时华为的很多变更是需要更换 Part 的，而市场一旦签订了合同，就不希望内部的技术变更影响合同界面。例如，签订合同时用的是 CCSIG03 这个 Part，到了合同交付时却变成了 CCSIG04 了，这需要跟客户沟通解释。当时的市场人员就提出了"内外型号"的设想，相当于产品有两个名字：一个是对内型号，显示 Part 的全名；另一个是对外型号，显示 Part 的对外名字。例如，以上两个 Part，对外型号规则就是截去代表 Part 技术升级的后两位数字，变成 CCSIG，而且在合同界面，只显示"对外型号"。这样就可以屏蔽内部的技术变更了。"内外型号"规则在华为坚持了很多年。直到 2009 年前后，海外客户普遍要求华为给出 Part 编码，内部变更无法再屏蔽了，华为才重新审视这个规则的合理性。

内外型号就像是一个人有两个名字，一个是小名，供家里人招呼用；另一个是正式名，在外面用。在华为，对于 Part，该区分的区分，不需要区分的就要想办法屏蔽差异，这是正常的诉求。

Part 确实变了，但通过名字告诉客户没有变化，总是有掩耳盗铃的嫌疑。那么到底怎样才能实现在客户界面不需要区分差异，内部却要区分呢？这个问题其实不是简单地通过名称就可以解决的，而是与客户之间关于 Part 的认知要达成共识的问题，若干年后华为在梳理产品变更通知（product change notice，PCN）流程时找到了答案，当然这是后话了。当时的当事人还暗自庆幸：幸亏没有人提出通过 Part 编码截取部分来屏蔽内部变更的想法。这样的方案在华为的固定网络竞争对手 A 公司还真有过。

A 公司的 Part 编码规则是 10 位数字编码+2 位版本号（第一位代表大版本，第二位代表小版本）。例如，1105000712AA、1105000712AB、1105000712BA，这是内部使用的，截去最后两位，剩下 1105000712 对外使用，屏蔽了内部变更。这看起来很合理，但有几个疑问：1105000712 是一个真实存在的 Part 还是只是一个什么都不是的字符串？如果是前者，那它与带版本号的 Part 之间是什么关系？有哪些业务环节去处理这个关系？如果是后者，1105000712 在什么 IT 系统中存在，如何与内部其他使用 12 位编码的 Part 打通？由于华为当时对 A 公司内部的 IT 系统不了解，无法回答这些问题，但华为知道这种做法不是完全遵循 Part 的原理，一定会有很多不顺畅的地方。

在客户那里屏蔽内部的变化、差异，本质上与前面说的 Part 与厂家型号的关系是一样的。回顾表 2-4，一个外购 Part（54230001），可以对应到来自不同制造商的两个厂家型号 IDV0R54A、SII0675-10，企业内部全部用外购 Part 进行交易，只有向供应商下达 PO 时才具体到制造商的厂家型号。这种方法论也可以用到客户无差别、内部有差别的场景中。

回到前面的那个"双胞胎悖论"，假设有一个"双胞胎之家"这样的组织定期举办双胞胎的活动，但每次只允许双胞胎中的一位参加，至于是哪一位由家庭自己决定。这个组织就可以为每一对双胞胎创建一个 Part。例如，T01 代表一对双胞胎，然后建立与两名双胞胎的关系。例如，T01 代表了大双（Part 编号为 004）、小双（Part 编号为 005）两人。在这个组织内部全部用 T01 进行"交易"，到了家庭才区分是 004 还是 005。这里有 3 个 Part：T01、004、005，这 3 个 Part 代表的都是不同的事物。不存在脱了马甲就变成一个人的荒诞说法。

通过截取编码的一部分或者名称的一部分屏蔽内部变更、差异的做法不可取，因为没有回答清楚截取完后剩下的是什么东西，IT 系统自动处理时会混乱，业务操作中也会不断被质疑。

但是，如果在内外双方对一个 Part 对象达成统一的前提下，对 Part 的信息如版本、描述，根据双方各自不同需求"取用"其中部分是可以的。但必须注意，"取用"的最小单元是 Part 的某一个完整的属性值，不能只截取属性值的一部分。

为了内外有别，对于一个可以向客户销售、交付的 Part，定义了对内描述、对外描述，对外描述取对内描述的一部分，但也是一个独立的属性，相对比较简短，用于客户界面的报价单、发货单等。另外，随着华为产品全球业务的发展，需要英文描述的地方也越来越多。因此，每一个 Part 都有对内中文、对内英文、对外中文、对外英文 4 个描述属性，各环节各取所需，如表 2-7 所示。

表 2-7   一个 Part 有多个描述属性

Part 编码	33030034
Part 名称	CCSIG03
对内中文描述	成品板-HONET-CCSIG03–通用信令处理单板 a 律
对外中文描述	通用信令处理单板 a 律
对内英文描述	Finished Board, HONET, CCSIG03, general signal processing board a-Law
对外英文描述	general signal processing board a-Law

注意，虽然有 4 个描述可以用于内外、中英场合，但 Part 是同一个，这与把两个不同的 Part 当成一个 Part 是有本质区别的。

华为早期的报价清单只有对外型号和对外描述，Part 编码没有显示给客户。随着华为进入的海外大 T（T 代表运营商）越来越多，这些大 T 的管理要求比较严格，要求有 Part 编码的客户越来越多。关于 Part 编码是否可以对客户显示，2006 年，产品数据管理部还专门向当时担任全球供应与交付总裁的洪天峰汇报。汇报者当时也不知道编码"暴露"给客户会有什么风险，总觉得 Part 编码是一个内部管理用的东西，不应该对外显示。"Part 编码暴露给客户不太好"，这是他的理由。

洪天峰，研发人员都叫他"洪老"，也有私下称其为"洪七公"的。他长得五大三粗，却有极其敏锐的观察力，心细如发。他就轻描淡写地问了一个问题："你说不太好，到底是哪里不太好？"这一下子把汇报者问住了，汇报者支支吾吾半天，自己都不知道在说什么。

"你说的没有错啊，Part 编码既然是全流程统一的语言，为什么不能延伸到客户那里去呢？如果连客户都用了华为的 Part 编码，不正好可以减少很多沟通的错误吗？"洪老虽然外表看起来不怒自威，但此时循循善诱，把事情说得很是通透。

自从那次以后，华为 Part 编码不能示于外人的铁律也开始动摇了。Part 编码作为 Part 的唯一识别码，开始被全球客户大量使用，成了客户与华为交易的必不可少的关键信息。

启示 4：差异是必然的，企业为了管理的便利，有时候需要忽略差异，而何时忽略、何时区分、对谁忽略、对谁区分这些问题都需要制定详细的规则。

2.6　正确理解 3F 原则

关于是否换 Part，业界比较流行的判据是 3F 原则，即外形（form）、功能（function）、对外接口（fit）发生变化时就换 Part，否则就不换。这样的判断方式其实不好操作，机械地按此规则执行，在场景三下就会产生大量不必要的 Part，对华为这样的产品更新极快的企业来说，简直就是灾难。

3F 原则更多考虑技术变更的大小，较少考虑企业的商业、内部管理需要，这是该原则的局限性。另外，3F 原则比较适用于以机械、结构件为主的产品，对外形比较关注，对于机电一体产品、软件 Part 或者更复杂的跨多学科的产品则不太适应；对于相对稳定、变更小的产品适用，对于更新换代快的产品则不适用。

因此，把 3F 原则修正一下：是否更换 Part、是否升级版本主要考虑外形、功能、对外接口 3 个方面变化的兼容性。如果完全兼容，可以不换 Part，只升级版本；如果不兼容，则换 Part。可以不换 Part 的意思是说企业如果想简化管理，对于兼容性的升级，可以"归一"到高版本，将低版本收编，不新增 Part。如果企业想主动对外区分，如为了差异化的竞争需要，也可以新增 Part。

变更有大的变更，如技术、使用场景的重大变化，功能或性能的增强；也有微小的变更，如一些小瑕疵的优化、工艺的优化等。那么，即使是版本升级，也可以区分是小版本还是大版本。版本升级考虑向下兼容，对于小版本，允许双向互换。

另外，尽管企业在主观上通常希望变更能兼容过去的设计，但由于兼容性设计不好，无法完全兼容；或者开始时兼容，后来应用场景增加后不兼容了（如前述场景三的案例）。那么，就出现新老设计长期并存生产的情况，这时用同一个 Part 的不同版本无法解决，就需要新增 Part。

综上所述，是否新增 Part，不是简单地看技术变更的大小，而是要结合企业综合管理需要以及商业、技术因素综合考虑，如图 2-1 所示。

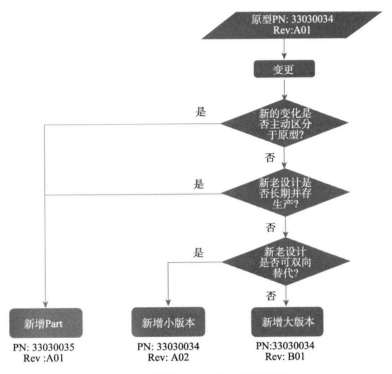

图 2-1　新增 Part 或版本的判定法

启示 5：不能机械僵化地理解 3F 原则，首先要看企业各业务环节操作是否需要新 Part，而不是看技术变更的大小。在接口不变的情况下，采用兼容性升级的方法可以大量减少 Part 增长。

2.7　正确理解 Part 版本

什么是 Part 的版本？

按照 ISO 10303 标准的定义，Part 版本是指 Part 的相关变体。一个 Part 至少有一个版本。牛津字典则这么定义"版本"：在某方面有别于其较早形态的一个特定事物形态，或者在某方面有别于相同类型事物的其他形态的一个特定事物形态。此定义中把"事物"换成 Part，就与 ISO 10303 接近了。

根据前面的分析，Part 有变更，产生了差异，为了识别这种差异，就需要有版本进行标识。对于 Part 而言，版本相当于其中一个属性，主要目的是标识这个 Part 变更后产生的差异。

因此，当 Part 发生了变更，或者是图纸变更，或者是 Part 下面的 BOM 子项发生了变更时，就应该有一个版本等标识其变更后的 Part。这是一般的 IT 系统都有的功能，只要有变更，就会自动创建一个新的版本。

而标识完了之后怎么处理新老版本的关系，这才是企业面临的大问题。华为也在这方面经历了很多波折。

图 2-1 所示的版本兼容性升级是企业最理想的场景。企业为了简化管理，当然希望一个 Part 的变更能向下兼容，B 版本可以兼容 A 版本，C 版本可以兼容 B 版本与 A 版本，以此类推。这样的话，不管是采用这个 Part 的 BOM，还是对此 Part 进行计划、采购、制造、发货等环节，只要遵从"最新版本有效"的处理原则就可以了。换句话说，就是有新版本就用新版本；老版本的库存如果没有质量缺陷，用完为止；在途品、在制品、现网的老版本如果没有质量缺陷，也无须处理。说得更简单一点，就是企业遵从"不挑选版本"的原则。

然而，如果兼容性升级失败了怎么办？如果早期发现失败，或许可以补救，大不了再升级一个版本，失败版本不再生产就可以了。但如果出现了前述 CCSIG03 案例的情况，新版本木已成舟，无法收回，又该怎么处理？当然，可以在发现问题后给一个新的 Part，新老 Part 同时用于两种不同的场景，这也确实是一种现实的解决方案。

企业确实存在"挑选版本"的管理诉求。

华为有另一个"铁律"至今没有被打破。那就是 PCBA 与 PCB 版本必须一一对应。PCBA 是在 PCB 上面通过表面贴装技术（surface mounting technology，SMT）工序或插件、焊接工序装配而成的。两者建立了如图 2-2 所示的 BOM 关系。

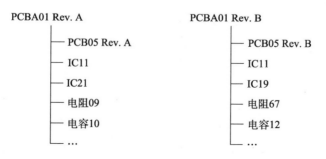

图 2-2　PCBA 的 BOM 指定 PCB 的版本

这样的关系与图 2-1 所示的"最新版本有效"和"不挑选版本"原则是不一样的。因为对于高版本的 PCBA，必须指定对应的高版本 PCB，而不能在低版本的 PCB 有库存且没有重大缺陷的情况下继续使用。从 PCB 的视角看，从 BOM 到库存，再到制造、计划、发货等所有环节，都要指明是哪个版本，用 ERP 的术语来说，这种情况称为"版本控制"。

这样做的目的其实与 PCBA 这种 Part 的具体形态有关系，因为 PCB 作为印刷电路板，上面的丝印会出现版本号，而客户拿到的是 PCBA，看到了上面的版本号，如果不做限制，则容易引起混淆。比如，PCB 是 A 版本，而 PCBA 是 B 版本，但丝印上是 A，如果申购 PCBA 备件，有可能按照 A 版本申购，这样就容易造成错误。而考虑到现网庞大的存量，为了避免这种沟通的差错，就一直坚守了这样的原则。

另一个问题是 IT 系统，如 PDM，只要 Part 有一次正式的 EC，Part 的版本一般会自动升级一次。图 2-2 中，即使 PCB 没有升级，但 PCBA 的其他子项有了更换，PCBA 也会自动升级。这样就又违背那个"铁律"了。解决方案是，将 IT 系统自动获得的版本作为其缺省版本，在 PCB 与 PCBA 的 Part 属性中，另外增加一个所谓的"业务版本"并人工确定其版本号，这样就可以实现两者的版本号一致了。如表 2-8 所示，虽然 IT 系统缺省版本升级了多次，但业务版本可以只升级 2 次。

表 2-8　IT 系统缺省版本与业务版本分离

Part 编码	33020023				
Part 名称	CCSIG03				
对内中文描述	制成板-HONET-CCSIG03－通用信令处理单板 a 律				
IT 系统缺省版本	A01	A02	B01	C01	C02
业务版本	0	0	A	B	B

华为还有另一种"版本控制"的情况，即软硬件版本的配套性。

华为产品的主要形态是硬件（以电子电路为主的 PCBA）加上在 PCBA 上运行的嵌入式软件。一个 PCBA 的开发要经历原理图设计、仿真、PCB 设计、投板、样板加工、测试等过程，涉及 PCB 的投板，需要供应商协同，周期相对比较长。而软件的开发流程要短很多，一般就是编码、构建、测试、版本发布就可以了，基本可以在内部完成，而且不涉及物流。

　　如果 PCBA 的 Part 版本与软件的 Part 版本（软件版本也是 Part）各自按照图 2-1 所示的规则升级是没有问题的。问题是软件的升级非常频繁，硬件则相对比较稳定，如果考虑客户现网的情况，客户购买了华为的 PCBA，用上 8~10 年是很正常的，有些客户甚至用 15 年没有退网，而软件还在升级。如果要求软件与 15 年前的硬件完全兼容，则要求过高了。就像现在要求 Windows 11 能安装在 586 的 PC 上面一样，其实是不现实的。事实上，摩尔定律（18 个月 IC 的集成度翻一番）与安迪 – 比尔定理（Andy and Bill's law，即 IC 集成度、性能的翻番增长，会被软件的功能升级带来的开销增大抵消。）在电子通信领域同样适用，即硬件不断获得集成度的增加、运行速度的加快，需要不断升级，软件也同步升级，很多新版本软件根本无法在几年前的硬件上运行。

　　既然如此，则可以通过图 2-3 所示的解决方案进行软硬件版本的配套。

　　图 2-3 中的 PCBA0 表示成品板，就是一个在 PCBA 上加载了软件，具备完整业务功能的硬件单元。图 2-3 表示软件 501 版本配套 PCBA Rev.A,502 版本配套 PCBA Rev.B。值得注意的是，尽管两者需要进行版本配套，但成品板的版本号可以不变，表示成品板对外的 3F 没有改变，或者向下兼容。这就是局部不兼容但全局兼容的例子。

　　这样配套的版本有一定的代价，就是用户服务部门要记录这种配套关系，在升级软件或更换硬件时要按照这种关系进行正确配套安装，否则会出现软硬件不兼容的问题，导致安装失败。

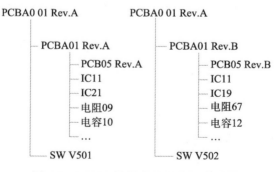

图 2-3　PCBA 的版本与软件版本配套

　　电子信息产业的特点是产品的功能、性能大多数是承载在软件和电子线路上面的，产品的技术含量与附加值也主要体现在两者上面。而机械结构件在该产业是一个"配角",这与汽车、装备行业是有很大区别。

华为也有结构件的开发,包括机柜、支架、拉手条、走线架之类,同样地,这些 Part 也是"配角"的地位。

"配角"就意味着在各学科进行配套性设计的时候,总是被牺牲,作为最后"兼容性"设计兜底的学科。比如,PCB 板可以比较随意地更改安装孔的位置,却要求结构设计在拉手条(用于插拔成品板的塑胶或金属的固定结构件)上作出相应的更改,以适应 PCB 的变更,确保成品板与原有槽位兼容。

华为早期 C&C08 系列产品各个槽位上的拉手条上都有一排整整齐齐的 LED 灯,上电运行后这些灯在黑暗中会有规律地闪烁着不同颜色的光,以此告知值班人员这些电路运行是否正常。此时的拉手条称为"F 型拉手条"。

大约从 2000 年开始,华为将这些 LED 灯的功能全部"转移"到了后台——用于控制、维护、观察主机运行的 PC 机上了,PC 机上会出现一个与主机槽位对应的板位图,板位图上面模拟这些 LED 状态灯。这样就节省了 LED 灯的材料成本,降低了能耗。有些成品板(例如,当时发货量最大的模拟用户板有 17 个 LED 灯)拉手条上的 LED 灯孔消失了,而且原来蓝色的 F 型拉手条全部改为了更加美观大方的白色 D 型拉手条。为了考虑与现网的风格兼容,华为当时还专门成立了一个小组,到客户现场将 F 型拉手条现场整改,更换成 D 型拉手条。因为客户会有扩容的情况,继续购买华为已经切换到 D 型拉手条的单板时,两种风格拉手条是不兼容的。与其对所有的成品板都保留两个不同拉手条的 Part,不如一次性为客户免费更换了,确保华为以后都按照 D 型拉手条成品板批量出货。

这样的切换代价高昂,此时的"配角"又成了"主角"。结构件就是华为产品在客户那里的"脸面",影响到客户现场产品的外观,甚至是华为的品牌形象。

结构件因为涉及开模、图纸发放、打样等与供应商协同的流程,加上对几何外形、安装位置等方面要求很高,要做兼容性设计其实比软件、电子电路更难。正因为结构件的开发处于这么一个"尴尬"的地位,所以结构件开发团队希望对结构件进行版本控制。

对于开发而言,"版本控制"有以下几个好处。

(1)同一个 Part,不用改 BOM,只升级版本即可,少了大量的 BOM 工作量。

（2）在不兼容的情况下，切换版本时由于库存按照版本分开，比较容易控制，不容易产生呆死料。

（3）如果涉及对外认证，向认证机构提交申请可以仅作为变更管理，要求会比换 Part 低很多。

但是，版本控制意味着从 BOM 到生产、销售等环节都要区分版本，对下游要求会很高，一不小心就容易造成错货。尤其是华为的结构件基本都是外协加工的，在采购环节、库存接收环节都要区分版本，这对合作方要求更高，出错的概率也大幅度上升。

华为刚刚上线 ERP 的时候，对结构件是采用了版本控制的，版本控制获得了前述的好处，但也对上下游提出更高的要求，具体如下。

Part 属性：设置为"受修订版数量控制"。

BOM：指定版本。

库存：分版本管理。

采购订单（purchase order，PO）：选版本采购。

车间生产管理（working in process，WIP）：离散任务，任务令选版本（如 PCBA 版本）。

来料质量控制（incoming quality control，IQC）检验：按版本检验、接收。

成本：杂项出入库影响成本。

版本控制虽好，但也要"用得起"，经过几年在 ERP 的实践，以上的问题越来越突出。华为经过反复论证（当时部门少，决策链条短，决策速度还是很快），在 2002 年 9 月决定取消"版本控制"。

要从"版本控制"改为"不控制"，就要更改 ERP 的属性，但 ERP 的属性也不是可以随便更改的，一旦某个版本下过单（不管是什么单），系统就不能更改其版本控制属性了，只能从新版本开始更改。有库存的要将库存"清空"，升级版本，再用新版本入库，这样才能解除版本控制。当时华为已经上线了"自动物流中心"管理库存，自动物流中心是自动出入库的系统，取送料小车自动根据 ERP 下达的入库或出库指令，按照 Part 编码、版本正确地将物料送到相应货位（立体的）或从相应货位取料。该系统是从德国某公司进口的，其逻辑很复杂。对于杂项出入库，必须真实地有一个出入库操作，不能仅操作信息流。

于是当时华为就利用周日业务量小的时候，进行了以上操作。研发、仓储、IT等部门配合花了 3 个周日才将自动物流中心 200 多个 Part 的属性清理干净。

结构件的"版本控制"是解除了，但其实问题并没有得到解决，兼容性设计的问题一直是华为结构件设计的一大痛点。

2010 年，华为立项开展 PIA 项目，其中有一个子项就是 Revision 版本的推行，但还是由于前述的两难原因，项目走完了开发阶段就被"挂起"了。"挂起"的意思就是不推行，但也不能关闭。华为有专门的管理变革项目的各级委员会一直盯着这个项目。

斗转星移，春去秋来，时间转眼到了 2021 年年末，关于结构件版本控制这段"公案"终于有了结论，变革管理委员会终于决策关闭该项目，Revision 版本不再推行。投反对票的主要是采购部门，他们认为要求华为的外协合作供应商按照版本生产、发货，难度太高，出错可能性太大。此时距离 2002 年 9 月，已经过去了 19 年！华为的结构件作为华为产品必不可少的 Part，每天都在开发、采购、生产、发货，但主管、员工都不知道换了多少任了。

华为的产品数据管理面临的很多类似结构件版本控制的两难问题，这是没有标准答案的，没有绝对的正确或绝对的错误，不管哪个选择都各有利弊。解决问题需要的是整个企业的大局观，是管理层对具体问题具体分析的实事求是的态度，是基于实证基础上努力探索的科学精神。

启示 6：从华为走过的不同寻常的道路看，版本控制策略需要业务部门有充分认证，还要准备好面临出错概率上升的问题，否则还是用"兼容性升级"版本策略比较稳妥。

2.8　Part 编码的大坑

2004 年 12 月某天，华为产品数据管理部负责数据维护的组长告警：PCBA 的 Part 编码快"用完"了。

华为当时采用的 Part 编码规则是"2 位大类编码+2 位小类编码+4 位流水码"。比如，33020023，"33"代表单板类大类，"3302"代表单板中的 PCBA 板，"0023"就是流水码。这就意味着一个小类下面有 9999 个具体的 Part 编码可以使用。此规则是在 ERP 上线时确定的，但具体是什么部门、什么人定的已经无从考证。在那个时候看来，一个小类下面有 9999 个 Part 编码，已经足够华为使用了。

但没有想到才短短 7 年，9999 个编码资源即将告罄。

既然 4 位流水码不够，那就扩位，用 5 位总够了吧，那可是 99999 个编码资源！叫来 IT 人员一问，不行！因为华为几乎所有的 IT 系统都把 8 位 Part 编码的校验规则写进自己的 IT 系统了。改 IT 系统的代码？不行，因为不知道有多少 IT 系统用了此规则，如果一个一个去查 IT 系统，根本来不及。

扩位不行，那就增加小类吧，如 3302 这个类别，编码到了 33029999 后，启动一个新的分类。比如，3312 这个分类也是 PCBA 板，只是多了一个分类代码，这样就又可以有 9999 个编码资源可用了。也不行！道理同上，很多 IT 系统把编码的前面 4 位作为判断 Part 的物料类型，也写进硬代码了。有哪些 IT 系统？这需要全面排查，没有半年时间根本来不及。

事态已经很紧急，如果真到了"爆码"那一刻，意味着华为的 PCBA 开发无编码可用，生产面临停线的风险，没有编码就没有 Part，也就没有 BOM，ERP 系统要停摆。

好在华为当时组织结构没有现在这么复杂，关键的问题找关键的人就基本可以了解清楚。IT 部门当时负责产品数据管理的是一位工号 100 以内的资深主管，加上产品数据管理部两位对 IT 系统非常熟悉的主管，这 3 个人讨论了一个下午。

"既然扩位与新增类别都不行，只有一条路可走，就是启用数字与字母混合流水码，你们不会告诉我，IT 系统把后 4 位必须是纯数字这样的规则也写进了硬代码吧？"产品数据管理部主管已经很急躁了。

IT 部门主管确实对业务很精通，打了两个电话，然后如释重负地回答："没有！"

天无绝人之路啊，三人都长吁一口气。

于是他们在白板上把新的编码规则写了出来：33029999 之后就启用纯字母编码，3302000A-3302YYYY，但考虑到 I、O、Z 在书写时容易跟数字 1、0、2 混淆，于是弃之不用。这样一个小类下面，可用资源理论上可以扩展到 33^4 个（33 的四次方，约等于 120 万）。

后来经过测试，证明数字与字母混编编码可用。危机终于解除了。

3302 "爆码"事件之后，其他很多类别也开始陆续超过 9999 的数字序列，但后 4 位扩展到字母后，问题都暂时解决了。

这是华为的 Part 编码管理上跳进去的第一个大坑。其本质不是 Part 编码规则有问题，而是对编码规则的过度解读，对编码的过度解析，将编码的"意义"写到 IT 系统硬代码中。

编码就是编码，只起到唯一识别 Part 的作用，不要有其他用途，这是华为产品数据管理得到的第一个教训。

而这样的坑，不仅华为内部存在，在华为客户那里也存在，在各种 IT、工具、App 中解析 Part 编码的做法比比皆是，这也是很多企业明知自己编码规则错了，却不敢下手去纠正的原因。

因为 Part 编码是 Part 最重要的属性，很多企业认为"直观"地在 Part 编码上看到尽可能多的信息是一个好的实践。有些企业甚至发展到 Part 编码每一位都有含义。它们所跳进去的坑，比华为还大、还深。

A 公司专门生产液晶显示面板，产品的形态主要体现出尺寸、解析度、纵横比、工艺制程等差异。为了能从 Part 编码上直观地看到这些信息，这家公司做了超级复杂的编码规则，编码上增加的有意义信息越来越多，直到最后两位成了一个综合意义的组合编码时，才发现这个"坑"实在太深，无法继续编下去了。但已经上了这条"贼船"，下船又谈何容易。于是 A 公司学习其他公司实践，试图简化编码规则，方案都做出来了，却发现由于 IT 系统盘根错节，那些硬代码无法清理干净。一年后这家公司宣布新规则无法推行下去。

B 企业是一家新能源产品制造企业，也掉入了这个大坑，如图 2-4 所示。后来开发人员发现，此规则不可执行，要让开发人员选对 4 级的分类不是一件容易的事情。由于该企业 IT 基础比较弱，对 Part 编码的应用还不深，写入硬代码的规则也相对容易清查。于是该企业决定全部舍弃此规则，改为"4 位分类代码+6 位流水码"的 Part 编码规则。3 年下来，该企业的 ERP 也上线了，正准备上线 PDM 系统。

华为的 Part 编码规则，迄今为止在编码中有意义码是前面 4 位，与 Part 分类关联。但关于 Part 分类，每个部门都有自己的诉求。

华为采购部有一位主管，几乎每年都会找到产品数据管理部，要求将采购专家团的分类设置到 Part 编码中去，锲而不舍。

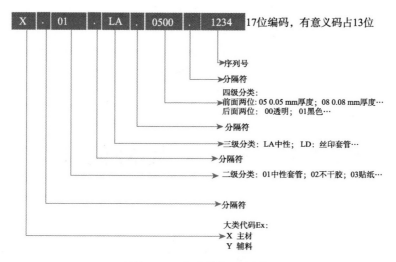

图 2-4　B 企业的编码规则

　　如果采购专家团的分类可以设置到 Part 编码中，那么产品线的分类、技术管理团队（technology management group，TMG，研发管理某一类专有技术的跨部门团队）的分类、业务集团（business group，BG，如运营商 BG、消费者BG、车 BG）的分类甚至细分市场的分类是否都可以设置到编码中？Part 编码就像是一根细细的钢丝，被各种需求不断地拉伸，变得越来越细，然后整个集团 Part 管理的千钧重量都压在上面，最后会绷断。

　　华为是大公司，整个集团共享一套 Part 编码规则，更应该把规则定得简洁明了，能前瞻性地、弹性地满足业务不断发展变化的需要。来自各个业务部门的需求当然是要满足的，但可以通过 Part 的其他属性满足。例如，前面所说的版本有版本属性，生命周期有生命周期属性，Part 的所属产品线、产品也有各自的属性，属性可以根据需要不断地扩展。

　　ISO 10303 标准中明确提出：不要采用智能字符（smart string），也就是说不要从 ID 解析含义，如版本、分类等。

　　Part 编码是整个产品数据管理大厦的基础，贯穿于整个企业的全流程，华为 Part 编码的故事远没有结束，后续的章节还会延续这个故事。

　　启示 7：很多企业都往 Smart ID 这个大坑里面跳，后患无穷。如果 Part 编码一开始没有做对，那么后续更改就难了。

第 3 章

正本清源，从 BOM 做起

3.1 从"裸产品"到"产品包"

3.1.1 中试部将原型机转换为可量产产品

1992 年 10 月，华为的 2000 门数字程控交换机 C&C08 在义乌开局成功，标志着华为正式拿到了参与国内电话网络建设的通行证，而且在产品的技术路线上与业界的数字程控交换技术保持了同步，国内市场从此出现快速增长。

但随着产品不断部署在国内客户的网络上，产品的问题也逐渐暴露出来。

首先，产品的质量不稳定，生产过程中的直通率低、不良品率高，生产过程中因为一个非常小的工艺问题出现批量事故。其次，发货清单不全，发货到现场，开始工程安装时才发现缺少零部件，甚至出现高价紧急采购电缆的事故；或者重复发货，即补货时客户那里已经有的东西再发一次，导致客户哭笑不得。再次，产品在网上运行时经常出现故障，开发人员紧急打补丁或者干脆跑到客户现场去改源代码的现象非常普遍。最后，产品交付的及时率只有 30%，远远低于国外友商的 90%，等等。

华为发现，C&C08 产品的成功还只是实验室的成功或者是个别客户、个别局点的成功，离可批量生产、批量销售的真正的产品成功还有很大距离。

1995 年，中间试验部（简称中试部）成立。中试部的定位用当时的一句口号总结比较贴切："品质的堤坝，新产品的摇篮。"

中试部的前面一道"工序"就是中央研究部（简称中研部），中研部只是开发了一个样机，技术成果转变成产品需要有一个过程。中试部的使命如下。

（1）使中研部开发出来的产品经过测试达到批量生产的质量要求，并持续优化产品，使产品的质量不断提升，成本不断下降。

（2）配套开发整机产品所需要的结构件、电缆、产品包装，以及产品批量生产所需要的测试装备、工装夹具。

（3）建立产品的元器件优选库，支持硬件开发选型。

（4）对产品的工艺进行设计，如电磁兼容性设计、热设计、防护设计。

（5）对产品进行可靠性和环境的测试，包括老化测试、抗摔打测试、防雷试验、高低温环境及冲击试验等，提前获得产品的失效条件、临界点，确保产品的批量生产与长期运行的可靠性。

（6）对产品进行小批量试制，验证产品批量生产条件下的可生产性。

（7）参与实验局安装，在现场验证产品的可安装性、可服务性。

中试部成立之初主要有产品试验中心、工艺中心、物料品质中心等部门。

"产品试验中心的工程师有 3 件事"，当时产品试验中心主管丁 Sir，曾经这么总结说："做实验、写文档、开局。"

做实验很容易理解，在此不做赘述。

写文档，用后来 IPD 的标准术语解释，就是"用文档指导下游生产，文档是产品包交付的一部分"。或者说，一个产品开发完成，又经过了中试测试，要转产了，"转"过去的是一个完整的"产品包"。转产验收通过后，生产部门严格按照产品文档操作。如果生产部门天天来"邀请"测试工程师去现场"指导"，那不是测试工程师很吃香，反而是他的工作没有做好的表现。"严格按照产品文档操作"，这既是 ISO 9000 等质量标准的要求，也是后来 IPD 开发模式的核心指导思想。

至于开局，一方面是说新产品首次在客户现场安装，测试工程师要帮助技术支援工程师完成第一个局点的安装，并整理出开局指南，后面的局点，如果没有问题，测试工程师不用再去了，由分布在全国各地办事处（现在"代表处"的前身，就是华为分布在全球各地的一线部门）的技术支援工程师独立完成安装。另一方面除非有些局点出现产品质量问题，必须由测试工程师出面解决。开局用后来 IPD 的标准术语解释就是"验证产品的可安装性、可服务性"。开局不是目的，目的是要作出指导，让技术支援工程师独立完成安装与现场服务。

中试部成立的前期，华为还不是很重视文档，而是口口相传，沟通基本靠会议，指导下游基本靠跑现场。这是华为上下游合作的主要模式，也是现在中国大多数企业的工作模式。试想，如果产品已服务全国乃至全球了，靠这种模式怎么能高效地完成产品生产与工程安装？现在华为产品基本上是由 EMS 代加工了，加工的地点遍布全球，测试工程师或开发人员不可能到现场指导生产和安装。现代化的大企业是由陌生人协同工作完成共同目标的商业组织，而人与人之间的信息传递必须靠文档！没有文档的产品就是一个裸产品，只停留在研发成果阶段，这样的产品转量产，用华为后来经常说的话就是"裸奔"。

应该尊重文档，尊重开发成果的交付件，这就是早期 IPD 思想的萌芽。中试部创建是在 IPD 实施前，但从其定位来看，那时候任正非及华为对 IPD 已经有了一个朦朦胧胧的认识。

"我们要均衡发展，什么是均衡发展？如果华为的技术很强，产品开发出来了，但卖不出去，又有什么用？卖出去了，产品生产不出来，交不了货，又有什么用呢？"任正非经常讲这样的话。

按照这样的理解，中研部只是完成了核心的软件、硬件、结构、配线的开发。为了使一个"裸产品"具备商品化的条件，达到产品批量生产、在客户侧稳定运维的标准，在"裸产品"基础上还需要做很多工作，形成一个可以批量生产、批量部署的"产品包"，"产品包"是 IPD 的标准术语，中试部成立初期华为的 IPD 还没有推行，此处只是提前借用了此概念。

从"裸产品"到"产品包"的过程如图 3-1 所示。

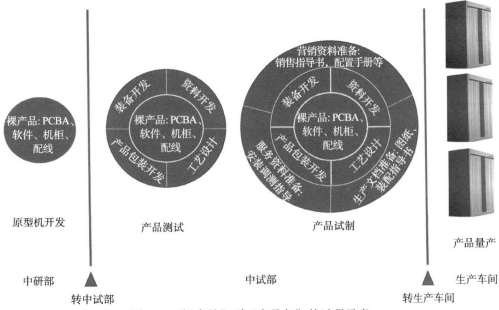

图 3-1 "裸产品"到"产品包"的过程示意

华为产品的主要形态是硬件加软件，产品整机至少应该能把硬件安装在一起，把电路板连接在一起，产品的机柜、电缆也要同步开发，这两块分别由"结构开发部""配线开发部"完成，这两个部门在中试部成立后从中研划入到了中试部的整机工程部。

产品要能在生产车间批量生产，必须先开发测试装备、工装夹具，交给生产线，由生产工人按照操作指导对产品进行检测。生产检测属于批量测试，不能像在实验室那样要求工人拿万用表、示波器对单板进行测试，而是要求在十几秒内通过测试判断一块 PCBA 板是否合格，所以要有一个测试装备，把 PCBA 往上一插，装备就自动工作，完成测试任务，然后给出测试结论。当然，PCBA 在上电测试功能之前还有在线测试仪（in circuit tester，ICT）测试，即在线测试 PCBA 的焊点是否牢固，焊点间是否粘连，是否有开路、短路之类的问题，这就需要有 ICT 及探针、固定夹等，这些也需要开发。以上统称装备开发，由中试部的装备开发部完成。

产品发货给客户，要配送产品的《用户手册》《产品简介》《技术手册》《特性描述》《安装指南》《操作指南》等资料（俗称"六本书"），这些资料也需要有专门的部门开发，该部门称资料开发部。

产品在生产过程中的温度、湿度等环境因素，一些辅材的成分（如焊锡等）都会影响产品的良率；产品运输过程中的防护等也需要在产品开发中就开始考虑；产品在客户网上长期稳定运行，还需要考虑散热、防护、防电磁辐射等，这些工艺方面的设计，由中试部工艺中心负责。

产品虽然通过了产品试验中心的测试，但在转批量生产之前，还要经过小批量的试制。中试部后来成立了试制中心，该部门的职责在 IPD 推行后就由制造中心的新产品导入部（new product introduction，NPI）承接了。试制的目的就是验证批量生产的所有条件是否齐备，产品的合格率是否已经达到了批量生产的要求。换句话说，就是对"产品包"进行全面的验证。

此外，产品的包装也需要有专门的部门负责设计，这也是整机工程部的职责。

物料品质中心的责任是对新引入的制造商的元器件进行测试认证，建立元器件优选库，支撑产品的硬件开发选型，这在本书第 2 章也介绍过了。

以上这些围绕"产品包"的齐套做的工作，除了资料开发的职责长期在中研部,其他的"产品包"外围设计,基本是由中试部负责,并在中试部成长过程中逐步完善。

任正非在那个时期经常批评开发人员"幼稚",是指他们的技术情结太重,重原理、轻工艺,重技术、轻管理。总之就是他们开发的所谓产品其实还不能称为产品,还只是研发成果,就像很多研究院只是画了图纸,写了一些文档,然后归档就结束了,这么做技术层面是成功了,但还没有产品化。所以,需要有一个部门进行研发成果商品化的转换过程,中试部就承担了这个重要的职能。

另外,研发的分工是很细的,PCB 开发、PCBA 开发、底层软件设计、业务软件设计、网管、结构设计、配线设计等,每个开发人员各做一块,做得很精深,但面很窄,以至于中研部竟然没有人懂整机了。那时候,华为还没有将设计与开发分开,设计是指产品总体架构(含软件、硬件)的总体方案设计,由 SE 完成;开发是指基于 SE 的系统分解分配结构,承接具体模块的详细设计与实现,如画 PCBA 图、写代码。没有 SE 负责产品的整体架构,就更没有人懂产品的整机了。

相比之下,由于中试部测试工程师面向整机进行主机软件、硬件的测试,对产品整机的理解反而比开发人员要全面、深入得多。

2003 年 1 月 13 日晚上,在深圳五洲大酒店,1200 多中试部人员在这里举办晚宴。这是中试部的最后一次晚宴。因为就在这一天,中试部完成了其历史使命,正式解散!

3.1.2   DFX 模式将"产品包"设计提前

中试部虽然填补了研发到生产之间的巨大鸿沟,起到了研发成果商品化的转换器的作用。但对比后来的 IPD 流程,仍然存在很大的不足。

首先,从中研到中试再到生产是一个串行的流程,每一个环节都只有等到前面环节活动完成,把工作成果正式转到自己环节才开始工作,如果发现前面的成果有缺陷,就需要更改,而这种更改往往为时已晚,损失已经造成。

"华为没有时间一次把事情做好,却有时间一做再做。"IBM 的顾问对华为的批评,就是那个时候产品开发效率低下的真实反映。

在很多情况下,只要下游部门的人稍稍主动一点,提前介入,就可以把原

来留到后端解决的问题在产品设计的萌芽
状态下就解决掉，这样既缩短了产品的上
市时间，也减少了大量的人力、物力的浪
费。防患于未然，这是质量管理的最高境
界。IPD 有"并行工程"的实践，就是在
产品立项时组建一个跨部门的 PDT，该团
队有来自研发、制造、采购、市场营销
（marketing）、销售、财经、服务、质量
等职能部门的代表，他们在产品开发团队

图 3-2　PDT 团队的组成

经理（leader of product development team，LPDT）的带领下开展工作（图 3-2），
因为产品一立项就要任命 PDT 团队，所以从制度上就确保团队在产品开发早
期就已经开展工作。事实上，在产品的 Charter 开发、概念阶段，这些团队就
已经介入；而到了产品设计阶段，产品的 DFX 已经全面开展，各个环节从各
自专业领域出发，将本来在后端才开始考虑的需求提前到产品设计阶段。这
样就不会出现在产品开发完成时才发现有些关键元器件的供应能力不足，或
者产品到了安装现场时才发现安装非常费力，或者到了客户操作时才发现可维
护性很差等问题。

　　原来由中试部主导，在中试阶段完成的"产品包"的各种设计提前到产品
设计阶段，而且由 PDT 的各代表完成，如图 3-3 所示。

　　其次，IPD 模式与原来的中试模式最大的差别在于"部门墙"消失了，没
有了中研、中试、生产的明确界限，在产品商业成功目标牵引下，各方资源部
门的代表加入 PDT 中。然后有了 DFX 的明确的流程定义、组织与责任分工，
而且在 IPD 的计划阶段就完成了 DFX。这样的话，IPD 流程就实现了对齐产品
满足客户需求的最终目标，用最简洁、最直接的方式将端到端流程活动打通了。

　　IPD 流程将设计阶段与开发阶段明确分开，与我们的常识是一致的，"凡事
预则立，不预则废"，计划阶段就是对产品的高阶设计，此时不仅要考虑客户
需求的满足，而且要考虑 DFX 需求（后来称企业基线需求）的满足。产品的
技术、质量、成本、交付的竞争力，其实在此阶段 80% 已经确定了。在产品设
计阶段，一行代码都没有写，一张图纸都没有设计，却已决定了 80% 的质量、
成本、交付的竞争优势，这是 IPD 模式相比传统开发模式的革命性变化。

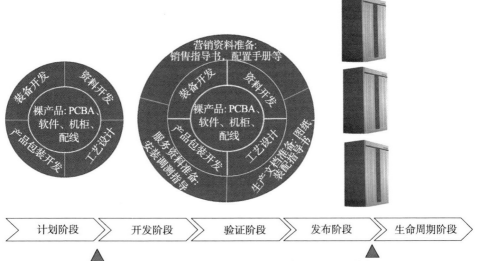

图 3-3　IPD 模式下的 DFX 及"产品包"交付示意

华为在 DFX 方面也付出过很多学费。华为早期没有 DFX 的观念，采购工程师介入产品很晚，于是出现过这样的事情：硬件工程师开发了一块超大尺寸的背板，到了最后才发现当时全世界只有新加坡有一条生产线能生产这么大的 PCBA，而且其产能根本无法满足华为的需求。于是，前面画的图、做的实验全部都白做了。从头再来，时间浪费带来的损失更是无法估计。

华为早期也没有可安装性设计的概念。当时无线产品线的天线安装需要两人同时爬到铁塔上，一人要扶着天线，另一人就负责打紧固螺钉，因为当时的螺钉是从下面往上打的，手一松就掉下去了，一只手根本无法完成这个动作。那么，如果螺钉是从上面往下打，不就可以单手完成了？这样的话，一个人就可以完成这一动作，爬高的人少了一个，每个站点都少一人，带来的安装成本的降低、安装时间的缩短，又是多大的一笔钱！如果在产品总体方案设计阶段就考虑了可安装性设计，问题不要等到客户现场才暴露，才更改产品设计，而是一次就把事情做对，那么带来的研发成本降低、时间缩短，又是节省了多大的一笔钱！

有一家设备制造企业，2021 年时推行 IPD 已经 2 年多，效果一直不好，就连 DFX 这样的实践也落不了地。有一位工艺工程师说，研发部门画的图纸转产后，到了他这里，他会对这些图纸进行一些更改，因为开发人员不懂工艺，保险起见，在设计零部件图纸时都加了很多冗余设计，而工艺工程师"一眼就能发现这些不足"，因此会对他们的图纸进行更改，去除冗余，降低成本。

"那为什么你不到产品设计阶段做这个事情呢，你提前介入设计，把去除冗余这样的需求提前实现，不就不用更改图纸了？"工艺工程师哑然。

这些现象的背后，本质上还是整个集体对做事情的方式没有统一认识，认为 DFX 是一件额外增加的事，而不是本来就要做的事情，只是提前做而已。

不能一次把事情做对，不能在源头上构筑产品的质量、成本、交付的竞争优势，却在下游部门去努力优化前面的设计、纠正前面的错误，整个企业看起来忙忙碌碌，但其实效率非常低下。

3.1.3　BOM 是 IPD 跨部门团队交付的"产品包"的核心数据

IPD 有很多现代化产品开发模式的实践，如 CBB，本书第 2 章开头就提到过，这是靠 Part 和 BOM 的管理落地的。

同样的，DFX 的实践也要落地到 BOM 中。IPD 不管什么实践，都强调的是跨部门的团队协同工作，因此团队之间信息的沟通非常重要，而正式的信息很多是靠结构化的格式进行传递的，如 Part、BOM 就是结构化的信息。

中国传统的产品开发中，可以看到大量苏联"以图纸为中心"模式的痕迹。产品开发出来的最终成果，要指导生产部门加工生产，主要依据是图纸，在图纸的右下角，一般都有很多"物料明细栏"，这就是 BOM 的原型。例如，一辆汽车的总装图，可以看到底盘、车身、发动机、变速器等大部件的明细栏，意味着整车由这些大部件组成，整车 BOM 就是包含了这些大部件的一个明细表。大部件再往下分解。比如，发动机的图纸，其明细栏包括了缸套、活塞、电火花、曲轴、垫圈等物料，缸套也有图纸与相应的明细栏，以此类推。

在这种模式下，BOM 就相当于图纸的"附件"，是跟着图纸走的。图纸是研发成果的核心。

这种模式无法对 BOM 进行结构化的管理，很难实现 Part 的标准化并建立标准库，跨产品重用。产品单一、市场单一、供需稳定、产品更新换代慢的企业尚可勉强支撑；但如果规模较大、产品复杂、升级频繁、客户定制需求多、追求生产柔性的企业，用这样的模式管理 BOM，那就是灾难了。

Part 编码等于图号，是这种模式的显著特点。如果没有将结构化的 Part、

BOM 与非结构化的图纸分离，企业就无法真正实现上下游的大协同，无法将信息流端到端地打通，无法实现追求规模生产前提下的定制化、按订单配置等现代化的制造模式，如图 3-4 所示。

时至今日，还有企业沿袭苏联模式的图号与Part编码相同且分层编制图号的规则，这样做的"好处"是方便纸件图纸的管理，图纸的层级关系清晰。但数据库成熟应用都大半个世纪了，这个"好处"早就不再需要。而其弊端是把所有的Part的用途都"定死"了，无法实现CBB重用。

图 3-4　以图纸为中心且图号与 Part 编码绑定的弊端

苏联的产品开发模式是计划经济的产物，企业不追求规模，也不追求成本与利润，一切都是国家的计划确定好的。这种把 Part 附加到图纸上的模式适用于对产品的更新换代很慢、产品之间也不追求重用与共享的历史时期。但中国在完成了市场经济转型后，中国企业要有规模、有批量才能挣钱，产品开发是满足客户需求，客户要什么才开发什么，客户要多少才生产多少。企业必须通过对规模的追求，通过共享与重用降低成本，通过规模效应摊薄开发的投入费用，才能获得产品的利润。

而华为进入的又恰恰是电子信息产业，这个产业的特点就是供给过剩，信息爆炸但人的时间与精力有限，需求有限但供给无限，所以华为的产品开发必须以客户需求为导向，以商业成功为目标。另外，这个产业的特点是市场开放，华为还非常弱小时就已经在家门口遇到了贝尔、西门子、朗讯、北电、爱立信等国际巨头的竞争，企业如果不发展壮大，就会在惨烈的竞争中消亡；但如果不断地扩张，又会带来管理上的问题，碰到发展的瓶颈。

IPD 就是在快速扩张过程中达成企业商业目标的利器。

大有大的好处，大也有大的难处，这就是华为在发展成长中一直面临的管理难题。早期华为也搞过事业部制，就是把大企业"大卸八块"，各板块独立经营管理，后来发现行不通，这样做企业的规模优势就没有了：各板块业务独立运作，大平台不能打通，资源各自建设，无法共享，重复建设能力，浪费很严重，产品交付的周期也很长。

而 IPD 按照 PDT 分工，各 PDT 独立对经营结果负责，快速交付产品是其目标。而研发、制造、采购、销售、服务、财务、质量等资源部门负责各自领域的能力建设，他们的目标是在各自领域精耕细作，建设能力，并为产品线提供资源。

总之，IPD 的重量级团队，如 PDT、集成组合管理团队（integrated portfolio management team，IPMT），可以快速扩张，形成战斗力，而职能线各自建设资源与能力，在集团内部可以共享，这种矩阵式组织模式充分解放了生产力，激发了员工队伍的活力，使一个庞然大物可以快速响应市场需求，快速根据产业变化与产品发展的成熟度变化调整组织阵型。用 IBM 的前 CEO 郭士纳的话来说就是"大象可以跳舞"。

IPD 源自西方，是西方企业在第三次工业革命以来，在长期的市场竞争实践中总结出来的管理哲学，虽然 IPD 的鼻祖是 IBM，但其中蕴含着整个西方工业界的管理理念，其底层逻辑与苏联的产品开发模式有着本质区别。

很多大型国企也学 IPD，少有建树却不明所以。表面看是业务形态差别大导致，而华为之所以能成功，是因为 IPD 更适合华为的业务形态。再看深一点，好像是国企的部门墙比较严重，难以打破。但底层的还是管理逻辑的差异，从苏联模式走向穿"美国鞋"（任正非认为 IPD 就是一双美国鞋，要削足适履），难度比当年华为要高了好几倍，以华为的执行力和变革的基础，IPD 都搞了这么多年，让华为各级主管都感受到了脱胎换骨的阵痛。传统的大型国企要实施 IPD 谈何容易？企业如果没有意识到底层逻辑的巨大差异，没有直面自身"先天不足"的勇气就匆匆上线 IPD，怎么可能成功？

对于 IPD 模式来说，BOM 的定位完全变了。

IPD 强调"产品包"与交付件。虽然 IPD 的重量级团队的并行工程实践是在产品开发早期由跨部门团队共同完成产品设计，但产品过了 GA（一般可获得性评审，产品开始全面转量产）后，意味着"产品包"已经成熟，生产部门具备批量生产条件，用户服务部门具备批量部署能力，销售部门具备放量销售能力。此时，PDT 的产品开发已经完成，不应该再像原来中试部指导生产、开局那样往现场跑了。

"产品包"体现出来的其实是产品数据，其中核心是 BOM。

生产部门交付给客户的是一台台的设备，而 PDT 交付给生产部门的是"产品包"。

生产部门忠实地、无偏差地按照 PDT 提供的"产品包"把实物产品"复制"出来并交付给客户。这一过程要求准确无误，研发部门是怎么设计的，生产部门就必须怎么生产。

那么，怎么能保证传递过程的准确无误？也就是说，用什么方式传递信息最高效，最精确？

图纸固然是重要的，但在华为不是最关键的，或者说，需要使用图纸的部门不是非常多。举例来说，PCB 图设计完成，其实只要把光绘文件（film）交付给 PCB 专业厂商，它们就可以像复印机一样地准确无误地按照 PCB 图纸把 PCB 成批生产出来。而生产工艺工程师（industrial engineer，IE）拿到 PCBA 的装配图和 BOM，把 SMT 表贴程序设计出来，PCBA 的 SMT 机器自动工作，整个 PCBA 的装配工作也可以准确无误地完成了。除此之外，生产人员再看看工艺操作指导书等文档就可以完成整机装配工艺设计了。

而 BOM 不一样，销售的投标报价要使用 BOM 进行合同配置与交付配置的生成，生产计划要用 BOM 来进行 MRP 和跑生产加工计划，采购拿 BOM 的 Part 向供应商下 PO，IQC 根据 Part 接收来料，库存按照 Part 管理，IE 根据 BOM 编制工艺路线，车间根据 BOM 领料，物流部门按照 BOM 发货，成本根据 BOM 核算，

总之，有了 BOM，一切都很确定了，BOM 里面的 Part 编码就是唯一身份识别码，确保了整个信息传递过程的高效、精确。

如本书第 1 章 ID 模型所示，图纸反而成了 BOM 的附件。

IPD 传入华为时，西方的 ERP 应用已经非常普遍，华为的 ERP 也已经基本稳定运行，而 ERP 的核心基础数据就是 BOM。因此，IBM 在华为实施 IPD 时，很早就提出 BOM 是"产品包"的关键交付件。IPD 要成功落地，尤其是"产品包"成功落地，BOM 是要首先落地的。

为了强调 BOM 的重要性，"产品包"外层还可以加上一层，就是 BOM。BOM 可以代表一个产品的交付结构，可以据此组织产品数据的各种要素。软件、硬件、文档、资料都可以与此结构关联，甚至可以直接体现为此结构上的

节点。因此 BOM 作为"产品包"的最外层，可以直接被下游流程读取、调用，将杂乱无章的"产品包"信息结构化、层次化地组织起来，使之具有很强的"穿透力"，这就是 BOM 端到端的价值，如图 3-5 所示。举例来说，尽管"产品包"很复杂，如硬件有大规模逻辑的芯片（integrated circuit，IC），软件也有成千上万的代码行，但对生产部门来说，这些都不重要，IC 里面几十亿个门电路跟他们没有关系，他们仅仅需要关注 IC 的 Part 编码正确了没有。软件包里面有上亿行代码，他们只关注软件包的二进制文件的 Part 编码与版本正确了没有。因为这些复杂性被 BOM 封装起来了，只要 BOM 没有错，Part 编码没有错，再复杂的产品都可以准确无误地被"复制"出来。生产部门不看产品的内部的复杂结构，只看 BOM。再复杂的产品结构都可以体现为 BOM，只要跟着 BOM，就能将产品的 Part 一个不少地装到产品上。

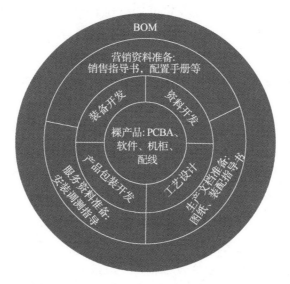

图 3-5　BOM 在"产品包"中的重要地位

启示 1：只有"产品包"才能将创新成果变现，真正为客户带来价值。通过"产品包"的 DFX 在产品开发早期构筑质量、成本、交付的竞争优势，这一点对于过度地以技术为导向，忽略产品的可靠性、可服务性、可安装性、可制造性、可维修性、可采购性、可供应性、可销售性等竞争力要素的企业非常有启示意义。

启示 2：BOM 是"产品包"的核心数据，其作用是用高度结构化的语言拉动企业的研发、制造、销售等业务领域流程，提升沟通协作的效率与有效性。

3.2　任正非推动了 BOM 的优化

3.2.1　生产错货的源头在 BOM

BOM 在华为发展的早期得到了任正非的关注与推动，可以说是任正非早期推动华为产品研发管理进步的抓手之一。也正因为最高管理层的重视，BOM 在华为得到长足的发展。

1997 年，华为 ERP 上线。那时华为在交换机、接入网等产品领域已经是国内的主流供应商，发货量非常大。华为的销售收入从 1996 年至 1998 年期间均实现了超过 100%的增长，1998 年更是达到了 89 亿元的销售规模。

然而，产品交付出了问题，华为的主要矛盾变成了市场高歌猛进与生产交付能力差之间的矛盾。产品交付及时齐套率不到 30%，远远低于国外友商的 90%；库存周转次数不到一次；产品错货非常严重，几乎每一个订单都会发生少发、多发、错发的情况，客户的投诉如排山倒海而来。

一封来自合肥办事处的投诉信写道：安徽省某地邮电局 1997 年 10 月与华为签订合同，约定 11 月 25 日交货，月底开通。可备货延迟到了 12 月 17 日，严重影响开局。客户很愤怒，不仅不愿执行合同提前付款协议，还要索赔 10 万元，客户关系紧张到极点，导致前期的客户工作前功尽弃。

昆明办事处 1998 年 1 月与云南某地签订合同，要无线 ETS 设备一套，开局时间是 4 月 10 日，交货期快到时，无线业务部却说因物料问题，供货推迟到 5 月下旬。6 月底，货仍无踪影。客户多次催促均得不到答复与重视，对此非常不满。昆明办事处向机关呼吁，销售人员不仅要承受日常销售任务的压力，还要抽出时间与精力来协调机关各部门。"在供货上，自始至终无一责任中心，客户的耐心是有限度的，每一个县市都是我们生存的市场点，请珍惜！它来之不易，我们丢不起！在通信行业里，华为依然是脆弱的，与大牌国际公司相比，我们差得很远，我们仍需用最及时和周到的服务赢得客户。"他们痛心疾首地说。

1998 年年初，当时的华为制造部曾经给研发部门发过一个工作联络单《发正确的货，从小处做起》，其中提到至少有 160 种物料的生产发货与实际不一致。

这些发货的问题在当时被戏称为"货梗阻"。客户的投诉归结起来如下。

（1）未按合同时间发货，影响客户现场开局，打乱客户网络建设计划。

（2）错发货，型号、规格、配套性错误。

（3）少发货、漏发货，缺少配件。

而这一切的发生都与 ERP 上线有直接的关系。ERP 是支撑制造流程的集成信息管理系统，制造流程涉及的计划、采购、仓储、工艺、加工、装配、发货、成本、财务等作业全部集成在单一的系统上面，各环节的人员在 ERP 各自模块工作，各自完成信息流的处理。

举一个最简单的例子，采购部门下 PO，必须先有采购请求 PR，PR 又是从 MRP 来的。下达 PO，供应商发货，这边在接收模块里完成接收动作，库存自动就增加了这批物料的数量，同时生成应付（account payable，AP），财务部门就可以准备付款了，付款完成后，PO 也就自动关闭了。

所以，ERP 将这些信息流的处理全部集成到一个系统里面，实现物流、资金流、信息流的统一与集成处理，不仅提升了效率，降低了内控风险，而且整个制造流程全部用数字化呈现业务过程与结果。用现在时髦的话来说，ERP 就是制造流程的数字化。

以华为当时的体量来说，如果不上线 ERP，整个制造就转不起来了。但问题在于 ERP 的使用对数据的准确性、规范性有很高的要求，ERP 就是大家都基于系统里面的数据完成各自的工作，若数据错了，工作结果就一定是错的。ERP 不仅要求交易数据要准确，符合业务真实情况，而且对产品主数据，尤其是 BOM 要求很高。

有一家设备制造企业在 2021 年上线 ERP，用了近一年，MRP 一直没有跑起来。MRP 可以说是 ERP 最基础的应用了，MRP 都跑不起了，怎么能说 ERP 上线成功了？后来他们自己说 ERP 里面数据很多是错的，连库存数据都不准确，生产现场的员工居然可以随意挪用其他项目的物料，且没有任何记录。账面上还在公司的物料，可能已经发货到客户那里了。ERP 系统应用的前提就是：所有人只相信系统里面的数据，而系统的数据必须真实可信。如果连库存数据都不准确，MRP 当然就跑不起来了。

有一家规模非常大的生产显示面板的企业，工艺人员总是会拿研发部门设计的 BOM 进行更改，形成自己需要的 BOM。问为什么，答：不敢用研发部门直接提供的 BOM，因为他们的 BOM 总是错的。

不敢相信系统里面的数据，宁愿自己另外做一套，这是在应用 ERP 这些大型 IT 系统时非常典型的"协同失效"。按照流程该提供的数据不可信，也不愿反馈问题责成相关部门把数据改得真实可信，宁愿自己另起炉灶。如此，企业之间的协同就失效了，上再多、再先进的 IT 系统都于事无补。

ERP 的功能非常强大，但前提是大家都相信里面的数据，而且要求数据是真实可信的。华为当时恰恰是在这里出了大问题。

为了解决发错货问题，华为在 1998 年新春伊始成立"发正确货工作组"，任正非是领导组的组长，每个月都会听取工作组的汇报。

客观地说，发正确的货是企业整体管理水平尤其是制造系统管理水平的综合体现，需要各部门之间的配合。但任正非认为，问题的源头在研发部门，而且是研发部门做的 BOM 出了问题。他一针见血地指出："BOM 是长江的源头，源头污染了，下游不可能干净。正本清源，从 BOM 做起。"

这句话表面看说的是 BOM，其实应该是任正非对华为整个管理体系的系统思维。其中包含三层意思。

第一层是产品的质量、成本、交付的竞争优势是由前端决定的，研发部门开发了产品，后端接收了它们转生产的"产品包"，像复印机一样把产品复制出来。若"产品包"本身有缺陷，希望通过下游去弥补则是不可能的。

产品准确、及时交付给客户，这是产品的交付竞争力，在产品设计阶段就已经决定了其中的 80%。产品设计的早期没有做好面向可交付性、可供应性、可制造性的设计，靠后面去变更、修补，那就像长江源头污染了，靠后端去清污，事倍功半。

第二层是上下游的协同、沟通要靠数据、IT 系统。在 ERP 系统中，数据进、数据出，所有人都基于数据工作。如果数据有问题，业务结果一定是错的。当时虽然还没有"数字化""数字化转型"这么时髦的名词，但 ERP 这些半个世纪前就有的制造信息集成系统，就是活生生的"数字化"，上线 ERP 就是制造的"数字化转型"。

很多企业虽然上线了 ERP，但基本上只起到财务管理的作用，制造业务流没有通过 ERP 打通，更不用说"账实一致""业财一致"了，却拼命鼓吹要实现数字化转型，这是非常讽刺的事情。

ERP 不仅仅是一个工具，不能根据企业的需要而去随意客制化，去迁就企业落后的管理。

任正非很早就提出"软件包驱动的业务变革"（package enabled business transformation，PEBT）的概念，意思是说，ERP 已经在欧美日韩这些工业化先行者中应用了几十年，工业企业的流程不断优化，软件包也长期演进，已经把当前最先进的企业管理实践融入其中，固化到了 IT 系统的功能里面。华为买了这双"美国鞋"，那就老老实实去用它，优化自己的流程，适应软件包，企业的管理就进步了；而不是反过来 "优化"软件包，以适应企业落后的管理。

那为什么是 BOM、为什么要从 BOM 做起呢？因为 ERP 的基础数据是 BOM。

BOM 是"产品包"中能与 ERP 直接对接、能被 ERP 直接读取的信息，如果研发能按照 ERP 要求，直接将 BOM 做好，就能高效、准确地将 BOM 的结构、物料组成、物料规格等重要信息直接导入制造的各业务环节，研发部门与下游的信息传递就不会有任何冗余、任何歧义。图 3-6 表示在 ERP 系统的几个主要模块中 BOM 所处的核心位置。

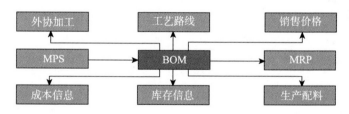

图 3-6　BOM 与 ERP 系统各模块的关系

华为之所以频繁错货，从研发角度看，各产品的机柜结构设计没有统一的规划是一个重要的原因。当时华为交换机主流产品有 A 型机、B 型机、C 型机，而这 3 种产品的机柜高度、插框宽度、主机配线、拉手条型号、颜色居然都是不统一的。一不小心就会选错这些配件，尤其是在扩容场景下，如果机关订单部门不与现场勘测工程师反复确认，整个沟通链条上稍有偏差，就会出现发货的物料与现场已经有的物料不兼容，从而导致错货。

报价的 BOM 与生产 BOM 不一致也是当时错货的主要原因之一。报价用的是一套线下的报价模板，ERP 系统中的 BOM 刷新后，不会自动刷新报价数据。导致发货与报价不一致。例如，一块 PCBA 升级，中试部会发通知给各部门，但已经签订的合同用的是老 BOM，没有跟着刷新。等合同到了履行环节，才发现原来的 PCBA 已经没有库存了。因此，带来大量的沟通确认不说，客户发现到货与合同不一致，又会产生不满。

第三层是任正非说这句话时正好是 IPD 项目的酝酿阶段，研发的"幼稚病"从哪里开始"治疗"？BOM 恰恰是一个很好的抓手，在后面的大会小会上，BOM 是任正非讲话中出现频次非常高的一个词。

"万恶之源"在研发，这是华为从那时开始的一个集体共识，华为的研发不仅承担了创新的责任，还要对端到端全流程的产品可交付性设计负责，确实任重道远。当然，这时候的"研发"，已经不仅是"中研部"，而是广义的研发，就是指后来在 IPD 流程中承担了"产品包"交付责任的所有团队的全集。

明确了 BOM 是错货的根源，又该怎么改进？BOM 是谁的责任？又该从什么地方开始推动？

尽管任正非已经指明了改进的方向，但前途依然迷雾重重。

启示 3：企业的"一把手"应该重视 BOM，通过 BOM 这件具体的事情，从源头提升产品的质量、成本、交付的竞争优势，也通过 BOM 这个抓手，提升研发对下游流程的重视，将工程师转变为"工程商人"。

3.2.2　一次意义重大的投诉

老王来自管理工程部（质量流程与 IT 部的前身），在 1997 年是 ERP 实施项目组的成员，主要与中试部接口，负责推动中试部把单机版的 BOM 迁移到 ERP 中。"发正确货工作组"成立后，他又顺理成章地成了工作组成员。

他在加入华为之前已经接触过 ERP，所以在所有的由研发人员组成的 BOM 数据迁移组中，他是最懂 ERP 的。

他的硬伤是没有搞过产品开发，这意味着没有产品知识就没有与中试部主管顺畅沟通的语言。很多中试部主管都不待见他，他又生就一副忠厚大叔的外表，给人的错觉就是此人没有狼性。

但就是这么一位忠厚大叔，竟然一纸投诉，把中试部"告"到了任正非那里！在投诉里面，他历数中试部的"十大 BOM 问题"，在已经烧得通红的 BOM 这个熔炉里面又加了一把大火，顿时波及了整个研发！

"他搞得我很狼狈。"洪老曾经私下里说。洪老当时是中试部总裁，估计在任正非那里没有少被批评教育。

狼狈的还不止他一个人，丁 sir 那时是洪老的副手，具体操办 BOM 的事情，也非常紧张。

其实，投诉在华为还是很平常的，尤其是管理者，如果说他从来没有被投诉过，反而很不正常。部门与部门之间的投诉也非常多。华为有一份内部的报刊，即《管理优化报》，专门接受、刊登各种投诉，曝光管理上存在的问题。任正非每期都会认真阅读。投诉的目的是揭露管理上存在的问题，推动改进。在华为，只要投诉的内容符合事实，多半都会被接受，投诉者也少有受打击报复的。

但像老王这样大的投诉力度，在华为历史上也实属罕见。

关键是这次投诉产生了深远的影响。在某种意义上说，对 BOM 的发展是一次反向激励，华为管理层对 BOM 的认知也因为这次投诉事件上了一个新台阶。

事后，任正非要求"发正确货工作组"的领导组每人写一篇文章谈自己对 BOM 的认识，其中有一篇文章《BOM 是什么》被评为第一名，刊登到了《管理优化报》上，文章作者是延俊华，他曾经作为新员工给任正非上过一篇"万言书"，因勇敢揭露华为的管理问题而"一战成名"。

既然被投诉了，那就解决问题吧。洪老、丁 Sir 都是善于研究具体问题的人，只要思想上重视了，总是能解决问题的。

但作为当事人的老王，自己都说不清楚"十大 BOM 问题"是什么，因为 BOM 就像是企业的血液一样，在整个机体中流动，千头万绪，跟谁都有关系，又谁都说没有责任。老王虽然胆子够大，但他不是那种重视细节的人，抽丝剥茧地研究具体问题又不是他的强项。BOM 的问题虽然已经"上达天听"，但其落脚点又在那些细节中，不把隐藏其中的"魔鬼"揪出来，BOM 的问题是解决不了的。洪老开始发愁了，没有想到问题会这么复杂。

整个企业没有 BOM 的明白人，都知道有问题，但问题到底在哪里，该怎么解决，让人一筹莫展。

既然没有明白人，那就找人吧，一个人说不清楚，就成立组织把这个事情说清楚。

虽然没有人清楚"十大 BOM 问题"是什么，但有一个问题是清楚的：没有人说清楚 BOM 问题，本身就是最大的问题。

BOM 的重要性、BOM 的威力（反向的）大家都见识过了，问题是从哪里开始解决。

"BOM 有没有部门在管？"任正非问洪老。

当时在中试部物料品质中心下面有一个 BOM 科，20 多人，女员工居多，主要任务是在 ERP 系统里进行各种录入、维护等例行操作，其职能很像现在很多企业的文档室、文控室等组织。

"这么重要的事情，怎么还只是个科室而已呢？应该成立 BOM 中心！"任正非说。

于是，中试部下面又多了一个直属部门，BOM 数据管理中心。

该部门的数据维护员升格为 BOM 工程师，要求"两个延伸"，即上游向产品开发延伸，要求在产品开发的前端就把 BOM 做好；下游向制造、市场、技术支持等 BOM 的用户延伸，要求 BOM 能被他们正确使用，以支持这些业务的准确高效运营。

BOM 工程师除了原来 BOM 科老班底的一些学历高、工作经验丰富的员工，任正非还要求各大部门出人充实该部门的力量。中研部、中试部出人最多，因为 BOM 工程师首先要求懂产品，各产品线都有出人的指标；供应链也要求出人，如懂订单管理的人、懂计划的人、懂工艺的人；采购部输出了物料采购工程师，负责采购 Part 的管理；市场部的商务部也输出了原来做过合同管理的工程师；还有 IT 部门的人，因为 BOM 数据管理中心还要懂 ERP。

很快，各路人马到齐，部门正式开张。部门主管张工，原始工号为 18 号，是华为创始人之一，这样的组织阵容非常强悍。部门开始时是 40 多人，大多数是按照产品线划分的，每个产品线对应一个"××产品线 BOM 室"，接口服务各产品线。

于是，BOM 数据管理中心的工程师纷纷走出办公室，来到研发实验室、来到生产一线现场、来到采购工程师中间，主动为业务服务。

BOM 的源头是研发，研发是 BOM 创建的主体，但大多数人不懂 BOM，更不懂 BOM 到了生产、市场等部门是怎么被使用的，BOM 的准确率、结构是怎么影响到生产一线的。

BOM 首先要解决的问题是怎么让研发人员作出正确的、合乎下游部门使用要求的 BOM。下游部门是 BOM 数据的消费者，他们的需求决定了 BOM 该怎么做；而研发是 BOM 的开发者，他们既不懂下游部门的运作，也不懂 ERP 的原理。那么怎么解决这个问题？这依然是一个挑战。

但不管怎么说，现在至少有了一支 BOM 的专业管理队伍，可以对 BOM 的能力进行长期的建设。当然，也终于有了 BOM 的明白人可以去回答"BOM 是什么"了。

启示 4：华为通过高层投诉引起整个企业对 BOM 的关注。其他企业没有必要用这种激烈的方式唤起管理层的自觉。BOM 毕竟是一件静水潜流的工作，管理层正确认识其价值，并纳入例行的管理、融入业务主流程才是最关键的。

3.3　BOM 是 Part 之间的组成关系

3.3.1　BOM 表达 Part 之间的组成关系，由三要素构成

经过任正非亲自推动，华为各层管理者已经对 BOM 有了一些共识：第一，BOM 很重要，直接影响生产；第二，BOM 的源头是研发，是研发的第一责任。现在回头看，这些认识都是对的，但认知正确了，不代表作出的行为不会走样，更不代表可以一劳永逸地解决这个问题。

为了进一步澄清 BOM 概念，有必要从专业的视角分析一下 BOM 到底是什么。

本书第 2 章已经比较详细介绍了 Part，也知道任何复杂的产品都是由 Part 组合而成的。

Part 代表了企业需要在 ERP 系统中进行各种交易的业务对象，是实物产品组成部分在 ERP 等 IT 系统中的一种"表达"。用现代的数字化术语解释，可以认为是物理世界中的产品及其组成部分在虚拟世界中的映射。

Part 可以指代元器件、原材料、半成品、成品等不同的实物对象，其在 IT

系统中可以进行各种记录、交易。例如，ERP 系统中入库了 100PCS 的电缆，就代表实际上库存里面多了 100PCS 的电缆实物。IT 系统里面的数据与真实业务要完全符合。

而 BOM 就是表示 Part 与 Part 之间组成关系的业务对象。也就是说，BOM 不是代表一个具体实物，而是代表了一个具体实物与另外一个具体实物之间的"组成关系"，因此是一种关系。这种关系的最小集可以只有一个父项、一个子项以及它们的数量关系。如图 3-7 所示的一个最简单的 BOM。

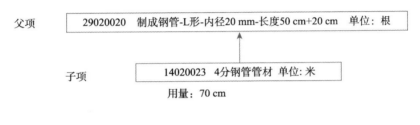

父项Part	子项Part	用量
29020020	14020023	70 cm

图 3-7　一个最简单的 BOM

这个 BOM 表达的是有一个编码为 29020020 的 L 形钢管的 Part，由另一个编码为 14020023 的管材的 Part 加工而成，用量为 70 cm，就是从管材中按此数量截取，然后通过折弯工艺加工得到父项。图 3-7 中，上面用框图表达的是一个 BOM 图形化、树形结构的示意图，下面用表格表示的是数据库里面"存放"BOM 的方式。需要说明的是，这种表格在实际的 IT 系统里面会更复杂、更详细，此处主要为方便读者理解，做了大量的归并、简化。

父项、子项、用量构成了 BOM 的三要素，不管是什么 BOM，三要素缺一不可。

企业管理层往往分不清 BOM 与 Part 的区别，他们说的 BOM 是笼统地指 BOM 及 Part。但从专业角度来说，这两者是有区别的，不能等同对待。

也许有人会有疑问，BOM 只有父项、子项、用量吗？那版本是不是 BOM 的信息？位置序号难道不属于 BOM 吗？第 2 章说的 Part 的编码、描述、分类等信息，BOM 里面也不包含吗？

应该说，Part 是构成 BOM 的基本要素，就像计算机里不管多复杂的程序，都是由 0、1 两位数字构成的一样，正如英文是由一个个单词、一个个字母构成的一样。Part 不是简单的一个编码而已，里面包含了研发确定的技术规格属性，包含了管理所需的属性，如分类、版本、创建者、时间等。因此 BOM 里面的父项 Part 与子项 Part 都是包含这些信息的，而且这些信息还可以随着业务的需要不断扩展，如 Part 的环保属性、碳中和属性、贸易合规属性等。

位置序号也是 BOM 的信息，但是不一定所有的 BOM 都有位置序号。华为的 PCBA 是在 PCB 上面装配各种元器件而成的，而 PCB 都有位置序号的丝印信息。此时，通过在 PCBA 的元器件后面标注位置序号，就可以简化电子线路板加工过程，并推动工艺路线与工位操作卡片的编制工作。而有些 BOM 是不带位置序号的，如图 3-7 所示的 BOM。所以，位置序号不是 BOM 的基本要素。

BOM 可以包含很多信息，但缺了三要素之一就不是 BOM 了；而三要素齐备，即使其他信息不完整，依然是 BOM。

3.3.2　研发决定了 BOM 的三要素，BOM 的使用部门可以添加属性

BOM 是研发的责任，而且是第一责任。但研发只对"产品包"中所含内容的 BOM 负责（图 3-5），如产品的结构、组成、技术规格、特性、配置、装配关系等，所有这些都必须包含在三要素中。而一份由研发提供的 BOM，最终要被生产使用，只有三要素还不够。例如，父项和子项 Part 的采购提前期、加工提前期、计划员、采购员、生产车间、工序号、计划百分百、损耗率等，这些信息要在三要素基础上由下游部门根据生产计划、加工工艺等各方面情况添加完整，而且添加这些信息的时间往往是在 IPD 的发布阶段之后，无须在早期 BOM 阶段就确定这些信息，其实有很多信息也无法在早期就确定。在 ERP 系统中，各方添加的属性可以多达 400 多个，如图 3-8 所示。

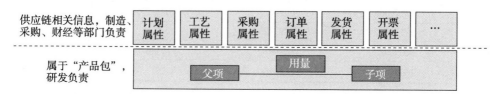

图 3-8　基于 BOM 三要素的信息扩展

图 3-7 是一个最小集的 BOM，只有一个父项与一个子项。多数情况下，一个父项会包含多个子项，此时就是多了几个"父子关系"而已。

如图 3-9 所示为一个父项、两个子项的 BOM。

父项Part	子项Part	用量
76090025	14020023	70 cm
76090025	17120200	2个

图 3-9　有两个子项的 BOM

这种简单的"父子关系"可以任意叠加，形成任意复杂度的多层 BOM。图 3-10 代表一个两层的 BOM。这种情况下，由于前面一个子项又是后面子项的父项，BOM 表中就体现出这种"首尾相接""多层嵌套"的表示方式。不管多少层的 BOM 都由简单的 BOM 表叠加而成，就算是从最初始的钢材、铝材、外购物料开始加工装配复杂的大型船舶，也是用这种简单的 BOM 表结构表达的。

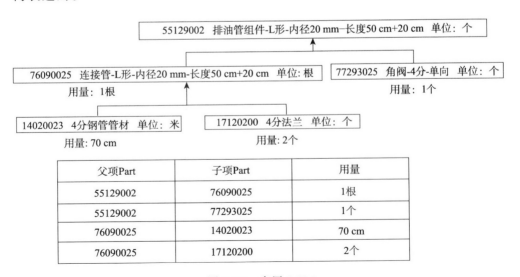

父项Part	子项Part	用量
55129002	76090025	1根
55129002	77293025	1个
76090025	14020023	70 cm
76090025	17120200	2个

图 3-10　多层 BOM

　　根据以上分析，既然 BOM 的全量信息是各环节基于三要素不断添加而成的，对于某具体业务活动，如工艺路线，相关的信息缺一不可。那么，华为在 1998 年的错货问题，为什么源头在研发呢？因为三要素是 BOM 最基础的信息，所有业务领域添加的信息，都是基于三要素而添加的：三要素不准确，添加再多的信息都是错的；三要素不规范，各环节的信息协同就失去了统一的语言，同样也无法形成全量 BOM。

　　而 BOM 三要素是研发的责任；决定 Part 的构成、数量关系的唯一数据源，是研发定义的 BOM。

　　启示 5：很多企业在"BOM 究竟是研发人员负责还是工艺工程师负责"问题上纠结，是因为没有正确理解 BOM 的数据结构。三要素的基础 BOM 由研发负责，各业务视图的属性由供应链等相关的 BOM 使用方添加。只要掌握了此数据结构，就比较容易划分 BOM 的责任。

3.4　BOM 也是生产力

3.4.1　BOM 驱动制造业务流

　　产品数据按使用效果划分，可以分为两类：一类是具有参考价值，对人有用，但也只是参考而已；另一类是具有契约价值，必须强制要求使用，而且严格使用，不可违背。

　　BOM 毫无疑问属于后者。

　　这种契约关系是通过流程的职责与交付件的标准定义的，实际上，更多的是靠 IT 系统"约定"的。例如，在 ERP 系统中，采购下 PO，是因为前面有 PR，PR 确定了采购的 Part 及数量，那么 PO 就严格按此要求执行。事实上，在 IT 系统中，采购员单击按钮就可以下 PO 了，根本没有"转换数据"这样的体外动作。而 PR 也不是凭空产生的，是因为前面有 MRP 和库存冲销后跑出了采购 Part 的"净需求"，MRP 又从市场预测及研发定义的 BOM 而来。

　　这种"契约关系"也不是一蹴而就的，ERP 上线之后还有相当一段时间"产品包"的供需双方都不适应这种方式，不按照 BOM 数据执行的情况还有很多。

1998 年 5 月，BOM 数据管理中心收到一线技术支持人员反馈，当时一个 128 门小交换机的电缆 EX01MLA 一直没有库存，生产部门一直领用另外一个 RSU 产品专用的电缆 RU01MLA 进行改制。而改制方法是当时 128 门小交换机的项目经理"口头传授"的。这种情况已持续了一年之久，而了解绕开 ERP 系统 BOM 的体外操作的两名作业岛的资深员工一旦离开，这种改制的"秘诀"也就失传了，因为没有任何的指导文档。换了新员工后，只会发现 EX01MLA 缺货，根本不会知道还有改制这一说。到那时，很有可能因为长期领用 RU01MLA，接手的新研发人员不分青红皂白将 BOM 改为 RU01MLA，导致批量错货。

当然，这种契约关系还需要对 IT 系统制定管理制度。比如，不允许私下"借用"账户；不允许绕过 IT 系统的校验逻辑的制约直接动 IT 系统里面的数据。华为在这两方面都出过问题，交过昂贵的学费。

ERP 刚上线不久，业务部门都不适应这种"不灵活"的操作方式，对 IT 系统的法律意识淡薄，信息安全警觉性很差。经常有老员工偷懒，把自己的账户与操作权限交给新员工，由他们"代劳"处理。

采购部门就有几位主管和老员工将自己的账户交给一位刚入职的员工吴某，而这些账户构成了一个完整的采购—接收—付款流程的全部环节。吴某利用该管理漏洞，"注册成立"了河南××公司，并虚构了 PR，向其下了 6 单 PO，用来"采购"SMT 模具钢网，"交易"金额达 117 万元。然后又虚构接收单，完成付款。这一切在真实世界中不存在的交易，就在虚拟世界中发生了。

案发后，华为也不急于"遮丑"，而是抓住时机让所有的科级以上干部现场观看对吴某的公审，接受反腐教育，并反思管理上可能存在的漏洞。吴某在不到两年的时间里，利用所掌握的 ERP 用户权限，私开供应商、PR、PO、IQC，非法获取赃款 97 万元，被依法判处有期徒刑 10 年。

华为早期采购管理不规范，关键在于没有做职责分离（separation of duty，SOD），采购按品类分工，一类物料的寻源、认证、请购、采购、到货、付款都是由一人负责到底，这就很容易滋生腐败与犯罪。

ERP 软件包却对这种风险进行了控制，这些环节都有 SOD。采购部门还曾经认为 ERP 的设计不符合华为的现状，提出 IT 优化需求，希望更改 IT 系统，取消这些限制。恰好此时吴某事件爆发，华为通过这次生动具体的案例，意识到 ERP 的逻辑是对的，问题在华为自己。于是，采购部门主动撤销了此不合理的客户化需求，又对 ERP 权限做了严格的规定，到今天为止，借用他人账户操作都属于信息安全违规行为。

经常有"聪明人"说，任何的 IT 系统不都是工具，是人写的代码，为人所用吗？IT 系统设置那么多的校验、那么多的限制是多余的，绕过这些校验与限制，可以让我们效率提高很多。

2002 年，华为 ERP 已经上线 5 年，ERP 上的业务数据量非常庞大，仅 BOM 就有几十万个之多。6 月 12 日，有一个项目失效单，要求将 5 个 17******的 Part 替换成另外 5 个 10*******的 Part。项目失效单的意思是采购 Part 由于厂家停产等原因，需要替换成另外的 Part。这种单通常由采购部门发起，由上级 BOM 使用了这些 Part 的 BOM 责任人做测试、确认，然后由 BOM 数据管理的维护员在 ERP 里面进行操作，完成 BOM 的更改。由于华为重用元器件非常普遍，一个维护单据涉及几十个、上百个 BOM 的更改是很正常的，这种单据的维护工作量一般比较大。

BOM 数据管理部新任命了一名数据维护组组长，此人想法比较多，总是想各种方法提升效率。这次也不例外，他求助了当时 IT 部门管理 ERP 系统的工程师 L，L 有 ERP 系统管理员权限，可以执行业务部门不能执行的操作。他积极响应了求助，编写了一个程序，从 ERP 的底层数据库对这 5 个 Part 进行批量替代，程序很简单，只要在 BOM 中看到 5 个 Part 中的任何一个 17******，就直接替换成 10******。L 在 ERP 中运行了这段程序，效率确实很高，瞬间系统就执行完成了操作。

然而，从第二天开始，当时的电装车间发现不对劲：一个明明已经减少了的数量的 17******，怎么数量没有改，位置序号却莫名其妙地增加了？一个 17******已经被删除了的 BOM，执行了这个项目失效单后，怎么就会多了一条 10******出来？不对，BOM 好像乱了。

这肯定与这次批量失效单替换程序执行有关，于是找到了操作者 L，L 一下子没有反应过来，不知道问题出在哪里，非常紧张。

生产基本停线了，事态紧急。当时两边部门主管出面协调人员，组织紧急小组，通宵加班定位、解决问题。

首先解决生产停产的问题，当时找到生产现场负责任务令的接口人，要求她只要看到有 10*****的任务令，马上与 BOM 数据管理部确认，确认无误后才能往下走。其他任务令放行。

然后发出了紧急通报，告知与此次物料失效替换有关的 BOM 的负责人，请他们检查自己的 BOM，并暂时冻结对 BOM 的再次更改。

问题到底出在哪里呢？

阿宝是 BOM 数据管理部最懂 ERP 的底层逻辑的，她思维缜密，逻辑清晰，反复检查后给出了结论：

在 ERP 中，任何的"变更"都是"删除""增加"Part 的动作的组合，由"生失效时间"确定操作具体的发生时间。所谓删除，是指 Part 被标识了"失效时间"，到此时间就从当前 BOM 消失；所谓增加，也只是 Part 被标识了"生效时间"，到此时间就出现新的 Part。已经被删除的 Part，在 BOM 表中依然是存在的，只是当前"看不到"而已，如果查询老版本，或按照过去的时间查找，还是可以找到的。也可以是未来某个时间生效，但只要这次变更实施了，未来的 Part 在 BOM 表中也存在了，只是现在"看不到"，要设置特定时间条件才能看到未来生效的 Part。

另外，如果是改数量、位置序号，同样也有一删一增两条 Part。比如，删除了 Part1，数量 3，位置序号为 U1、U2、U3，增加了 Part1，数量 2，位置序号为 U1、U2，代表这次更改将 Part1 数量从 3 改为了 2，去掉位置序号 U3。

正常的用户界面对 BOM 的更改，系统会自动滤去那些当前已经不存在的 Part 及未来才生效的 Part，不用考虑这么复杂的场景。但是，L 的程序简单粗暴地对所有 17*******的 Part 全部更改，就意味着已经被删除的、还没有生效的 17******全部被替换成了 10*****！更改数量和位置序号的 Part，在他的程序里面则替换了两次，并自动合并位置序号全集，于是被删除了的 U3 又出现了！

当时提取数据发现，共有 800 多条 Part 被更改为了 10*****，其中有 300 多条属于异常。

往回改也非易事，当时动员了整个部门的数据维护员，手工将数据一条一条地改了回去。比较庆幸的是，通宵的补救还是有效的，生产恢复正常了，也没有其他损失发生。

从那个时候开始，产品数据管理的专业人员都深切地感受到 ERP 系统的博大精深，对待这样的系统应该有敬畏之心，不懂不要随便动。尤其是对此系统有很大权限的系统管理员、超级用户，可谓是摸到了"核弹按钮"，更要诚惶诚恐，不能任意妄为。

不允许绕过 ERP 的限制逻辑，从底层操作 ERP 系统——华为那时也专门出台了这样的管理规定。

IT 让犯错误也加快了，这是 IBM 的 IPD 顾问对 IT 的评价。

2000 年 8 月，某热缩套管物料，由于采购误将其计量单位从 cm 改为 m，结果在下 PO 时采购量放大了 100 倍，导致该 Part 产生大量的呆死料。

2000 年 11 月，光传输产品有一个 Part 由于计量单位清理整顿，单位从"卷"改为了 PCS，两种不同计量单位计价的采购价格分别是 240 元与 0.096 元，差了 2000 多倍。但由于系统中的价格忘了刷新，导致库存"虚增"了 2000万元！

1998 年，在 BOM 轰轰烈烈地进行各项改进的同时，集成供应链（integrated supply chain，ISC）变革也启动了。

一般的企业实施 ERP 都有这么一个过程，开始无知者无畏，跟风似地上线 ERP 系统，而后发现自己的能力跟不上，想改 ERP，供应商一般又不给改。业界主流的 ERP 厂商基本不会做客制化。华为是当年上线 O 公司 ERP 的国内第一家客户，都没有享受过客制化的待遇。

所以，上线 ERP 之后，就开始变革内部的业务，华为是从研发变革开始的，因为研发是源头，研发的 BOM 能力弱是 ERP 上线之初就已经认识到的问题。与此同时，生产部门发现整个供应链的能力也不够，如订单管理、计划管理、供应商管理，于是继 IPD 获得初步成功之后，ISC 变革也启动了。

BOM 问题是被 IPD 与 ISC 两大流程公认的问题。

BOM 的质量、规范性、结构的合理性直接影响生产效率，尤其是生产全面使用 ERP 系统之后，生产的任何改进几乎都离不开 BOM。

1997 年某天，中试部总裁突然把所有的项目组长（project leader，PL）以上干部拉到一个待处理品库房。在场人员震惊地发现里面放着大量报废的元器件、单板、电缆、机柜、外购配套设备等物料，据说金额达到了 4000 多万元。

总裁在现场让大家反思自己的工作都为这些呆死料作了多大"贡献"。

2000 年 9 月 1 日，华为党委组织召开一次别开生面的颁奖大会，主题是"研发体系发放呆死料、机票"活动暨反思交流大会，共6000余人参加。

会上，任正非亲自给研发人员发奖，但"奖品"都是那些由研发工作失误导致的呆死料，以及产品质量出现问题导致研发四处救火、"打飞的"产生的机票。

任正非说："今天研发系统召开几千人大会，将这些年由于工作不认真、BOM填写不清、测试不严格、盲目创新造成的大量废料作为奖品发给研发系统的几百名骨干，让他们牢记。之所以搞得这么隆重，是为了使大家刻骨铭心，一代一代传下去……"

令人印象深刻的是结构开发部领到的"奖品"——10箱约2000种的角铁，结构开发部真的派出代表上台领奖，20名身强力壮的小伙子把这些沉重的"奖品"抬了下来。

这些呆死料都是由于标准化模块化不足，设计人员标准化意识薄弱，责任心不够，以及幼稚创新造成的。开发人员追求新、奇，追求与众不同，仅仅在外形尺寸上几个毫米的差异就产生不同Part，以及安装形式和器件安装位置的随心所欲，没有一定之规，给安装维护环节造成巨大困难和浪费。

10箱角铁就有2000多个Part，如何能做到Part重用呢？Part没有重用，又怎么能作出准确的计划预测？呆死料就是这么造成的。

这次大会对研发人员触动很大。很多企业碰到这种问题，要么拼命从后端追究计划、采购的责任，责任人拼命喊冤，最后不了了之；要么谁的错误谁承担，简单地处罚、降薪了事，以后继续重复错误。但任正非没有简单地问责、处罚责任人，而是用"颁奖大会"的方式对研发人员进行教育，使他们知耻而后勇，从幼稚走向成熟，也使那些犯了错误的研发人员从思想上获得了脱胎换骨的洗礼。相比之下，后者效果要好得多。当时在台上领奖的业务骨干，大多数成长为华为的高层主管，他们的觉悟与成长为后续IPD的推行打下了坚实的思想基础，也将这种自我评判思想融入了华为文化。

华为那时要求研发人员要做工程商人，不要盲目创新。在具体的做法上要求研发人员重视BOM，深刻理解BOM对生产部门的重要性，也是其中一种关键举措。

BOM错了，生产一定会跟着错，呆死料损失就不可避免。如果研发人员对产品的Part编码数量不加控制，盲目创新，过度追求与众不同，设计出来的

Part 没有重用性，加工数量很小，或认证的采购 Part 只被一两个订单使用，没有一定的采购数量，就会导致生产的库存、加工任务都很分散，生产计划对于 Part 的预测不准确，库存无法重用，要么 Part 库存不够，延长交付时间，要么库存太大导致呆死料发生。

启示 6：理解 BOM 对供应链的作用首先要理解 ERP 的工作原理，理解 ERP 中的作业流。企业要上线 ERP，必须首先保证 BOM 是准确可用的。

3.4.2　BOM 结构设计的五原则与 BOM 归一化九大打法

2000 年前后，华为学习欧美企业，引入了 BOM 结构设计方法论。本书提及的 20 多家中国企业中，至今还没有企业有流程化的 BOM 结构设计实践，更不用说方法论了。

华为 BOM 结构设计方法论的形成还受惠于 O 公司 ERP 系统提供的各种能力对 BOM 结构的直接需求。丰富多样的项目模板及属性设置要与 BOM 结构紧密配合，集成的制造业务流程需要基于合理的 BOM 结构才能顺畅运作。ERP 系统在华为的应用越深入，制造业务对 BOM 结构设计的需求就越高。

华为之所以需要 BOM 结构设计，从业务模式、产品形态和管理变革等方面来看，有以下几个方面的原因。

1. 制造模式特殊

华为的制造模式是典型的大规模定制模式。这种制造模式既需要产品高度标准化，具有很大的可复制性，又需要制造端有很强的柔性。按需生产，而且要求快速交付。BOM 如果没有一定的层次，生产如果没有 ATO 的能力，产品根本不能既满足客户差异化、多样性的需求，又满足在生产环节批量复制、标准化以及快速发货的需求。

业界主流的制造模式如图 3-11 所示。

MTS：按库存生产模式，就是预先生产一批产品，并做好库存。客户订单下达即可发货，如手机之类的消费品。这种方式的交付周期最快，缺点是客户必须接受企业提供的标准产品，没有任何的定制。而且企业对市场要做预测，按照预测生产，形成库存，一旦库存产品滞销，就可能会带来呆死料的损失风险。

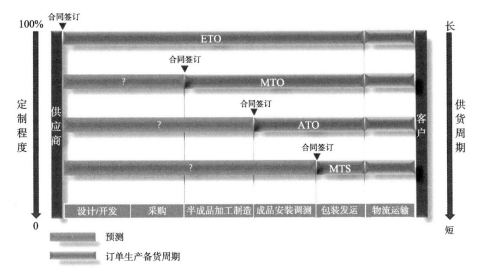

图 3-11　业界主流的制造模式

ETO：按订单设计模式，这是与 MTS 正好相反的制造模式。等客户订单下达后才开始为客户设计产品，画图纸、定制 BOM 等。这种模式的优点是可以百分之百地满足客户定制需求。没有任何的预测，客户合同签订后才设计产品，然后采购原材料，加工半成品，因此也不存在由于预测不准确导致的库存损失。但其交付周期是 4 种模式中最长的，企业完全被客户牵引，无法形成标准产品、共享模块、CBB 等，从 BOM 管理来说，规模较大的企业可能会因此导致 Part 数量失控。传统的量体裁衣的裁缝铺就是典型的 ETO 模式，当然，这种模式的制造规模很难做大。

在大规模定制的企业中，纯粹的 ETO 模式其实很少，即使是房地产开发这类传统的 ETO 模式，也在做一些预制的标准件，以加快房屋建造的过程。

MTO：按订单制造模式。MTO 与 ETO 的区别是不用按订单设计，也不用等到客户订单下达后才采购原材料。而是客户合同签订后启动加工、制造，从原材料、基本元器件开始加工半成品、成品。与 ETO 相比，MTO 少了设计与采购过程，因此比 ETO 的交付周期要短。但由于从原材料开始加工制造，没有半成品库存，也减少了半成品变成呆死料的风险。

由于 MTO 的装配方式通常采用焊接，一旦整机完工，半成品也就无法再用于其他地方。因此，MTO 的成品一旦出现退货，上面的零组件就很难再次使用，将变成废品。MTO 模式比较适合于大型设备、定制家居，如某种型号的船舶，定制沙发等。

ATO：按订单装配模式。这是华为主要的制造模式，就是先按照预测预加工一些半成品的库存，等到客户订单下达后从半成品开始装配、调测。与 MTO 相比，ATO 预先有半成品库存，会将 PCBA 这类加工周期特别长，模块化、CBB 做得比较好的 Part 先按照预测准备库存，客户订单一到则从半成品库房领料开始装配、调测。因此，ATO 交付周期比 MTO 要短很多。而其风险在于如果半成品库存的 Part 预测不准确，会产生呆死料。但对于华为这类客户定制需求很强，模块之间的接口又比较标准的业务模式来说，ATO 是最佳的选择。

顺便说明一点，本书主要分析的是华为的运营商 BG 和企业网 BG 的产品，也就是 ICT（IT 及 CT 基础设施产业）产品，如果没有特殊说明，不涉及对华为消费者 BG 的产品，如手机、智能穿戴等消费类产品的分析。

2. 交易模式特殊

华为与客户之间的交易模式多为 To B 模式。华为与客户在产品上耦合非常深，客户对通信产品的理解很深入。当产品还处于规划阶段时，华为的营销工程师就会定期拜访客户，与他们交流华为产品的路标规划，并听取客户的诉求，把客户的新需求纳入后续版本的规划中。有了市场线索或商机后，华为会组建项目组，对客户进行引导。一旦有了合作的意愿，华为就会启动对客户的网络设计、解决方案设计及投标报价等动作。如果成功与客户签订合同，则开始合同履行，产品生产、发货、安装、部署，合同履行完成后关闭。但这仅仅是第一个合同，接下来客户还有扩容的需求，会继续向华为采购 PCBA、软件等新的 Part。华为还要为客户网上运行的设备提供各种保障服务，确保产品运行得可靠、稳定，以及出现故障时，提供维护保修服务、备件更换服务。华为的服务工程师与客户的运维工程师之间还有密切的沟通。总之，这种交易模式不是简单的一锤子买卖，也不是单纯的买卖关系，更像是一种长期合作的伙伴关系。

华为传统的客户是全球的电信网络运营商，包括固定网络、无线网络或综合运营商，全球只有几百家。华为与它们之间均为直销模式，服务方式也是直接服务，很少通过代理来完成。

随着客户管理水平的提升，以及华为拥有全球越来越多的高端客户，客户对华为设备的管理需求也越来越精细化。这些管理需求很多也会直接落到BOM结构上。

3. 产品形态特殊

客户与华为交易的对象在硬件上可能为现场可安装、现场可更换单元（field replaceable unit，FRU），在软件上则存在在线升级的版本。

很多大型设备，如重型机械或者汽车这样的消费品，虽然也存在客户灵活配置的情况，但交易的对象还是产品，客户不可能只购买其中一部分。但华为不仅可以灵活配置产品，而且允许客户可以只购买其中部分。客户网络建设需要巨额资金，客户采取分期投资，先与华为签订一个框架合同或集中采购合同，然后在合同期限内，持续向华为下PO，分批由集团公司或子公司（如中国三大运营商的各省分公司）采购产品或产品的部分。

"扩容"与"在线升级"是客户与华为之间交易的主流模式，客户随着自身业务发展，购买了首期设备后，又对设备的能力、容量、性能、特性进行扩展，此时只要购买华为的部分Part即可。或者等华为推出新的软件版本时，购买软件升级版本、授权（license）。当然，也有可能什么都不买，但根据某些软件的使用协议，需要定期支付年费。这些情况要全部考虑到BOM结构设计中。

4. 交付模式特殊

华为的客户很多情况下不会只购买某单一产品，而是需要建设一个网络，包括很多网元，需要由多个产品组成的解决方案才能满足整网建设的需求。华为由于提供通信领域E2E解决方案，产品竞争力比较强，因此，华为经常给客户交付完整的网络解决方案。合同签订后，内部生产部门各产品是独立装配调测的，然后根据客户的建设计划分批发货、分批安装、分批验收、分批回款。在BOM结构设计中，需提供从合同签订到最终回款的全流程一致的Part；而且要求交易价格能细分到这些Part上去，这样才能准确地对准合同，根据站点的安装验收进展，开出准确的发票，要求客户付款。

5. 研发流程特殊

DFX是IPD流程的重大实践之一，DFX的落地对BOM结构设计也有很高的要求。

DFX 与 BOM 结构设计有直接关系的有以下几方面。

（1）产品的归一化设计。通过 BOM 合理的结构设计，可以减少 Part 数量；不合理的 BOM 结构设计则可能使 Part 数量增长失去控制。

（2）产品的可安装性设计。华为给客户交付的不是一个"裸产品"，而是能在现场安装成功、达到客户的网络部署质量标准的产品。因此，产品不仅包含了设备与软件等调测整机部分，也包含现场安装所需要的非调测物料、产品资料、服务、培训、授权等项目。

（3）产品的可制造性设计。产品的 BOM 结构要适配企业的订单履行流程以及制造加工工艺、装配调测等生产过程。

（4）产品的可维护性设计。产品 BOM 中需要考虑软硬件的解耦，不仅要确保软件可以独立升级、打补丁，还要能远程加载软件。

（5）产品的可采购性要求。BOM 或 Part 的结构要考虑多厂家供货、采购物料的替代关系建立等。

（6）产品的成本。BOM 承载了产品降成本的要求，任何降成本的措施，都要固化到 BOM 中。

（7）产品的可销售性设计。BOM 承载了销售的报价项，承载了产品的特性、价值，要考虑销售报价的需要。

根据以上分析以及长期的 BOM 结构设计实践，华为总结出了以下 BOM 结构设计 5 个原则。

（1）原则一：BOM 与产品的一致性。

BOM 与产品的一致性，即 BOM 结构要符合产品的原理、结构、配置。

原则一属于 BOM 结构设计的刚性要求，应该在 BOM 结构设计中作为必须遵守的原则，而且要明确责任者。

（2）原则二：BOM 与流程的一致性。

BOM 与流程的一致性，即 BOM 结构符合订单履行过程和生产制造的工艺过程。

1998 年前，华为对 ERP 的项目模板理解还不充分，当时只知道产品 BOM 的顶层 Part 是 ATO 项目模板（意思是客户订单确定，则从 BOM 中挑选客户所需的 Part，然后在整机装配环节装配、调测），而不知道有按订单挑选发货（pick to order，PTO），因此，所有的产品 BOM 均构建为 ATO 模型结构。而所有 ATO 下面的 Part 均要跑到整机装配、调测车间去。

连一包线扣、一本产品说明书都要到整机装配调测车间"跑"一遭。整机装配工人从辅料库、配套设备库、结构件库把这些根本与装配调测没有关系的东西领出来，放在一边，等到整机装配调测完成后，就随着整机入库到成品库，然后理货从成品库把这些东西再领出来，发货。

1998 年年底开始，BOM 数据管理中心的瑞秋（Rachel）等人从生产部门获悉这一不增值的业务操作。Rachel 对 ERP 系统非常熟悉，她提出对华为的产品 BOM 实施 PTO 模式。

准确地说，PTO 是理货部门的作业模式，他们"拣"的料中，既有装配调测车间已经完工了的调测整机，又有发货附件、外部电缆、安装成套件等直接可以发货的非调测物料。这些不需要装配调测、可以直接发货的物料必须放到 PTO 选择类别下面，才能"跳过"装配调测车间，直接到达理货部门。

PTO 模板全面推行后，由于大量非调测物料直接到理货环节，不仅省去了生产装配调测车间频繁地出入库动作，而且由于调测物料与非调测物料分离，非调测物料的库存周转加快，库存利用效率提高。经过初步统计，仅这两项收益每年可以达到几千万元人民币！

该案例证明，通过对 BOM 结构的优化，对 ERP 系统功能的挖掘，可以优化业务流程、简化管理动作、去除冗余的作业。而这种管理的改进不需要太多的创新，通过 ERP 等软件包的深入应用，学习业界最佳实践，认真落实到 BOM 等数据中就可以达成。

PCBA 也需要 BOM 结构设计。

华为非常普遍的嵌入式软件虽然最终是在 PCBA 的 IC 中存储并运行的，但随着软件、硬件的解耦，考虑到软件后续的版本升级、打补丁，华为越来越多地将嵌入式软件通过后台终端加载到 PCBA 上，甚至通过网管系统远程加载软件（图 3-12）。软件先复制到网管系统的计算机上，然后运行加载软件，各网元上 PCBA 所需的嵌入式软件会自动分发到各网元上，并自动"寻找"其所存储的载体，完成加载过程。

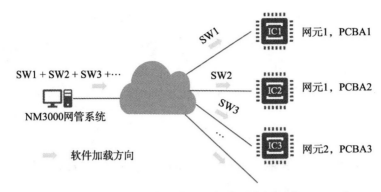

图 3-12 软件通过网管系统远程加载到各网元的 PCBA 上

在这种情形下，软件 Part 就不能放到 PCBA 的 BOM 中，而应该定义到网管系统 BOM 中，如图 3-13 所示。

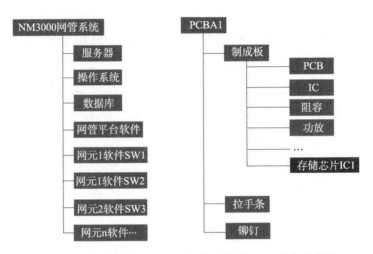

图 3-13 通过网管系统远程加载时软件 Part 所在的位置

这样的 BOM 的好处是显而易见的，剥离了软件的差异化后，PCBA1 变成标准单板，只有唯一的库存，不容易形成呆死料。

但这种 BOM 结构也令软件开发工程师非常费解：明明软件是运行在 PCBA 上，加载到 IC 中的，为什么 PCBA 的 BOM 中没有此软件，反而要在网管系统 BOM 中定义此软件呢？

这就是典型的研发思维，而不是全流程思维。

关于嵌入式软件 Part 应该放在哪里的问题，1998 年 BOM 数据管理中心成立后，经常有产品软件工程师、项目经理跑来与 BOM 工程师讨论此问题。这些开发人员都是技术骨干，但就是怎么也理解不了把在 PCBA 上运行的软件 Part "拿走" 的 BOM 结构。

要解答该问题，就需要重新审视原则二，即 BOM 结构符合生产制造的工艺过程。

什么是生产制造的工艺过程？

既然软件作为 Part 管理，那就与一般的实物 Part 如螺钉、电缆等有相似性，Part 在哪里 "安装"，就应该定义到哪里的 BOM 中。

但软件又是一种特殊的 Part，与一般的螺钉、电缆不同，软件是会根据引导程序的指引，自动 "跑" 到正确的位置上运行的。虽然 "安装" 在网管系统上，但实际运行位置在千里之外的某网元中某 PCBA 上的一个 IC 上！

而 BOM 是指导生产、工程安装等环节使用的，生产工人、技术支持工程师在哪里安装软件，就应该将软件定义在哪里的 BOM 中。至于说安装完成后，软件又自动跑到其他地方运行了，跑到了哪里，生产工人与服务工程师是不关心的，他们只是根据软件安装、调测指导书操作，按部就班地完成软件的安装工作，然后单击软件分发的按钮，一切就按照程序的安排自动完成了。他们根本不会跟着软件跑到那个 PCBA 单板那里。如果将软件定义到 PCBA 中，反而是违背了生产制造的工艺过程，是错误的。

BOM 应该首先考虑的是生产制造的过程、步骤，而不是技术的实现过程和产品的功能完整性。

软件开发人员坚持认为嵌入式软件是在 PCBA 上运行的，嵌入式软件的 Part 应该纳入 PCBA 的 BOM 中，这在原理与功能上是对的，但这种关系不应该在 BOM 中表达，而应该在研发的总体方案、详细设计方案、系统分解结构这些过程数据中体现。

（3）原则三：BOM 扁平化。

复杂产品或半成品都有多层次的 BOM 结构。业务与 IT 系统要对每一层的 BOM 进行处理，BOM 层级增加了管理成本，阻滞了信息的传递速度。因此，BOM 结构尽可能要扁平化，避免没有意义的 BOM 分层。

BOM 扁平化是指通过减少 BOM 结构中的汇聚项，整合生产加工流程，减少半成品物料管理，以达到提高生产效率、降低成本的目的。BOM 扁平化设计意味着清单结构简单，可减少不必要的工作、减少信息处理、缩短加工周期。

2003 年 7 月，华为的产品数据管理部，制造部门的计划、工艺、质量等部门启动了"取消制成板 BOM 暨成品板 BOM 扁平化项目"。该项目的核心是简化成品板 PCBA 的制造流程，推行"一个流"完成成品板制造的全过程。

该项改进取消了制成板暂存库，带来了巨大的好处：车间的占用空间减少，周转车、周转箱等生产设施也省了下来。几个收益相加，每年带来的加工成本降低达到几千万元！

BOM 扁平化的好处总结如下。

- 减少了任务令的数量，缩短了产品的生产加工周期。
- 减少了 IT 系统中流程节点及单据，从而节省了处理时间和工作量。
- 减少了库房交易数量和库存数量。
- 减少 BOM 编码和清单的维护量。
- 减少了系统资源占用。每增加一层 BOM，IT 系统将需要增加上千条关于该项目的记录，消耗了 ERP 系统大量资源。例如，以当时 ERP 系统的性能估算，提取产品 BOM。如果清单只有一层，很快就可以获得清单；但如果清单层次达到 4 层或以上，提取时间就要超过一个小时。

（4）原则四：Part 归一化。

本书第 2 章分析了 Part 数量给企业带来的成本增加、效率下降等负面影响，在 BOM 结构中，也需要对 Part 的可选范围进行控制，在不影响业务多样性的前提下，同一个选择组中的 Part 要尽可能减少。比如，外部配套电缆的长度选项，如果过于精细，就会带来 Part 数量增长。所以，长度系列需要归一化，保持合理的梯度。

Part 数量减少不能只从数据的角度考虑，其实这是一个综合工程，需要企业从 E2E 全流程的视角制定解决方案。综合华为多年的实践，以及对其他企业的观察思考，笔者总结出归一化九大打法，可以作为 BOM 结构设计的方法。

打法一：冗余法。冗余设计，以高就低

华为的 PCBA 一般都会提供多种业务。例如，路由器的业务单板，既提供光接口，又提供电接口，甚至还提供无线接口，无线接口中又兼容 3G、4G、5G。但对于某一个具体用户，可能只用其中一种接口，其他接口对此客户来说就是浪费了，这就是"冗余设计"。如果为不同应用场景的客户各开发一种"专用"PCBA，那就要增加大量的 Part，管理的精细化要求提高数倍，反而得不偿失。因此，统一到一个 Part 上，对全流程管理来说，成本最低。

打法二：2-8 法

2-8 法，即用 20% Part 满足 80%的使用场景。

华为在无线基站的 BOM 设计时采用了"典型配置"。全球发货的无线基站，每一个站点的配置都或多或少有差别。但经过综合分析发现，站型的分布呈现出不均匀性，某些站型出现的频次比较高，某些站型出现的频次则比较低。2-8 法则在这里同样适用：20%的站型出现在 80%的站点中。此时可以为这 20%站型设计典型配置，用少量的 Part 满足大量的客户需求。

打法三：降维法

降维法，即将乘法变加法，多维乘法减少维度，从而减少组合的数量。

华为某路由器有两种供电方式（48V 直流或交流），提供的端口数量有 3种选择（8 端口、16 端口或 24 端口），WAN 有两种选择（微波、光传输）。如果每个组合为此路由器定义一个 Part，其数量可以达到 $2 \times 3 \times 2 = 12$ 个，客户从 12 个 Part 中选择路由器成品；为每一个选项值定义一个 Part。例如，供电方式有两个 Part，端口有 3 个 Part，WAN 口有两个 Part，则客户选择变为对每个选择组的选择，Part 数量变为 $2 + 3 + 2 = 7$。选择完成的 Part 再用 ATO 模式进行装配。

打法四：典型配置法

当场景太多，无法穷举时，可以归一化为几种典型配置。

华为在 1999 年推出的 128 模块交换机的主控单板有很多组合，为每一种组合都申请一个 Part 是不现实的。当时 128 模块项目组就为其确定了 3～5 种固定配置，并确定适用的范围，这样虽然每一种固定配置不能精准地适配应用场景，存在冗余，但 Part 数量得到了收敛，在销售、生产方面都大大降低了管理复杂性。

打法五：阶梯法

阶梯法，即连续的参数变为台阶式的参数，或拉大级差。

华为产品中光纤很常见，早期为了降低成本、精准配置，光纤的长度为 1m一个间隔，申请了大量的光纤 Part，后来将间隔调整为 5m，大大减少了光纤种类。而且，由于光纤价格较低，所以成本受长度影响不是很大。这样做全流程成本更低。

打法六：减项法

减项法，即减少选择的项数，成倍地减少 Part 数量。

2000 年前后，欧盟市场提出无铅化要求。华为为了适应此变化，所有需要发往欧盟的 PCBA 均有一套独立的 Part，因此在 PCBA 的选择项中，增加了一个"是否无铅"选项。但几年以后，无铅化已经成了主流，干脆把所有有铅的 PCBA 归一化到无铅，适配全球需求。"是否无铅"选择项没有了，Part 数量少了一半。

打法七：主干法

主干法，即版本升级后，老版本要失效，不要出现新老 Part 长期并存，避免 Part 数量翻番增长。

2000 年前后，华为为了统一产品外观风格，将机柜切换为国际统一标准的 19 in（1 in ＝ 0.0254 m）柜，但由于现网存量有大量的老机柜，很长时间内新老机柜并存，而且各自需要升级维护，机柜的 Part 数量变成两倍。很多年后老机柜终于切换完成，Part 数量才减了下来。

打法八：延迟制造法

延迟制造法，即差异化的部分，尽可能延后制造，共性部分则可以共享库存。

打法九：时空转移法

时空转移法，即改变 Part 存放的地点与时间。Part 存在时间很短的，Part 不用存在。

（5）原则五：BOM 结构完整性。

BOM 结构完整性不仅指 BOM 中的子项 Part 没有缺失，还要确保每一层 BOM 都达到产品的"成熟度"标准，要确保生产部门可以用该 BOM 结构实际生产出产品或半成品。

一个 BOM 是否完整，还要看下层 BOM 是否完整，只有下层完整了，上层才有可能完整。因此，只有一个 BOM 的子项 Part 达到一定的成熟度，此 BOM 才算达到某个成熟度，才是完整的。

例如，对于一个 PCBA 而言，其子项有外购的元器件，那么这些元器件必须全部达到"已经认证通过"的状态，而且其生命周期还处于"可选用"的状态，这些元器件才是"完整"的。其中只有要一个元器件还没有经过技术认证或商务认证，或者厂家已经停产、即将停产，不再具备可采购性，那么该PCBA就无法生产出来，因为其中有元器件是不可获得的，只要有一个元器件处于不可获得的状态，其父项就无法生产出来。

PCBA下还有PCB这样的自制件，也要确保其完整性。自制件的完整性不仅包括其文档齐全且均已经发布可用，也包括其下层BOM（如果有BOM的话）是完整的。自制件BOM通过评审流程发布，通过产品的生命周期管理流程刷新其"生命周期状态"，如开发状态、试制状态、量产状态、EOM、停止生产（end of production，EOP）、停止服务（end of service，EOS），产品在IPD流程中转状态时，下面的自制件也跟着流程，审视检查是否具备转状态的条件。

产品在从开发到量产过程中，只有下层所有Part均具备上层BOM的转状态条件，BOM才能转状态。如果下层有Part但没有从开发转试制，BOM就不能从开发转试制。下层BOM的状态必须达到或超过上层的"成熟度"，上层BOM才能转状态。如果是借用了一个已经是"量产"状态的自制件，该子项当然是符合父项转"量产"的条件的。如果所有的子项均具备父项转"量产"条件，则父项就可以转"量产"。

如果子项Part已经处于停止X（end of X，EOX，即EOM/EOP/EOS）状态，说明其生命周期已经或即将结束，那么其父项BOM也不再可用。BOM也不再具备完整性。

华为推行IPD流程后，BOM结构完整性成了"过DCP点或TR点"的重要检查项目。考虑到复杂产品的BOM层级非常多，Part数量庞杂，一不小心就容易引起不具备条件的BOM转状态的错误。因此，产品数据工程师引入"附属子项"的方法来检查BOM的完整性。

当时的ERP系统提供多层BOM数据提取的功能，而且可以加上条件。比如，将BOM下层没有达到过点要求的成熟度状态的子项保留下来，把已经达到过点要求的成熟度状态的子项过滤掉，就得到所有需要转状态的子项，称"附属子项"。对这些子项进行检查评审，看其是否具备可以转状态的条件。直到所有的子项全部具备条件时，产品BOM结构才算完整了。

BOM是产品开发与制造之间的核心纽带，是研发成果的记录。BOM也是生产力。总结以上分析，BOM的全流程价值如下。

①打通了产品的开发流程与制造供应流程，是生产部门按照研发设计大批

量复制产品的基础。

②BOM 是应用 ERP 等集成信息系统的核心基础数据，是充分发挥 ERP 系统效能的基础。

③承载了 IPD 的 DFX 的成果，使"裸产品"变成标准化的、可以在市场变现的"产品包"。

④通过 BOM 结构合理设计，产品大规模定制成为可能，企业可以适应客户多样性、个性化需求，提升供应柔性。

⑤拉通了产品从市场投标报价到合同签订，以及从合同履行到发货、工程安装、回款的全流程。

启示 7：BOM 结构设计五原则与 BOM 归一化九大打法是根据华为与业界其他公司实践总结的，各企业可以根据自身情况，总结自己企业的原则与打法。

3.5　制造 BOM 修成正果

3.5.1　任正非对 BOM 专业管理人员的期望

1998 年 6 月 18 日，任正非与 BOM 数据管理中心全员座谈。

此时，BOM 数据管理中心成立还不到 4 个月，虽然 BOM 问题已经是华为的重大问题，已经得到公司前所未有的关注，但对于这个新的组织来说，怎么定位自己的组织，职业发展方向如何，怎么推动研发把 BOM 做好，其实大家都是很迷茫的。这支队伍也不稳定，好不容易从其他部门调来的懂产品、懂 IT、懂业务流程的骨干已经有人提出要离开。任正非敏锐地捕捉到这些苗头，花了一个下午的时间，带着当时的研发总裁李一男、夏勇、中试部总裁洪天峰等人与 BOM 数据管理中心全员座谈。

任正非在座谈会上落实了以下几个重要的问题。

（1）研发员工要接受 BOM 知识和技能的培训、考试，由李一男负责。第一次考试不合格降薪 500 元，第二次考试不合格再降 500 元，第三次考试不合格直接把名单送给任正非。找 5 个不合格的人到 BOM 数据管理中心工作一个月。

（2）建立 BOM 委员会，BOM 数据管理中心作为其秘书机构，推动 BOM

重大问题的解决。

（3）提升 BOM 工程师的涉密等级。

但对于员工来说，最关心的还是自己部门在公司的地位、公司对部门的评价标准、个人未来的职业发展等问题。任正非都一一做了耐心细致的解答。

他认为，BOM 之所以在研发推行困难，是因为价值评价体系出了问题。BOM 的价值评价应该突出责任贡献，而不是评价技术能力。研发人员不关心生产，不懂 BOM 就不能搞科研，只能从事学术研究。BOM 数据管理中心责任重大，应该从承担的责任上给予应有的评价。

任正非甚至当场允诺给部门部分工资较低的员工加薪。他鼓励大家干一行，爱一行，在平凡的岗位上追求卓越绩效。

任正非这次座谈，再次诠释了华为认真做实的企业文化，当时在座的一些BOM 数据管理中心的初创者深受鼓舞。他的那些讲话，很多年来一直激励着这支特殊的团队，使他们坚韧不拔，在产品数据工程师（product data engineer，PDE），这一平凡而陌生的岗位上持续为华为作贡献。

任正非在这次座谈中也提到了 BOM 工程师的职责定位，他认为 BOM 工程师应该定位于研发组织，但为生产服务。BOM 工程师不仅要承担很大责任，同时也需要相当高的技能，因此要建立 BOM 数据管理的专业队伍。产品经理是产品 BOM 的责任人，BOM 工程师应该为他们提供专业的 BOM 管理能力。

BOM 数据管理中心除了服务好研发，帮助他们把 BOM 做好，还承担了审核、监督的职责。

第一，单据审核。

研发人员填写的 BOM 单据，包括 Part 编码申请流程、BOM 清单归档流程、Part 维护流程、EC 流程等，全部增加标准化审核的节点，就是由 BOM 工程师对其规范性进行审核，确保研发人员按照规范填写单据，以及进入 ERP 系统数据的标准化、规范性是符合要求的。

由于研发人员普遍对 BOM 不重视，对下游部门使用 BOM 有什么需求不了解，对 ERP 的原理不熟悉，他们填写的单据问题很多。BOM 工程师退单很普遍，有些研发人员甚至会连续被退单很多次还是填写不好。后来，华为对填单错误的严重性进行分级，A 类错误要通报到申请人的部门，建议季度考评不得高于 B。

在这种处罚力度下，研发人员的态度发生了根本的转变，他们可能还不知道 BOM 有多重要，但 BOM 工作做不好，马上就可能被处罚，这是现实问题。于是，尽管他们的技能还没有得到提升，但会主动、提前来找 BOM 工程师请教，在填单之前多确认，并恶补相关知识。于是，这波"退单狂潮"慢慢地退了下去。

第二，BOM 培训与考试。

开发工程师技术比较强，却在 BOM 工作面前经常手足无措，左支右绌。那时候，华为还没有上线 PDM 系统，开发人员做 BOM 需要直接到 ERP 里面填写数据，而数据一旦有问题就会直接危及生产。这样的例子多了之后，有人提出了"上岗证"制度的想法。也就是说，持证上岗，要进入 ERP 系统操作，必须先获得上岗证，而上岗证的获得，又必须先经过考试。

那时候，华为的研发队伍已经达到了 5000 人，这当中大部分都有 BOM 操作的需要。这是让人印象深刻的考试，若干年后，当年被考过的那些开发工程师，很多已经成长为产品线总裁、研发部长甚至职务更高的管理者，他们还时不时会提起这次考试的事情。BOM 也因此在华为的整个研发队伍中有了很深厚的思想基础，这也是考试的"副产品"。

要考试就要有培训，BOM 数据管理中心派出了大量的讲师，开发了大量的课程，一场接一场地为开发工程师进行 BOM 技能培训。

这些培训中，最难也最有技术含量的是 ERP 知识，讲述这些知识不仅要对 ERP 原理非常熟悉，也要对 ERP 在生产下游的应用场景非常了解。原 BOM 科老班底中的 Rachel、阿宝两位女员工是这方面最厉害的。她们都接受过系统的 ERP 原理、数据模型的培训，又通过大量的单据录入、数据维护的操作加深了对 ERP 的底层逻辑、物理表结构的理解。经过培训数千名员工之后，她们已是桃李满天下，直到现在，她们在华为的影响力仍然不可忽视。

为了指导更多的开发工程师工作，2000 年年初，BOM 数据管理中心专门写了一本小册子——《研发工程师 BOM 工作指南》，还郑重其事地给任正非送了一本。任正非看了很高兴，并在书的扉页上写了以下的话："非常好。**伟大的贡献，常常是做点滴的平凡事。居里夫人几十年搅拌的是沥青。我们一些员工一心想做大事，他不具备一个研发人员的素质，从事研发有害无益。**"

居里夫人作为伟大的科学家，发现了镭元素，获得了诺贝尔奖，但这么伟大的科学成就背后却是大量默默无闻、枯燥、乏味的工作。老子说："天下难事，必作于易；天下大事，必作于细。"华为十几万名员工 30 多年的 BOM 实践，不就是这句话的真实写照吗？

BOM 培训与考试在研发骨干中产生了深远的影响，它的意义不是简单地让他们获得了 BOM 的知识，而是唤起了那些有远见卓识的、有大局观的骨干的觉醒。

常涌是 2000 年入职的员工，转正后不久就被派到无线产品线担任 PDE。当时 PDT 经理是万飚（2023 年任荣耀集团董事长），项目组还有蒋旺成等一批成长很快的骨干员工。万飚问："为什么我们研发人员要重视 BOM？"常涌答："因为 BOM 会影响生产发货。"万飚于是要求 PDT 人员："那 BOM 确实很重要，我们要把 BOM 做好。"

万飚、蒋旺成等人后来都成了华为的高管，他们都有独立的思考能力，绝不会人云亦云。他们通过日常管理，接触、理解了 BOM，并通过这个小小的抓手，在 PDT 中将研发与生产紧密地连接起来，为了提升产品的可供应性、可制造性、可交付性，积极主动引导 PDT 在产品设计前端构筑产品交付竞争优势的基因。他们成就了无线产品全球批量部署的快速、高质量的品牌，也为 BOM 的发展作出了贡献。

第三，BOM 准确率的度量与监控。

BOM 的任何一点小错误都会在生产环节被放大，造成经济损失。曾经有员工在填写采购件 Part 的厂家型号时，漏了一个字符，导致采购回来的一批价值 200 多万元的错误物料。也有员工在 PCB 归档时，搞错了版本，导致投板的价值 20 万元的 PCB 直接报废。

ERP 上线后，要求生产部门严格按照 BOM 数据操作，不再接受研发的电话指导、工作联络单指导。但 BOM 数据必须准确无误。

当时衡量 BOM 质量的指标就是 BOM 准确率。BOM 数据管理中心刚成立时，指标只有百分之七十几。

BOM 数据管理中心的使命是收集各种 BOM 问题、计算 BOM 准确率并发布 BOM 准确率报告，推动研发改进 BOM，提升准确率。

第四，BOM 结构设计。

BOM 的错误是指 BOM 的信息有错误。而 BOM 要想很好地指导生产，确保生产效率最高，除了要求信息完全正确外，还要求 BOM 结构合理。

1997 年之前，华为管理信息系统是各业务部门自建的独立小系统，没有统一的信息架构。各业务部门各自为政，仅凭个别员工的一点点编程技能建了很多小的工具，仅产品 BOM 全公司就有 6 套工具分别在管理，这些 BOM 都是各业务部门根据自己的需要从研发图纸上"提取"出来的。因此，销售、采购、生产、发货、财务核算等业务没有统一数据源，变更后没有同步刷新，整个公司都乱了。

1998 年，华为的交换机、接入网、光传输等产品都已经是成熟产品，要上线 ERP 就必须统一 BOM 结构。因此，在 BOM 数据管理中心成立之初，由中试部组织当时的生产计划、商务等部门对其 BOM 结构进行统一梳理，并提出了"BOM 一体化"的思想，即每个产品都用产品 BOM 打通后端全流程。

而随后的路由器、ATM 交换机、128 模块交换机等新产品均由当时的 PDT 组织，进行专题的 BOM 结构设计研讨，下游各部门参加，对新产品的 BOM 结构提出自己的需求，然后评审 BOM 结构。这些研讨活动中，自然也少不了 BOM 工程师现场参与并提供主要评审意见。

BOM 工程师参与到产品的设计活动中，发挥自身熟悉业务流程、熟悉 ERP 系统的优势，与 PDT 其他角色一起进行 BOM 结构设计，这其实就是早期的 BOM DFX。

3.5.2　不一样的"水晶圈"

BOM 工程师承担的这些职责中，BOM 的质量度量与监控尤其重要。在 1998 年下半年识别出的 BOM 问题中，最大的问题就是 BOM 准确率太低，严重影响了生产在 ERP 中的准确运作。而那时正好公司实行"小改进，大奖励；大建议，只鼓励"的制度，全员参与改进，公司上下都在推行品管圈（quality control circle，QCC），BOM 数据管理中心决定用 QCC 手法快速提升 BOM 准确率。

QCC 起源于 20 世纪 60 年代的日本，在日本、中国台湾和东南亚国家大行其道。1995 年华为就引入了 QCC，任正非认为这是全员参与、持续改进的好方法。于是华为成立了"合理化工作委员会"，在各部门成立"合理化小组"，指定 QCC 专员，全面对员工进行培训，并在 QCC 辅导员辅导下成立了几百个

QCC。QCC 最后有一个环节是"成果发表",任正非组织了好几次全员参与的成果发表大会。"看到生产线上那些学历不高的女孩子热情洋溢地发表自己的改进成果,我很感动。"任正非曾经在大会上说。这种全员的改进,员工的改进热情以及小改进带来的成就感,让任正非看到了基层员工迸发出来的力量。

QCC 是一套改进的方法,员工立足于本职工作进行改进,成立 QCC,然后按照 QCC 的步骤开展工作,简单易行,门槛很低,其中还有很多适合小团队工作的手法,适合全员改进。

QCC 的步骤:主题选定、现状调查、设定目标、原因分析、确定要因、拟定对策、对策实施、效果检查、巩固措施、总结和打算。

依据这个步骤,全员改进主题选定:BOM 准确率改进。

现状调查发现,改进前 BOM 准确率只有 74%,目标则设定为 98%。

圈名为:水晶圈。取水晶纯净之意,追求 BOM 数据的洁净。

原因、要因、对策都是现成的,毕竟 BOM 改进早就启动了,现在仅仅是对其中的准确率这单一度量指标设定 SMART(具体、可衡量、可达到、相关性、基于时间的英文缩写)目标进行改进而已。

"水晶圈"运作了差不多半年,可以说是成果显著,BOM 准确率目标接近了 99%。

终于到了 1999 年年初的成果发表环节了。

当时"水晶圈"特别重视这次发表,毕竟这是在全公司包括任正非面前亮相的机会。

BOM 数据管理中心上台陈述的 5 名成员全部是部门主管,而且陈述材料 PPT 经过了反复更改、反复演练,准备很充分。5 名 QCC 成员西装革履,齐刷刷地站在台上,被聚光灯照得睁不开眼睛,台下则是黑压压的一片。任正非带着评委坐在台下观看。

首先是一段录音:"BOM 的任何一个小错,都可能导致公司重大的经济损失,而且一错,很难纠正,除非重新追溯到问题的源头。这好比是长江,上游污染了,下游更加清亮是不可能的。BOM 出了问题,生产不可能井井有条、很规正,仓库的材料亦不会无积压。正本一定要清源,现在,我们就要从 BOM 抓起。"

声音雄浑有力，正是任正非的。会场顿时掌声雷动。

"水晶圈"选了一个好的主题，赶上了公司上下关注 BOM 的好时机，也正好作为部门的重点改进来抓，措施落实到位，改进效果明显。加之拿到了任正非的录音在成果发表时播放，几乎没有悬念地被评为当期 QCC 的第一名。而且不久又在深圳市获得一等奖。"水晶圈"的发表及获奖，把 BOM 改进的运动推向了高潮。

但 BOM 改进毕竟不是运动，而是要点点滴滴融入每个研发人员、生产人员的日常活动中。落地才有效果，长期坚持才能落地。

KPI 中从此有了 BOM 准确率这一反映 BOM 质量的指标。而且 BOM 准确率很多年都是研发总裁的 KPI。

$$BOM 准确率=（1-错误的 BOM 数/BOM 总数）×100\%$$

首先，错误的 BOM 数怎么计算，怎么收集到客观的数据？经过反复讨论，华为确定将下游 BOM 用户反馈的"BOM 问题"记入 BOM 错误。为此，华为建立了"BOM 问题反馈电子流"，只要下游发现 BOM 问题，就可以填写该电子流。电子流除了分发给相应产品线的 BOM 工程师进行问题解决、更正外，还会到一个 BOM 准确率接口人那里，由指定的人对其进行进一步分析。比如，问题是否可以举一反三，主动发现其他 BOM 存在的类似问题？

为了提高下游 BOM 问题反馈的积极性，BOM 准确率接口人经常主动拜访下游使用 BOM 的人员。这些人非常多，但在数量庞大的 BOM 用户中，有一些关键节点。这些人会集中地、优先地发现 BOM 问题，如订单管理的成套工程师、电装车间的品管员、计划员、统筹员、采购员、理货工人、工艺工程师、作业岛的调测工人、维修车间工人、各块的文控员等。这些都是基层员工，职位不高，但信息很汇聚，人数也有限。

由于公司推行合理化建议奖励制度，当时 BOM 准确率接口人手上有公司分配的合理化奖券，每一张奖券价值 20 元，可以到华为内部的小卖部购买等值商品。当时对那些积极反馈 BOM 问题的个人，会发放奖券，奖券虽小，但激励效果很不错。BOM 问题不断通过 BOM 问题反馈单被收集上来。

其次，分母"BOM 总数"又怎么计算呢？BOM 有些被生产使用，有些没有被使用。当时确定在统计期内被生产部门下过订单、任务令、采购订单等，也就是在 ERP 系统中被交易过的 BOM 数量都是分母。这样就可以避免分子分母不对等的情况。

最后，有些 BOM 错误造成的损失比较大，如 PCBA 的 BOM；有些相对比较小，如一个发货附件 BOM。根据不同类别的 BOM，分别设置 BOM 准确率指标，如单板 BOM、电缆 BOM、部件 BOM、软件 BOM、整机 BOM 等，然后根据重要程度不同，进行加权平均：

综合 BOM 准确率 = 40%*单板 BOM 准确率 + 30%*部件 BOM 准确率 + ……

每个统计周期的 BOM 准确率统计出来之后，就开始用 QCC 的步骤进行持续的改进。

1. 指标分析

对 BOM 准确率 KPI 指标降低的异常进行分析，找对引起指标波动的 BOM 类别。

2. TOPN 错误排名

对导致指标降低的 TOP 问题进行排序，每个改进周期只抓 TOP3 问题。这样做的好处是可以以最小投入解决最多的问题。

3. 错误类推

举一反三，看同类错误是否存在于其他产品，并主动识别错误。该步骤在实际中发挥了很大的作用，对于主动识别、改正、收敛 BOM 错误，提升 BOM 准确率效果很快、很直接。

早期，华为的 PCBA 中经常用到"卧装晶体管振荡器"。该元器件金属外壳，呈扁平状，有两条"长腿"，而且要"卧倒"安装在 PCB 上。为了能稳固安装，且防止"长腿"与 PCB 碰到导致短路，这个元器件必须配套一条"镀锡铜线"和两条玻璃纤维管。但硬件工程师经常忘记在 BOM 中定义这两个 Part。该 BOM 问题不断地被反馈上来，后来全面检查了所有有"卧装晶体管振荡器"的 PCBA，发现缺这两个 Part 的 BOM 非常普遍，于是主动对这些 BOM 进行了统一更改。BOM 准确率一下子上升很多。

华为有些 PCBA 上有散热器、风扇、电磁兼容性（electro magnetic compatibility，EMC）屏蔽罩等结构件，需要用螺钉固定，而此螺钉必须配套一个平垫圈和一个弹簧垫圈。但从 BOM 问题反馈看，缺这两个 Part 的 BOM 很多。通过反查该螺钉的 BOM，发现大量的 BOM 有此共性问题，通过结构工程师的确认，在这些 BOM 中全部用一个包含螺钉、平垫圈、弹簧垫圈三合一的"组合螺钉"Part 替代，一下解决了问题。

4. 要因分析

即根因分析，分析形成 80%错误的前 20%的原因，进一步聚焦主要矛盾。

5. 改进对策

针对根因制定改进对策。

6. 对策实施

实施整改，对批量问题采用数据提取，统一实施更改。

7. 预防固化

将整改成果固化到流程文件、IT 系统中，预防重复问题再次发生。

很多 BOM 问题具有共性，可以在工具中设置校验规则，通过工具自动检查是否正确。华为开发了针对 PCBA 校验的 BOMSTAR 工具，自动检查 PCBA BOM 的准确性。后来干脆通过 BOMSTAR，自动将 PCBA 的原理图转换出 BOM。PCBA BOM 的准确性有了长期的保障。

8. 回到第一步

事实证明，此闭环的、持续改进的 BOM 质量度量与监控是有效的。2001 年年底，在改进进行两年后，BOM 准确率已经达到 99.56%左右。从那个时候开始，BOM 问题不再是影响生产的主要问题。

启示 8：BOM 的压力要传递给所有的研发人员，培训、考试、持证上岗等都是可以尝试的方式。对 BOM 准确率指标的度量与监控也非常有效。

第 4 章

BOM 走向市场

4.1 复杂配置的产品销售

4.1.1 按特性报价，按硬件或软件交付

D 型机（以华为早期某型产品为原型的一个杜撰产品，正式型号为 C&C08D）是华为开发的第一代数字程控交换机，也是当时热卖的机型。该产品最多提供 2048 条模拟用户线（可以接 2048 台用户话机），最多提供 256 条数字中继线（用于与其他交换机连接）。D 型机还可以对外提供模拟中继线、卫星中继线，甚至还有最老式的 MTK 中继线（又称磁石中继线，就是战争片中常见的手摇电话的中继线）。模拟用户线、中继线的数量都是可以选择的，选择数量、种类不同，提供的 PCBA 就不同。例如：一块 ASL 单板可以提供 16 路模拟用户线，客户需要购买 256 线，就是需要配置 16 块 ASL 板；一块 DT 板可以提供 32 路数字中继线。

如果客户选择的用户线不超过 1024 线，那么只要发货一台主控机柜即可，因为一台主控机柜可以插 4 框用户框，每框满配置为 256 线用户线；如果超过 1024 线，则要多发一台扩展机柜。

当然，D 型机需要选配的东西还有很多。比如，外部成套电缆，就是从交换机到客户机房配线架上的连接线，需要根据客户合同确定的用户线数、中继线数和一线技术人员现场勘测电缆长度进行选配。D 型机的选配参数表如表 4-1 所示。其中，客户需求是在合同签订时销售人员需要与客户确认的购买需求。

表 4-1　D 型机选配参数表示例

序号	选配参数	选配范围/线	客户需求/线
1	模拟用户线数	16～2048	1024
2	数字中继线数	0～256	128
3	模拟中继线数	0～128	0
4	卫星中继线数	0～4	0
5	磁石中继线数	0～8	0

这就是华为当时典型产品的配置情况，D 型机是迄今为止华为最简单的交换机产品。后续有万门机、B 型机、128 模块（可以接入 128 个 B 型机）、iNET综合网络平台、软交换、核心网等产品，提供的业务越来越丰富，交换容量越来越大，配置也越来越复杂。但从 BOM 视角来看，不管产品多复杂，都可以看作是对 D 型机的叠加，理解了 D 型机，其他产品的配置无非是选配的参数更多，选配的范围更大，选项之间的逻辑关系更复杂而已。13 年后推出的软交换核心网产品复杂度相当于 D 型机的 100 倍，其选配参数竟然达到了 5000 多个！

那么，复杂产品是怎么报价的呢？

考虑到当时国内市场的数字程控交换机提供的业务相对单一，其主要特性是模拟用户接口，用于接入最终的电话机用户。对于某一客户而言，市场上各供应商提供的交换机可以简单地通过用户线的单价进行商务比价。而用户线数确定后，其他的参数可以按一定的比例计算出来。比如，用户线数与数字中继线数可以是 4∶1 的固定关系。因此，很自然地，当时的 D 型机报价就简单地以用户线、中继线的单价进行报价了（表 4-2）。

表 4-2　D 型机报价配置单示例

序号	选配参数	选配范围/线	单价/元	客户需求/线	单项总价/元
1	模拟用户线数	16～2048	700	1024	716800
2	数字中继线数	0～256	1000	128	128000
3	模拟中继线数	0～128	2000	0	
4	卫星中继线数	0～4	50000	0	
5	磁石中继线数	0～8	10000	0	
	合同总价				844800

报价单的单价、总价都会出现在合同文本中，但为了后续合同的履行，还要有具体的交付配置。客户要根据交付配置进行到货验收、工程安装验收、付款。华为根据交付配置进行装配、发货、开票、回款。总之，整个合同的履行都要有明细的配置，光有线数报价是不够的。应该在合同后面附上比较具体的配置物料的清单，表示客户向华为购买了这些东西，华为应该按照合同约定，向客户交付这些东西，如表 4-3 所示。合同交付清单是分层的，序号为 X 代表第一层，X.X 代表第二层，以此类推。

表 4-3　D 型机合同交付配置清单示例

序号	名称	型号	数量	单位
1	C&C08D 数字程控交换机	C&C08D	1	台
1.1	C&C08D 主机	C&C08D	1	台
1.1.1	D 型机总装机柜-主控柜	CC-KCAB	1	PCS
1.1.2	主控插框	CC-KFRM0	1	PCS
1.1.3	用户插框	CC-KFRM1	4	PCS
1.1.4	主控单板	CC-MPU	2	PCS
1.1.5	信号音板	CC-SIG	1	PCS
1.1.6	信号驱动板	CC-DRV	8	PCS
1.1.7	模拟用户板	CC-ASL	64	PCS
1.1.8	数字中继板	CC-DT	4	PCS
	…			
1.2	外部成套电缆		1	套
1.2.1	用户电缆-25m		64	PCS
	…			

这样的交易方式在现实生活中也有很多。比如，商品房买卖，按照房屋的面积、单价计算房价，但对于精装修的房子，合同里面除确定交付房屋本体的房号、户型以外，还要附上比较详细的装修标准、用料、电气品牌、橱柜品牌、数量等明细清单。

综上所述，对于复杂产品，买卖双方是按照"特性"的单价与数量进行计价，按照"实物"进行交易的。

特性是指产品提供的对客户有价值、满足客户需求、客户愿意付钱购买的产品功能、性能的抽象与打包。例如，D 型机提供的模拟用户线、中继线是特性，可按照"线数"这一量纲进行计价；商品房的户型、面积是特性，可以按照"平方米"量纲计价。

特性由实物实现，实际交付须看实物。例如，模拟用户线这一特性，需要有模拟用户单板、主控单板、交换网板等多种设备及软件共同实现，买卖双方实际的标的物、交付的对象也是这些实物。总之，复杂产品按特性报价，按实物交付。

4.1.2　"配置"约定了买卖双方交易对象

配置（configuration），根据国际标准 ISO 10303 的定义，是关于特定时间和特定交付状态的产品描述。这种描述包含了产品所有生命周期的文档、产品结构、软件组件。文档范围包括 3D 模型、工程图纸、数据程序、文本性描述、计算结果、视图化数据。

配置的作用在于约定了客户购买的厂家设计、制造的一个对象，各方可以唯一地、无歧义地识别对象中的某一个具体的实例。比如，客户购买了华为的 CC08ASL 板、V502 主机软件，那么在一定的上下文中，表明买卖双方对这两个对象的实例是无歧义的，华为能生产出这两个 Part，客户也一定能得到这两个 Part。配置对外确定了客户选择的规格组合，对内确定了所有的 Part 版本、individual Part 版本、装配件的 BOM 基线及有效性。

配置项（configuration item，CI）：指全生命周期内被识别和控制的 Item。包含单个 Part，装配件、软件程序或它们的任意组合。

根据配置项定义，在产品的研发阶段，一个软件源代码、一个软件版本、一篇文档、一个需求描述，都可以是配置或配置项。

在制造阶段，一个采购 Part 或厂家型号（见第 2 章），一块 PCBA、一根电缆、一台成品整机，都可以是配置或配置项。

在销售阶段，一条报价项如前述的用户线、中继线、C&C08D 整机，都可以是配置或配置项。

按照本书第 1 章的 ID 模型，Item 可以作为配置项。按照本书第 2 章，Part 也可以是配置项。

配置最大的作用是为多人、多部门协作的任务、项目提供了"统一语言"，配置一旦确定则意味着上下游工作的"标的物"就确定了。例如，软件开发团队将"C&C08D 的主机软件 V501"转测试，测试团队就能唯一地确定需要测试的对象。测试完成后同样可以说，将"C&C08D 的主机软件 V501"发布。"C&C08D 的主机软件 V501"就是一个配置项。

单个配置就是配置项，而配置可以是配置项，也可以是配置项列表或配置项之间的关系的统称。

简单来说，配置就是用来标识上下游都关心的、重要的对象，标识后就用配置管理起来，上下游基于配置可以无偏差地完成协同。配置可以确定版本、有效时间，还可以确定配套关系。比如，某个 PCBA 中某 IC 必须与嵌入式软件的某个版本配套，这两者的配置就可以打一个标识——基线。只要确定了基线，那么两者的配套性就确定了。

表 4-1 中，华为提供给客户可以选择的选配参数，如"模拟用户线""数字中继线"就是配置项，一旦合同里面明确了其数量、单价、总价，那么买卖双方关于该合同的商务就确定了。

而表 4-3 中的每一个条目，如用户板、数字中继板、用户电缆都是配置项，一旦定义在配置清单中，那么买卖双方要交付、接收的对象也唯一确定了。

对于 C&C08D 产品的销售与交付场景而言，上下游部门和客户感兴趣的以下对象都可以标识为配置项并用于销售流程与交付流程，以及买卖双方的合同中。

（1）产品：C&C08D。

（2）产品的特性：表 4-1 所示的模拟用户线、数字中继线、模拟中继线、卫星中继线等条目。

如表 4-2 所示的产品的报价配置清单则是基于配置项确定的关于买卖数量、价格等的配置，包含每用户线单价、每中继线单价；用户线数、中继线数购买数量；单项金额、总金额等合同金额。

（3）合同交付配置：表 4-3 所示的总装机柜、单板、用户电缆等条目。

这些条目或配置项，为了唯一地、无歧义地传递应该有"身份证号"（identity document，ID），或者说，应该有一个独一无二的编码标识它们。以上 3 个表的配置没有显示 ID，是因为华为早期向客户报价及交付配置的界面为了减少内部变更导致配置的频繁变更而有意不显示，但这些 ID 在内部的配置器或 ERP

系统中是存在的，而且对于 IT 系统而言都是最重要的信息。

比较表 4-2、表 4-3 可以看出，合同的报价配置（定价项、购买数量、金额）与合同的交付配置（实物硬件、软件、服务等）有很大差距。

配置打通的重点是产品卖完之后怎么交付的问题，也就是怎么从合同报价配置转换为合同交付配置的问题，如图 4-1 所示。而且，这种转换还只是配置转换的第一步，从合同签订到合同履行还包括了工勘配置、订单配置、发货配置、站点配置、客户 PO 配置等方面的转换问题。

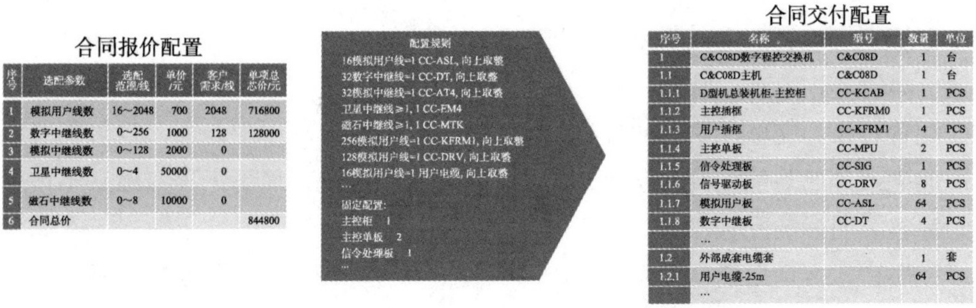

图 4-1　合同报价配置到合同交付配置的转换

配置打通花费华为整整 20 年的时间！

启示 1：可销售的配置来自 PDT 事先定义好的"产品包"。不能凭空卖东西给客户。因此，不管企业按什么配置销售，转换出来的合同交付配置必须是真实存在的。合同报价配置到合同交付配置必须是可转换的，合同交付配置来自事先定义好的产品 BOM。

4.2　报价配置到订单配置的转换

4.2.1　人工转换

华为的运营商 BG 产品都是复杂产品，采取 To B 方式交易，而且客户的多样性、客制化需求很强，产品配置复杂。所卖与所交付之间存在配置的差异，需要完成从"卖"到"交付"之间的转换。

D 型机这种早期产品转换关系还是比较简单的。产品行销工程师或产品经理负责客户解决方案设计，是"铁三角"中的解决方案责任者（solution responsibility，SR）的前身，通过简单培训就可以掌握从"线数""端口数"到"交付配置"的转换，输出合同交付配置。

但早期的合同精细化要求也没有那么高，大多数情况下，只要一线行销人员与客户确定了按"线"报价的合同报价配置，总交易金额确定，合同就完成了，不需要再转换出合同交付配置，剩下的转换任务就交给机关（总部）。

机关专门有一个称为"成套科"的部门负责转换工作。成套科也是华为历史上存在时间很久的一个部门，名称有过多次变更，如成套处、成套部、合同成套处、订单管理部，甚至还叫过"商务部"。

部门名称中有"成套"两个字，是指将市场签订的尚不完整、不明晰的合同配置转换为完整、明晰的配置，需要在 ERP 的订单中配套加入很多配置，形成生产部门装配调测、发货，以及工程安装部门进行现场工程实施必不可少的完整、明确的配置。

那么什么是完整、明确的配置呢？ERP 对合同履行、订单处理所必不可少的配置就是完整、明确的配置。而 ERP 是以 Part、BOM 为基础的，所谓的完整、明确的配置也必须是以 Part 为基础的配置。BOM 因此与市场有了联系。

当 D 型机采用按"线数"报价时，前面所说的合同交付配置通常是由成套科根据合同报价配置完成转换和翻译工作的。成套工程师对产品配置的理解很深、很全面，有能力根据市场合同签订的线数转换出合同交付配置。而这种转换必须基于 BOM 进行。转换出来的合同交付配置进入 ERP 的订单模块，是以 Part 的方式存在的，后续也是基于 Part 履行订单的。

成套工程师必须懂产品的配置才能完成从合同报价到合同交付配置的转换。为了指导成套工程师完成转换，在 IPD 的产品包中有一本《产品配置手册》，是开发人员拟制，专门用于指导一线行销工程师和机关的成套工程师进行产品配置的文档。这篇文字文档描述了产品的配置规则。例如，怎么从线数算出用户单板的数量、机柜数量怎么计算、母板插框数量怎么计算，以及不同配置之间的比例关系等。在图 4-1 中，用于配置转换的配置规则的文字描述就包含在《产品配置手册》中。

成套工程师最终的配置"翻译"结果还不仅是合同交付配置，而且还有 ERP 的订单配置。换句话说，就是通过他们的"翻译"告诉生产部门，为履行该合同需要采购、加工、装配、发货哪些物料，合同的交付配置虽然也只是到 PCBA Part、制成电缆 Part 这种较高的层级，但只要其 BOM 正确，就会在 ERP 中自动分解到最底层，分毫不差。BOM 起到了将合同配置转换为订单配置、加工配置的纽带与基准的作用。

另外，在合同签订环节，销售人员只是与客户确定了那些需要报价的配置，也就是有价格的配置；但实际生产、发货时，有些客户没有明确要求的配置也必须齐套，否则现场安装就会欠料。例如，发货附件中的安装机柜底座所需的膨胀螺钉、电缆标签、线扣等低值物料，需要成套工程师根据《产品配置手册》的配置规则计算出来加入 ERP 的订单中。

除此之外，在合同签订环节，有些与现场安装条件有关的配置还无法确定，需要在合同正式签订后，一线的工勘工程师进场勘测，输出勘测报告给成套工程师，成套工程师根据勘测报告计算出确定的工程配置，并加入 ERP 的订单中。

如图 4-2 所示。合同成套在整个合同履行流程中起承上启下的关键作用。一线销售人员主要的使命就是拿单，签合同，而合同是否能准确、及时地交付、合同中显性的与隐性的配置是否都齐备、后端计划、采购、装配调测、发货等环节是否准确、详细、完整地理解了客户合同的大大小小的交付需求、工程安装需求，一切的一切都是从合同配置被准确"翻译"为 ERP 的订单配置开始的。

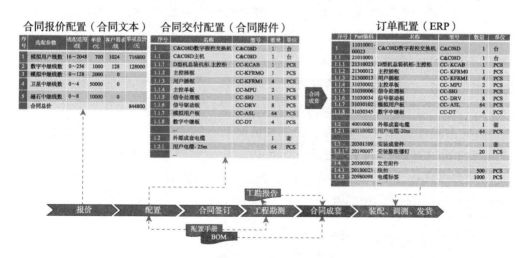

图 4-2　合同交付配置到订单配置的转换

　　工程勘测是等合同正式签订以后，一线的服务工程师到客户现场，根据合同配置的情况，对电缆长度、对端端口形式、机房走线方式、地板高度等现场参数进行现场勘察测量。由于合同签订在前，工程勘测在后，很多情况下工程现场的配置还不确定，但又必须包含在合同交付配置中，此时销售人员只能从 BOM 中选取一个"标准规格"，如图 4-2 中的"用户电缆-25m"就是一个"标准规格"，取的是一个统计平均的长度。

　　但是，现场工程勘测对该电缆实际测量结果是 20m 的长度，勘测报告就会发给成套工程师，成套工程师会将合同交付配置中的 25m 电缆 Part 更改为 20m 电缆的 Part，并录入到 ERP 的订单中。合同签的是 25m 的电缆，实际发货的却是 20m，考虑到相对于主设备而言，电缆的价值并不高，华为与客户双方约定对这些物料均简化管理，采取"多不退少不补"的策略，不再因为后续工程勘测确定实际的规格后再回头更改合同。

　　当然，对于那些对价格有显著影响，又必须在现场勘测确定的配置，双方还是会约定在合同签订前启动预工勘，等实际规格确定后才在报价配置和交付配置中选定实际的配置。比如，配电用的电力母牌都是铜材，价值较高，价格与用量成正比，如果使用数量比较大，价格随现场勘测波动大，就有必要启动预工勘，确定了具体用量后再做合同报价、交付配置。

　　特别说明的是，一线人员在投标报价阶段，为了尽可能向后方传递准确的交付配置，需要基于产品的 BOM 以及前面的配置参数（与合同报价配置一致）转换出交付配置。因为前后端都基于 Part 来识别合同的配置，没有二义性，BOM 就成了拉通交付配置到订单配置的关键纽带。

　　图 4-2 中，合同交付配置在客户界面是不一定有 Part 编码的，有时候一线人员为了避免由于内部技术变更频繁对已经签订的合同造成干扰，采取"模糊策略"，有意不显示 Part 编码。在这种情况下，对于某些不影响客户合同的变更，就不用去更改合同交付配置了，可以简化买卖双方对合同的操作。但合同交付配置转换为 ERP 的订单配置时，Part 编码是必须有的，因为 Part 编码对 ERP 就是 Part 的唯一识别码。

4.2.2　配置器自动转换

　　1998 年新春伊始，由任正非担任领导组组长的"发正确货工作组"启动。

工作组除识别出 BOM 是影响产品错货的根本原因、错货的源头以外，也识别出一线的合同配置转换不及时、转换的错误多，导致发货与客户的初始需求不一致的问题。针对这两个问题，当时"发正确货工作组"确定了两个关键举措。

（1）加快出台已经着手做的辅助销售管理系统（aided sale management system，ASMS）。ASMS 出台可以大大缩短合同处理时间，通过联网到办事处，从报价到生产保持信息传递的及时性和准确性。

（2）成立 BOM 一体化小组，以解决 BOM 的一体化问题。报价、成套、计划、生产共用一套 BOM，中研部、中试部只维护一套 BOM。

ASMS 是华为配置器的雏形，严格来说，还不能称为功能完备的配置器系统，其功能是可以根据客户需求的参数自动计算出交付配置。也就是说，可以把图 4-1 所示的配置规则写成配置算法，由系统自动计算，从而得到合同的交付配置。

配置算法是依据一定的判断逻辑与判断规则对配置进行条件计算的计算机高级语言。配置算法必须依附于 BOM，本质是依据输入的参数或关联条件计算 BOM 的子项的数量。

在本书第 3 章曾经介绍过 BOM 有 ATO 模式和 PTO 模式（分别称模型 BOM、可选类别 BOM），其子项及数量是可以选配的，即某个子项的数量可以从 0 到某个最高值可选，选择什么值则由配置算法自动计算。

表 4-4 为 D 型机的配置算法示例。该表可以取代图 4-1 中的配置规则。其输入为合同报价配置中的参数值，输出为合同交付配置。为了简化说明，这里关于 D 型机的 BOM 只取 D 型机主机（PN：21010001；名称：C&C08D 主机）部分。

表 4-4　D 型机主机 BOM 及其配置算法示例

父项 Part 编码	子项 Part 编码	子项名称	子项型号	数量	子项单位	数量选项（算法列）	注解
21010001		C&C08D 主机	C&C08D	1	台	="1"	默认为 1，表示客户需要一台 C&C08D 主机
21010001	21310023	D 型机总装机柜-主控柜	CC-KCAB	1	PCS	="1"	默认为 1，主控柜必选
21010001	21300012	主控插框	CC-KFRM0	1	PCS	="1"	默认为 1，主控插框必选

父项 Part 编码	子项 Part 编码	子项名称	子项型号	数量	子项单位	数量选项（算法列）	注解
21010001	21300013	用户插框	CC-KFRM1	4	PCS	=Roundup（模拟用户线数/256,0）	每256线模拟用户线选择一框，向上取整
21010001	31030002	主控单板	CC-MPU	2	PCS	if 主控单板="单机","1", else,"2"	默认为2，主控单板至少选1
21010001	31030006	信号音板	CC-SIG	1	PCS	="1"	默认为1，信号音板必选
21010001	31030034	信号驱动板	CC-DRV	8	PCS	=Roundup（模拟用户线数/128,0）	每128线模拟用户线选择 1 块信号驱动板，向上取整
21010001	31030102	模拟用户板	CC-ASL	64	PCS	=Roundup（模拟用户线数/16,0）	每 16 线模拟用户线选 1块 ASL 板，向上取整
21010001	31030345	数字中继板	CC-DT	4	PCS	=Roundup（数字中继线数/32,0）	每 32 线模拟用户线选 1块 ASL 板，向上取整
21010001	31030121	模拟中继板	CC-AT4	1	PCS	if AT4!=0,"1", else,"0"	AT4 中继不为 0，则选择1。默认不配置
21010001	31030354	卫星中继板	CC-EM4	1	PCS	if EM4!=0,"1", else,"0"	EM4 中继不为 0，则选择1。默认不配置
21010001	31030772	磁石中继板	CC-MTK	1	PCS	if MTK!=0,"1", else,"0"	MTK 中继不为 0，则选择1。默认不配置
…	…	…	…	…	…	…	…

在实际的应用中，销售人员只要根据与客户确定的需求，输入合同报价配置中的参数值，配置算法就会计算出所需的交付配置的数量并取代在模型BOM 中的缺省数量，从而完成交付配置的计算过程。

交付配置是以 BOM 的形式出现的，可以理解为是模型 BOM 的一个具体实例。例如，表 4-4 中 C&C08D 主机部分的模型 BOM Part 是 21010001，下面包含了所有可能的交付配置选项，则针对某合同具体的交付配置可以用21010001-0001 Part 编码表达，代表该合同要交付一台 Part 编码为21010001-0001 的 C&C08D 主机，这台主机下面包含了该合同具体、详细的交付配置。该编码的前面一部分是该模型 BOM 的 Part 编码，后缀"-0001"代表依据该模型 BOM 生成的第一个交付配置 BOM 的 Part。

　　ASMS 可以自动计算交付配置，减少了人工操作带来的工作量与差错，降低了对配置环节人员的技能要求，提升了工作效率。所以，ASMS 一开始推行就受到了广大的销售人员与合同成套人员的好评。

　　然而，ASMS 需要网络支撑，而当时网络并没有普及，而且 ASMS 功能实在太简陋，无法满足后续华为产品日趋复杂带来的配置管理复杂功能的需要。

　　在此形势下，第一代单机版配置器——NetStar 应运而生。

　　老文是配置器的创始人，长期负责配置器开发，他的名字几乎就是配置器的代名词。1998 年年初，老文开发的配置器是一个看似是 Office Word 的应用，界面很简洁，用户只需填写客户需要的线数、是否双机备份、中继类型等选项，系统很快就能生成报价清单、单价、总价，甚至还能"顺便"生成交换机的机架板位图、技术建议书。

　　配置器是一个很神奇的 IT 系统，说是 IT 系统，事实上含配置器软件平台与配置器数据包两部分（图 4-3）。行销人员使用配置器必须拿到一个完整的配置器"包"，称"产品配置包"。产品配置包安装在员工本地便携机上，里面就包含了软件部分与数据部分。

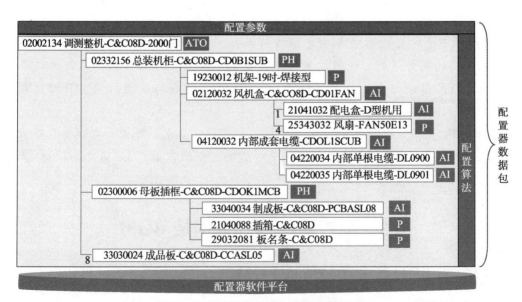

图 4-3　配置器的软件与数据解耦架构

配置器数据包又包含了 BOM、配置参数、配置算法部分。这三部分都应该有相应的责任组织。BOM 是 PDT 的事情，配置参数是市场营销的事情，而配置算法责任未明，就连配置参数，因为当时还没有成立明确的市场营销组织，事实上也是责任未明。

而当时的 NetStar 系统，软件与数据的解耦还没有如图 4-3 所示的解耦架构这么清晰，责任划分自然也谈不上。反正老文他们团队有能力做，就一起打包交给了他们负责。而当时的 NetStar，由于软件与数据耦合过紧，经常是由于 BOM 变化、参数变化、算法变化，就要连软件平台的代码一起编码（coding）、编译、打包。

这个局限性在华为产品单一的情况下还不明显，早期华为主售产品就是交换机，该工具就是为交换机开发的，是单机版，可以脱离网络运行，界面又像 Office 那么友好，因此开始时深受一线好评。

但很快问题来了。2000 年以后，华为的主力产品除交换机以外，接入网、传输、智能网、无线、数通等产品也开始了规模销售，而 NetStar 脱胎于交换机，对不同产品需要做很多定制。即使是同一个产品也不断推出新特性，而产品本身的变化与工具的代码绑定太紧，产品变，工具代码也跟着变，这样的工具是无法适应华为产品推陈出新的需要的。

于是，引入下一代配置器的呼声渐渐地高涨起来。

启示 2：配置打通的本质是衔接从投标、报价到制造、发货的业务流。实现合同的高效履行，精准发货。很多企业上线配置器的目的只是解决订单转换部门的自动化生成订单 BOM，没有想过将销售与制造打通，目标就定错了。

启示 3：很多企业之所以难以控制客户定制化需求，是因为在销售环节就没有选择标准化的配置，被动接受来自一线的定制化需求，而不是在前端用"产品包"的标准配置牵引客户。

4.3　配置器的基础数据是 BOM

4.3.1　由 PDE 负责产品整机 BOM

配置器表面看是一个 IT 系统，应该归属 IT 开发团队负责，但里面承载的配置器数据包却是以 BOM 为基础的数据"大集成",包括了 BOM 的 Part、Part 属性、价格、折扣、商务属性等,也包括了配置参数、配置算法。

所以,将配置器软件平台与配置器数据包解耦之后,配置器数据包的问题就凸显了出来。

1999 年 7 月,孙永芳入职配置器开发团队的第一个任务就是参与 NetStar 的软件与数据解耦。解耦后的配置器还称作 NetStar,只是定位为销售的报价客户端。解耦后,数据更新可以很快,有新产品、新 BOM 就可以增加新的数据,而 IT 系统可以升级较慢,两者互相分离,互不牵制。

IT 系统的职责,老文团队定位是很明确的,可以继续负责;而数据一直没有找到明确的责任部门,尤其是其中最基础、最关键的数据——BOM。

老文也就是从那个时候开始,连续有十多年的时间为解决此问题殚精竭虑,奔走呼号。

配置器的核心基础数据是 BOM,要解决配置器的问题,首先要解决 BOM 问题。

而 BOM 的首要问题是 BOM 由谁负责。

1998 年 3 月,BOM 数据管理中心已经成立,有了专业的 BOM 数据管理组织,可以对 BOM 进行管理,也就是该部门承担了 BOM 规则制定、监控、组织改进的职责,当了规则制定者与裁判,但不能自己下场当运动员。那时候 BOM 开发是由各块的开发责任人承担的。例如,PCBA 的 BOM 设计与开发由该 PCBA 的硬件经理负责;电缆的 BOM 设计与开发由配线工程师负责;风机盒、电源盒的 BOM 设计与开发由结构开发部的模块工程师负责等。而整机 BOM 却没有明确的责任部门负责。

整机 BOM 不仅要将 PCBA、机柜、电缆、风机盒、电源盒等已经定义好的标准 BOM 组合成模型 BOM,以符合装配工艺的步骤,而且要将车间不涉及的物料,如发货附件、配套设备、工程安装物料等组合成可选 BOM。完整的整机 BOM 要考虑到销售、生产计划、车间任务令、生产发货、工程安装各环节的需求,还要考虑 ERP 系统对 BOM 的使用需求。换言之,完成整机 BOM 的拟制,必须具备以下 3 种能力。

(1)熟悉产品的工作原理、组成,尤其是产品配置。

(2)熟悉产品的开发、制造、销售、工程安装全流程。

（3）熟悉 ERP 等 IT 系统的工作原理，尤其是 ERP 各模块对 BOM 数据的使用需求，会熟练设置 Part 的项目模板（见本书第 2 章与第 3 章）。

从 BOM 数据管理中心成立起，整机 BOM 一般是由产品的项目经理指定一名懂得比较全面的开发人员负责，如 SE，也就是后面写《产品配置手册》的人，负责组建一个临时的小组，其中 PDE 会辅导他们各种 BOM 的拟制的知识，下游的生产、销售人员则提出各自对整机 BOM 的需求。

始于 1998 年，持续两年多的轰轰烈烈的 BOM 运动式改进，使研发的各级主管都很重视 BOM 工作，派出做 BOM 的人素质也很高，经常由研发总裁亲自担纲，也会组织召开 BOM 研讨会，在外面包场地封闭几天，把 BOM 结构研讨清楚。客观上看效果还是不错的，当时做的几个 BOM 结构都是后来其他产品 BOM 的样板。

但运动式改进毕竟无法长期持续，当改进的热情过去后，问题还在那里：谁对 BOM 的长期能力建设负责？

当时，中试部在研发到生产、销售之间承担了将研发成果商品化的职能，负责 DFX。BOM 是 DFX 非常重要的一个方面，应由中试部回答谁负责 BOM 的问题。

事实上，新成立的 BOM 数据管理中心也非常积极地进行了 PDE 承担整机 BOM 的试点工作。

从 BOM 技能 3 个方面看，PDE 确实比较适合承担整机 BOM，或者说，在谁都不具备整机 BOM 技能的前提下，PDE 离此工作的技能要求最近。将 PDE 培养成专职做整机 BOM 的角色，比其他角色更加合适，也会更快。

上面的 3 条要求其实也是对 PDE 的技能要求，华为后面做任职资格认证，其任职资格标准中对 PDE 的技能、经验、知识中都有这些要求。

因为有任职资格标准牵引，PDE 积极参与到产品的试装、开局等活动中，目的是参与这些活动，获得对产品的直观认识，熟悉产品配置以及各环节对 BOM 的需求。

从 1999 年开始，PDE 参与开局，除了熟悉了现场工程安装、调测对 BOM 的需求，还发现现场物料浪费很严重，通过优化 BOM，一年就为公司减少 4000 万元的浪费。

PDE 参与试装、开局坚持了很多年。

关于谁负责整机 BOM 拟制，中试部管理层也有过多次的争论。

1999 年 12 月 11 日，在中试部目标规划研讨会上，当时负责中试部试制中心的延俊华博士提出：华为学习业界公司（主要是汽车工业）的实践，将工程 BOM（engineering BOM，E-BOM）与制造 BOM（manufacturing BOM，M-BOM）分离，研发负责 E-BOM，中试负责 M-BOM，导致 E-BOM 与 M-BOM 更新不同步，容易造成两张皮，实际操作困难。很多问题流到了试制中心去验证。

丁 Sir 则在会上提出，研发人员只对开发成果负责，不考虑生产下游的需求是不对的。"E-BOM 不能完全'纯净'到开发人员不用关心制造。"

关于 E-BOM 与 M-BOM 是否分离的问题，工业界至今仍争论不休，华为那个时候其实已经有明确的结论：两者不能分离，华为只能有一个 BOM。

前述提到的 20 多个中国公司中，至少有 5 个公司采取了 E-BOM 与 M-BOM 分离的做法，一般是开发人员根据 3D 模型自动由 Creo 之类的软件生成 E-BOM。E-BOM 交给下游部门，下游出人，如工艺工程师，将 E-BOM 加工改造成 M-BOM。研发只对 E-BOM 负责，不管后端工艺设计、生产装配等的需求，更不会管 S-BOM 的需求。没有在设计阶段就考虑后面 DFX 的要求，导致到了工艺设计、采购等环节才发现 E-BOM 不合理，此时再回头从研发开始变更，不仅效率低下，产品的质量也很难保证。

2001 年的某一次中试部管理层例会作出决策，整机 BOM 的拟制由 PDE 负责。再过一年，中试部解散。而 PDE 承担整机 BOM 拟制的决议一直延续了下来。

大约又过了一年，IPD 在华为开始试点。PDE 作为 IPD 的一个角色被流程固化下来。按照 IPD 流程，SE 是开发代表的外围组成员，PDE 则是 SE 的外围组成员，相当于在 SE 中分离出来一个角色，专门为 SE 负责整机 BOM 的拟制。整机 BOM 还是研发的职责（此时的研发其实是 PDT，本书称"大研发"），只是术业有专攻，PDT 中专门负责整机 BOM 拟制的是 PDE。

又过了 7 年，PDE 开始负责拟制 S-BOM，不再适合作为 SE 外围组成员了，由时任产品与解决方案总裁、IPD 全球流程责任人（IPD global process owner，IPD-GPO）徐直军决策"双放"，即 PDE 升级为开发代表与市场代表的外围组成员负责产品 BOM 的拟制和配置算法开发工作（图 4-4）。此为后话。

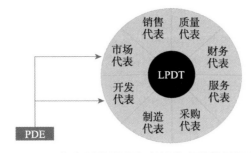

图 4-4   PDE 作为开发代表与市场代表的外围组成员

4.3.2   由 PDE 负责配置算法

关于配置算法的定位，在华为也经历了很多的争议和波折。

配置算法是写在模型 BOM 或可选 BOM 的子项 Part 上面的，根据输入参数的值自动计算某 Part 在某项目中是否可选，以及数量是多少。事实上，对此事最清楚的人也是研发团队里面的 SE。但 SE 的主要职责在于产品系统分解结构设计及架构设计，在一个研发项目中，他们的使命还是快速交付产品版本，以及在产品版本中植入低成本、高质量的产品竞争力要素。而配置算法对他们来说是很小的事情，极容易就被忽略了。所以当时的情况是由于没有专业化，每个 PDT 都找人兼职做，水平参差不齐，因此，交付的及时性、质量也就可想而知了。

SE 通常指定一些"专人"来负责此事。比如，SE 团队中有专门对市场接口的问题处理人员。这些人其实既没有正式的角色名称，也没有明确的职业发展通道，他们只是完成主管安排的工作而已。

随着华为产品的发展，要开发配置算法的产品越来越多，产品的复杂度越来越高，产品交付的流程也越来越长，没有一个明确的组织、角色负责配置算法的问题也越来越突出。

2005 年，华为的产品线已经包含交换机、接入网、光网络、无线、数据通信、智能网等，收入已经达到 83 亿美元，其中 48 亿美元来自海外。当时的配置器数据开发要分国内、海外两个不同系统，接收来自两个市场的不同需求，配置算法的开发人员分散到各产品线、各产品，不利于进一步把这个专业的工作做精、做深，也远远无法满足一线销售人员和机关成套部门对配置器交付的及时性、准确性的要求。

最后，在 PSST 上决策由 PDE 负责配置算法。

那是 2005—2006 年发生的事情。至此，BOM 与配置算法的责任落地了。

配置器与产品开发人员理解的一般的产品有很大不同，开发人员局限于自己的经验，往往认为他们能把产品开发出来，配置器怎么会搞不定呢？

问题是，如果开发人员不理解产品的配置，不知道下游销售与交付的流程，根本不可能写好配置算法。

虽然配置算法的责任归属在 2005 年就确定了，但很多主管时不时会对此责任归属产生疑惑。2009 年，网络版配置器（第三代配置器）已经上线，各产品的数据包纷纷往新的系统迁移，一线等着用新的配置器。固网产品线的产品数据管理部由于配置算法人力不足，到固网产品线的管理例会求助申请人员支持。当时产品线总裁是丁耘，丁耘是从研发工程师成长起来的主管，对业务非常熟悉，也对下面人员的各种"花招"很清楚，因此，要糊弄他不是一件容易的事情。跟他要人，事先一定要准备得非常认真，非常充分。

当时去丁耘的管理团队求助的是固网产品线产品数据管理部的主管 J。

"写配置算法是不是就是写脚本？"丁耘问了一个似乎很普通的问题。

"是的。"J 哪知道这个问题暗藏的玄机，一下子就掉入了陷阱。

"那既然是写脚本，我们产品线有的是人，就不劳你们了，我们自己承担就可以。"丁耘在会上做了决策。J 非但人没要到，而且把这块业务也"丢"了。

事后，丁耘安排他的首席质量与运营官（chief quality & operation officer, CQOO）找到产品数据管理部讨论把配置算法的职责划回到产品线。

然而，问题没有那么简单。

将配置算法理解为"脚本"也没有问题，但那是写算法的实现技术。重点不在这里，而在于具有什么背景与经验的人员才能写好这个"脚本"。

懂产品配置，产品线就得找一名级别很高的 SE 才能搞定。早期就是这么干的，干着干着就变成兼职了，最后发现不行才有了 PDE 专职做配置算法的事情。

懂整机 BOM，产品线没有这样的人。

懂销售与交付流程，懂 ERP，更是没有。

从 2005 年开始到 2009 年，经过四五年的时间，产品数据管理部早已经将写配置算法作为一种专业能力来发展，形成了组织能力。产品线实力再强，也只有"擅长写脚本"这一点可取，而这点却是配置算法中最次要的技能。

J 不熟悉丁耘的思维习惯、决策模式，误导了丁耘及固网产品线管理团队。

但是，丁耘还是实事求是的，发现决策错了及时纠正。配置算法职责回归产品线的事情最后不了了之。该事例充分证明了配置器牵扯面之广、配置器的技能之独特。

配置算法的职责是有专业团队承接了，但问题还不止于此。

因为配置算法是写在 BOM 上面的，BOM 是"皮"，配置算法是"毛"，皮之不存，毛将焉附？应该用什么 BOM 来满足配置器推行的需要，以及需要几个 BOM，这是一个比配置算法重要 10 倍的问题。

启示 4：产品整机 BOM 与配置算法两者由同一个角色承担比较好。产品线可以组建 BOM 开发小组完成产品整机 BOM 和配置算法，其中包含研发的 SE、PDE 和硬件、软件、结构工程师，还要有销售、制造、服务、财经等部门的专家。

4.4　艰难曲折的销售 BOM 探索

4.4.1　一体化 BOM 使报价配置与交付配置合二为一

华为在 ERP 上线之初，由于对 BOM 没有统一管理，各业务部门根据自身需要各自维护 BOM，最多的时候，一个产品的 BOM 数量达到 6 个之多。BOM 多了，语言就不一致，业务就无法拉通，发错货等问题就不断出现。

为了改进发错货问题，1998 年的"发正确货工作组"成立了"BOM 一体化小组"。该小组的目标是使报价、成套、计划、生产共用一套 BOM，中研部、中试部只维护一套 BOM。

一体化的 BOM 对于制造体系是合理的，因为从销售订单进入 ERP 开始，生产的各种活动都通过 BOM 在 ERP 中很好地集成起来了。

但在进入 ERP 之前的报价、配置、合同签订等环节，是否也用一体化的 BOM 生成相应的报价清单（bill of quotation，BoQ）？

BoQ 是报价时呈现给客户的具体的合同报价配置，在合同签订环节也会体现在合同文本中，并最后通过人工或配置器"转换、翻译"成合同交付配置，如图 4-1 所示。

华为早期产品只有 D 型机、B 型机、32 模块等交换机产品，产品的配置也相对比较简单，成套工程师根据前端合同签订时确定的用户线、中继线就可以人工转换成准确的交付配置。有了 ASMS、NetStar 等配置器工具之后，转换工作更是大多数由配置器自动完成。此时合同报价配置与合同交付配置是分离的，报价配置是按照端口、用户线、中继线等资源或特性为量纲，交付配置则是按照实物的单板、机柜为单位。

推行"一体化 BOM"就是要将原本分离的销售视图、生产视图合并在一起，也就是将图 4-1 所示的合同报价配置与合同交付配置合二为一。BOM 一体化决定了报价配置与交付配置都基于一个 BOM，从原来的按线报价转变成了按生产配置报价。这种合并在当时有效地解决了 ERP 上线后从计划、采购到加工制造、装配调测、发货的流程集成问题，错货的"火"也被灭了下去。

合同报价配置与合同交付配置的合并在华为配置打通历史中是一次里程碑事件。事实上，这次合并是以制造需求为主导，交付配置与报价配置从分离走向了合并。

为什么是"以制造需求为主导"？

因为华为推行"一体化 BOM"就是为了解决发错货的问题，这是制造系统的核心焦点问题。而且，ERP 系统是制造体系的集成 IT 系统，适应了 ERP 的 BOM，都是以制造需求为中心构建的。

从客户视角看，将报价配置与交付配置合并，可以使供应商的交付配置对齐报价配置，有利于买卖双方合同约定的配置更加清晰，使合同签订后的发货验收、安装验收更加清晰可视。另外，由于交换机类产品存在"扩容"场景，即客户与供应商后续还会有买卖需求，只购买整机产品的部分配置，如购买机柜、单板、电缆等加装到原有的设备上去，实现业务处理容量、性能的提升。这样的配置也有利于后续更加清晰地形成再次购买的详细配置。

此外，客户对这些购买的配置有固定资产管理需求，如果一开始就能给客户提供详细的交付配置，也有利于客户直接用供应商提供的配置形成固定资产的编码。

唯一不足的是，在投标阶段的"商务比价"时，客户不容易直观地对不同供应商提供的设备的价格进行比较。例如，对于交换机，各供应商实现的方式是不同的，但都提供了用户线、中继线等特性，客户用基于特性的报价配置比较容易进行比价。交付配置则由于各家供应商的配置不能直接比较，就显得不方便了。同样功能的模块，华为是用 A 单板满足的，而中兴通讯则可能是 B 单板加一个 C 软件才能满足。

不过，供应商的产品也在发展，它们提供的特性除了线数、端口数、容量这些直观的参照物，还有各自的特点。比如，虽然两家的线数相比，商务相同，但一家的机柜更加"紧凑"，占用机房空间少，另一家的设备耗电少，或者说对原有设备的兼容性更好；一家的产品集成了防雷功能，另一家的产品更能兼容现网已有的设备，或者自己的交换机有将模块"拉远"的功能等。这样的话单独按照一个维度比对价格也就失去了唯一的基准，意义已经不大。所以，在运营商市场，尤其是中国运营商市场，产品报价配置越来越复杂，后来就基本采用了交付配置与报价配置合一的报价方式。

合一并不表示销售需求与制造需求是完全相同的。事实上，两者的区别是巨大的，大致有以下几个方面。

（1）报价阶段更加关注商务方面的需求，此时交付配置可能没有完全确定，也无须完全确定。就像我们日常生活中消费者购买空调时，家里的布线方式、空调管线长度还没有完全确定，但不影响购买时的价格。此时确定的合同配置与交付配置就是不一样的。

（2）报价配置关注"多少钱"，总价、平均价等，而交付配置关注要发货哪些配置。对于复杂产品而言，多少钱的计价方式与发货哪些配置不一定能完全对齐。比如，软件、服务、保险费、运费等有价值但无实物的配置需要报价，但不需要发货，反之，一些低价值的辅料不报价但需要发货。就当时的华为产品而言，报价的配置项数往往只有最终发货配置项数的 1/3。

（3）面对不同客户报价时，客户提出的报价配置需求可能是不同的。比如，客户 A 希望将报价分软件、硬件、服务几个包分别报一次，客户 B 可能希望按照城区、郊区两个包分别报一次，客户 C 又希望按照新开局、扩建局分开报价，等等。或者同一个客户同一个项目在不同轮次的报价中混合有以上不同包的报价需求。此时以自身产品出发定义的唯一的 BOM 无法满足这些随时可能变化的需求。

但这些所谓的销售需求与制造需求的差异都是很多年后才总结出来的，在 1998 年前后，大家对该问题普遍缺乏认识，只是觉得无法用 M-BOM 完全满足销售的需求。

"一体化 BOM"从诞生之日起就注定是以满足制造需求、减少错货为导向的，由于没有充分考虑市场销售的需要，不是"行销的语言"，随着公司的产品与市场的发展，市场与生产的需求冲突变得越来越不可调和。

4.4.2　销售 BOM 初探

要开发配置器，先要有 BOM。考虑基于制造需求的 BOM 结构已经越来越不适应产品多样性的发展，华为于 2002 年成立了"BOM 可行性预研项目"，引进了 IBM 顾问对 S-BOM 进行可行性研究。

2002 年 1 月，IBM 顾问到位，用了 9 周时间开展了 BOM 可行性研究。顾问认为，配置器的核心、灵魂是 S-BOM。配置器首先要满足销售需要，能做配置、报价，还要满足供应、交付的需要，而能做到这一点的，就是 S-BOM。

BOM 设计的难点是将行销卖了什么准确无误传递回公司，供应链可以准确地生产、发货，客户准确地得到所购买的东西。因为销售与制造关注点是不同的，两者使用的 BOM 也不同。

IBM 顾问认为，销售视图与制造视图应该分离，华为应该实施 S-BOM。在 2002 年 6 月华为变革指导委员会的评审会议上，高管们问顾问，在华为，S-BOM 需要多少年才能实施成功，顾问语出惊人：至少 8 年!

8 年! 当时高管都不以为然，华为可等不起这么长时间，于是与 IBM 的合作没有继续。华为公司从此开始了在 S-BOM 领域的漫长、不懈的自主探索。现在回头看，从 2002 年至今，华为经历的时间又何止 8 年!

4.4.3　结构独立的销售 BOM 使报价配置与交付配置再次分离

S-BOM 项目提出的改进方案是 S-BOM 与 M-BOM 分离。

具体来说，就是按照报价、销售的需求以及按照对客户呈现价值的特性、功能等构造 BOM 结构。如图 4-5 所示的左边部分。其中的特性 1 代表了一个"远程检测"用户电路的能力，即该能力可以在局端开启，系统就会自动检测用户线路上的故障情况，自动上报。考虑到对客户界面的报价的分类也与基于制造需求构造的 M-BOM 是不同的，将该特性放在"功能模块1"下面。而且左边的 S-BOM 可以不用再考虑制造需求，与装配、发货都没有关系。

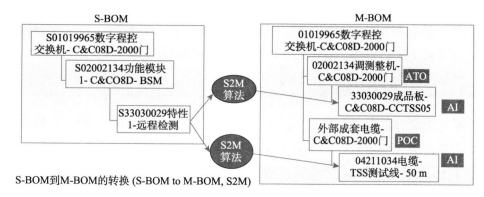

图 4-5   S-BOM 到 M-BOM 的映射或转换

S-BOM 中的报价项，如"特性 1-远程检测"是有价格的，可根据市场报价策略、竞争、成本等诸多因素综合确定"目录价"，各项报价项价格自动卷积，形成合同总价。

按照 S-BOM 形成的报价配置要转换成按照 M-BOM 形成的交付配置，此时可以通过写 S-BOM 到 M-BOM 的"转换算法"实现。即报价项通过 S-BOM 到 M-BOM 的转换算法（S-BOM to M-BOM，S2M）自动转换、翻译或映射成交付项。如图 4-5 所示的特性 1，其实生产发货是需要配一块 TSS（Part 编码为 33030029）的 PCBA 板和一根测试电缆（Part 编码为 04211034）来满足该特性的。TSS 单板要装配调测，因此在"调测整机"（ATO）下进行，而测试电缆不需要装配调测，直接发到工程现场安装就可以，因此放到了"外部成套电缆"下面。S2M 可以自动完成从报价配置到交付配置的转换。

2003 年 10 月，华为变革指导委员会通过了将 S-BOM 与 M-BOM 分离的方案。该方案之所以能汇报通过，有两个重要原因。

（1）基于销售、报价需求的 BOM 结构与基于制造需求的 BOM 结构存在差异，前者侧重于客户价值、商务，后者侧重于生产流程、技术细节。两者分离可以各取所需，既满足了销售的灵活性，又不至于因为销售需求过多地冲击制造。而且，制造侧的 BOM 由于技术优化、降成本、器件停产、改错等变更频繁，对于客户和销售而言，这些变更不影响 S-BOM，反而可以减少商务、合同的频繁更改。

（2）当时认为华为写算法的能力很强，任何复杂关系都可以通过算法实现。"软件无所不能"，这是当时的普遍认知。现在反思这样的观点还是简单、幼稚了。S2M 与其说是一个软件功能，不如说是一种业务模式。一个本来属于业务模式的问题，如果不在业务层面加以识别、重视，从业务规则上形成全员的共识，却企图通过 IT 系统的功能、软件的算法解决，十有八九只是一个权宜之计，问题其实没有真正得到解决。

在当时的环境与条件下，既没有对于报价项该怎么设计（其实是商业模式设计）有清晰的业务规则，也没有对于 S2M 转换制定过业务规则、业务约束、边界条件等，认为双方各做各的，只要有 S2M 算法，什么都可以搞定。

2006 年，华为全球收入 110 亿美元，海外市场收入比重达到 65%，海外发货呈井喷之势。海外合同履行最大的问题是发货不及时、错货率高。仿佛历史重演一般，1998 年在国内市场出现的发错货问题，到了海外又死灰复燃了！

当时的错货有多严重？有一个案例可以说明。2005 年时，华为的货发到一个海外客户那里，结果客户接收到的是一箱鞋子！此外，当时发货到海外客户那里，居然包装标签是中文的，说明书是中文的，电源插座是中国制式的！

这些问题的出现当然与当时海外的供应链体系没有建立起来有很大关系，但从配置管理看，报价单转换成生产订单效率太低，销售的报价配置与生产的交付配置断裂问题严重也是直接的原因。

1997 年成套科的人数已经有近百人，七八年过去了，人数没有增长很多，但业务量已经增长了 20 倍。此时的成套工程师仅处理 S2M 无法自动转换的"例外情况"，也就是从 Excel 的报价单转换成交付配置，再录入 ERP 系统，一位成套工程师一个月要录 3 万行订单！

2006 年前后，基于 S-BOM 与 M-BOM 分离数据架构的配置器（第二代配置器）已经覆盖了华为所有的主力产品。S2M 的脆弱性，在海量的海外订单的冲击下终于显现出来。

S2M 最大的问题就是只要两边有变更，算法就不再有效，除非更新很及时。但产品数据包的更新也是有节奏的，不能想更新就更新，总有一段时间是需要人工干预的，订单的数量越大，留给人处理的订单总数就越多，人就越处理不过来。

第二代配置器上线后，其性能与质量问题也是大问题。一线行销人员说配置器计算太慢，刷新一个参数，开始时要等待一杯咖啡的时间，后来发展到吃完一顿饭回来还没有出结果；产品的版本升级频繁，一旦升级，原来的工作成果就没有了；M-BOM 也经常计算出错，导致发错货，交付不及时，客户投诉，最后又变成产品经理的事情。于是一线行销人员愤怒了，将这些问题投诉到机关。

销售对配置器不满意，供应制造在订单处理环节又存在这么大的问题，在两大业务夹攻下，S2M 算法就像一根无比精巧却又无比纤细的游丝，被销售与交付两大业务群左右拉扯，随时可能绷断，当时的形势可谓千钧一发，危如累卵。

启示 5：S2M 的技术假设是软件无所不能，报价配置总是通过算法可以转换成交付配置，但在订单数量庞大、例外情况数量多的情况下，通过算法进行转换并不可靠。

启示 6：S-BOM、M-BOM 及 S2M 转换首先是业务规则问题，是一个管理问题，必须先有明确的业务定义与约束、边界，然后才考虑技术实现。

4.4.4　用结构统一的产品 BOM 打通报价配置与交付配置

事情到了这么严重的地步，华为的高层都坐不住了。

任正非给出了指示："配置器的推行要提前。配置器是公司内部统一语言的工具，急用先行，要加快推行速度。"

2007 年，"销售 BOM 梳理及网络版配置器 Charter 开发项目"启动。

此变革项目要解决的核心问题是 S-BOM 应该怎么设计。已经有销售与制造需求合一的"一体化 BOM"在前，又有将两者解耦的独立结构的 S-BOM 在后，两者走到海外市场规模突破的阶段都面临瓶颈，无法继续靠小修小补解决问题了，接下来该怎么走？

这次的方案是将 S-BOM 与 M-BOM 合入一个 BOM 结构中，如图 4-6 所示。原来通过 S2M 转换算法实现的从报价配置（图 4-6 中 Part S33030029 特性1-远程检测）到交付配置（图中 33030029 和 04211034 两个 Part），通过 BOM结构关联，建立父子关系，报价时，只要看到"特性 1-远程检测"这项报价配置及其所带的价格就可以，不需要关心其对应的交付配置。

报价完成后，配置会进入 ERP 系统的订单管理模块中，而此时的交付配置会自动从报价配置中展开，ERP 就可以看到下面两条交付配置了。

这里的报价配置"特性 1-远程检测"的项目模板是 PH，对销售是可见的，但对交付就不可见，因为交付的实体是下面的两条交付配置。项目模板为 PH 的 Part 从 ERP 系统的销售订单（sales order，SO）转为车间任务令时，自动展开到下层的交付配置。这样就通过 BOM 结构的展开自动完成 S-BOM 到 M-BOM 的转换、翻译，不需要 S2M 转换算法了。原来 S2M 的问题，因此可以得到很大的改善。

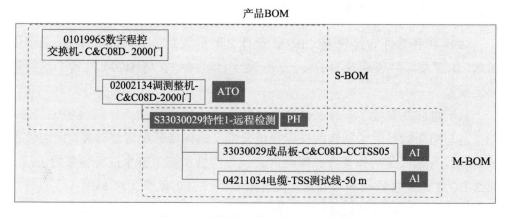

图 4-6　结构统一的产品 BOM 示例

该方案修正了独立结构 S-BOM 的很多不足，利用 BOM 结构的稳定性及 ERP 等主流系统对项目模板的自动解析，比较好地实现了从报价配置到交付配置的转换。

当然，该方案也部分地牺牲了销售与交付解耦带来的灵活性，销售与交付的需求必须统一考虑，两者不可完全分离。

尽管销售与交付的需求统一到一个 BOM 结构中，但销售与交付还是解耦的，只是不通过独立的 S-BOM 解耦，而是通过 BOM 的层级进行解耦。其主要原理在于销售的投标报价更注重配置对客户呈现的价值与商务等方面信息，无须关注到技术细节，因此将 BOM 的较高层级当作 S-BOM；到了交付时，则需要包括加工、装配、工艺、技术等方面的细节，应该将 BOM 展开到更低的层级。所以，只要在销售界面不展开细节，仅在交付界面展开，到了 WIP、

MRP、采购等环节则展开到更低层即可。

该方案大幅度减少了从销售到制造的转换算法，对算法稳定性贡献很大，也支撑了网络版配置器（第三代配置器）的上线。

2009 年，网络版配置器的成功上线。至此，一线的投诉大幅度减少，配置器软件平台的质量、配置算法的质量也稳定了下来。

启示 7：当订单数量达到一定程度，用 S2M 完成从报价配置到交付配置的转换的稳定性、可管理性远不如 BOM 结构。BOM 能打通的数据，就不要用配置算法。

4.4.5　什么是销售 BOM

1998 年任正非曾经发起"BOM 是什么"的大辩论。时隔 9 年后，"销售 BOM 梳理及网络版配置器 Charter 开发项目"又一次将 BOM 推到了华为热议的焦点。

只不过问题变成了：什么是 S-BOM？

这与那个时候要求销售的投标报价全部上线网络版配置器有关，因为该系统对一线行销人员的作业方式影响巨大，自然就引起了整个销售体系的关注。而 S-BOM 是配置器的核心数据，关注配置器，自然就要关注 S-BOM。

另外，一体化 BOM、独立结构的 S-BOM 均有不足，现在又提出了统一结构的产品 BOM，到底是否可行？业务人员开始关注此问题。

S-BOM 不是一个纯数据管理的问题或 IT 工具的问题，而是业务问题。它需要回答以下两个本质的问题。

（1）销售应该有什么样的 S-BOM？

（2）S-BOM 是否只有销售使用？

第一个问题其实是要回答销售的商业模式设计问题，就是华为怎么与客户做生意，双方用什么业务对象进行交易。是按照以前那样的用户线、中继线、端口、容量、性能等量纲，还是按照具体交付的配置，如机柜、单板、电缆、软件这样的配置来进行投标报价、商务谈判？

第二个问题则是全流程的问题，就是在设计 S-BOM 时，要不要综合考虑交付流程的需要，S-BOM 与 M-BOM 是否可以分离，两边的业务是否可以各自定义？

一千个人眼里有一千个 S-BOM，这就是当时的情况。有一个一线的资深产品行销主管调回了机关，他在一线就经常听到 S-BOM，S-BOM 在一线已经被"炒"得火热。回到机关，他发现关于什么是 S-BOM，各种各样的理解都有。

"有一次我在会上问了 20 个人什么是 S-BOM，结果得到了 20 种不同的答案。"他说。

术语的官方定义：S-BOM 是产品配置的销售视图，体现客户价值导向、销售策略导向，通常由一系列的销售 Part（Sales Part，S-Part）组成，是公司产品数据的重要组成部分。

但对于什么是"客户价值"、什么是"销售策略"、什么是"销售视图"，甚至什么是"销售"都没有统一的认识，于是争论又起。

对于"销售"的活动范围来说，产品行销业务普通产品经理的理解可能就是投标、报价、签合同；而级别略高的主管就会认为还包括产品的交付、开票、回款；高层的销售主管大局观更强，可能认为销售是持续满足客户需求，不断获取新客户并保留老客户的过程。

华为在 1996 年时曾经成立专职的"催款队"去客户那里催要欠款，虽然短期效果看起来不错，但后来发现这么做其实就是将回款作为独立于销售的一个行为，销售只负责把东西卖出去，"催款队"则负责把钱要回来。长此以往，销售不承担回款的压力，把前面的合同签得很烂，后面的交付自然就不顺利，回款也就无从谈起。后面华为意识到这是一个问题，才纠正了这一"头痛医头，脚痛医脚"的错误做法。

到了 2011 年前后，华为加大了合同的质量考核，主动放弃一些低质量的合同，要求在合同签订时就要对齐后续的交付，交付要对齐后续的开票与回款，总之，销售 = 卖东西 + 交货 + 安装 + 回款。这才真正回归了"销售"的业务本质。这种业务定义的错位其实也是由华为这种产品的超复杂性以及企业规模的超大导致的：产品复杂度越高，大家的关注点就越是集中在具体的复杂性上；公司越大，各部门的意见越难统一，逐步就会偏离了业务的本质。

因此，出现一个很有意思的现象：基层的产品经理往往认为配置器的推行反而让效率降低，他们宁愿用手工的 Excel 报价模板给客户报价，因为 Excel 很灵活，想怎么报价就怎么报价，不受 S-BOM 的约束，也没有统一格式的要求。而级别高一点的主管则认为销售就应该考虑交付的需求，签合同时就要考虑合同的可交付性，否则客户是不可能满意的，前面灵活了、自由了，带给后面的将是无穷无尽的麻烦。

可交付性是产品的核心竞争力，这是当时很多有识之士的觉悟。但很多人没有这个觉悟。

如果说产品的可交付性源头在产品设计、在研发，那么对于具体的合同履行来说，产品的可交付性的源头在合同签订。销售的前端没有把合同签清楚，后面再花费人力去澄清，事倍功半。

从这个意义上说，S-BOM 本质是一种华为与客户做生意的方式的体现，是买卖双方基于什么样的产品结构、什么样的交易对象、什么样的商业考虑、什么样的交付方式确定的业务模式。因此，对 S-BOM 的问题的争议集中于以下方面。

（1）华为与客户的合同有多少种不同的方式。例如，"框架下 PO"是当时集团客户与华为比较普遍的合同形态，客户的集团公司与供应商统一签署"框架合同"，约定了采购数量、采购周期、采购单价等商务条款，然后客户的下属的分公司依据该框架合同向供应商下 PO。例如，中国移动每年两次的"集中采购"就是与华为签订了框架合同，而各省分公司依据该框架合同持续不断地下 PO。

然而，如果 S-BOM 考虑了"框架下 PO"的需求，则其他一次性的标准合同对 S-BOM 会提出不同的需求。据统计，当时全球有 10 种不同的合同、24 种业务场景，销售业务领域也没有几个人能全面地总结这些合同的场景，并综合考虑 S-BOM 对不同合同的支持。争论自然就发生了。

（2）华为与客户的交易方式有多少种。除我们经常听到的直销、分销以外，还有交易是一次性的还是长期的买卖、是否有扩容场景、签订的合同含不含工程安装服务、含不含辅料，等等。不同的交易场景，对 S-BOM 的需求是不同的，业务人员也没有人经历过所有的场景，考虑 S-BOM 时不免偏颇。于是争议又来了。

（3）不同产品的交易应该遵循什么行业交易规则。比如：无线产品是以广泛分布的站点为主的，行业采取了"按站型销售，按站点交付"的模式，S-BOM 就要考虑对站型的打包问题；而对于固定网络产品，其中既有如 NE5000、城域波分、宽带接入这样的框架式的复杂配置产品，又有如低端路由器、城域以太交换机这样的盒式产品，还有像光路由器、FTTX 这样的家用终端产品，这些产品的配置差别非常大，不可能用一种 S-BOM 的模式完全满足。当时全球固定网络的市场格局还没有形成一家独大的局面，业界也没有一家主流的厂商可以牵引客户的交易模式，所以整个行业都是"七国八制"，自由发挥。华为缺乏一个强有力的友商的指引，又尚未在市场上处于领导者地位，各产品莫衷一是，争论不休。

（4）简化交易过程是否应该对产品打包报价。当时发现华为的产品报价过细是导致买卖双方交易困难的原因。进一步挖掘却发现，到底怎么样才算是合理的交易简化，业界也没有统一的说法。

某省移动公司客户曾经抱怨说，E 公司的"打包报价"要求他们必须采购一个很大的"包"，而客户只想要其中一部分就做不到。而"华为就很好，什么都可以拆开卖"。

华为长期对标、研究 E 公司，发现该公司的报价单确实比华为要简化很多。但他们在北美其实是这么做的：与客户约定"铁皮（即机柜）以外客户自己负责"，E 公司只负责主设备部分，辅料由客户自己负责。如果华为也这么学，报价单是可以简化很多，交易也变得容易，但客户未必满意，因为这么做是把复杂性留给客户了。而且，E 公司在中国市场的报价也是很复杂的。

当时的情况是，当一位经验丰富的一线销售人员提出对 S-BOM 的看法，马上就有另一位同样经验丰富的一线销售人员基于自己的经验提出完全相反的观点。

（5）如何隔离产品的内部技术变更。一线销售人员比较烦恼的问题是华为产品的升级太快、变更频繁，这些升级变更往往都要影响到合同，但事实上很多技术变更、降成本、纠错等是对合同没有影响的，不应该老是影响客户感知。但怎么去隔离、屏蔽这些变更，大家看法也是不同的。当 S-BOM 将某产品的内部技术变更进行屏蔽时，就有另外的产品销售人员说他们的变更其实给客户带来了新的特性，应该知会客户，甚至影响到价格。

总而言之，S-BOM 背负的不仅仅是客户界面的需求，也包含了大量的来自内部的商业利益方面的诉求，这些诉求覆盖了大半个华为。至少有以上总结的五大问题纠缠在一起，形成一个全球的、跨产品系列、E2E 业务流程的"争议网"。这张"争议网"在销售 BOM 梳理这一公共节点上打了一个死结，很难解开。

2009 年年底，"销售 BOM 梳理及网络版配置器 Charter 开发项目"已经接近尾声，准备向变革指导委员会汇报关闭项目了。

但此时，全球产品行销部的一位主管李总对 S-BOM 提出一个要求：对 S-Part 要有独立的编码体系，与制造 Part（Manufacturing Part，M-Part）隔离。具体来说，他希望从 S-BOM 的最底层——S-Part 就将销售与交付两者进行隔离。S-Part 根据市场、客户、销售的需要制定自己的规则，不影响后端。当市场发生变化时，只需改变 S-Part，不改变后端的 M-Part；反之，当市场不变时，内部的变更也不影响 S-Part。例如，内部的一个 M-Part 发生了替代，但这种替代是由技术优化引起的，对商务没有影响，此时就不改变 S-Part。

而在 S-Part 与 M-Part 之间，建立关联关系。

产品数据管理部主管基于前面由销售与交付分离导致交付大量出错、交付配置转换效率低下的惨痛教训，坚决反对这样的方案。他甚至给李总的方案扣了个"大帽子"：将销售与交付分裂，销售时不考虑后端交付诉求，必然导致 1998 年国内市场的发错货历史重演，眼前海外市场的 S2M 转换带来的订单处理周期长、错误多的问题将进一步加剧。

李总也是一位很坚持的人，他有长期在一线奋战的经验，也有自己的理由，他认为一线的主要职责就是见客户，做方案，把合同签回来，交付是其他团队的责任，不能给一线太多、太高的要求。一线现在就是花费 80% 的精力在做配置，以及处理与交付相关的问题，这与他们的定位是不一致的。

双方协商了多次，但僵持不下。"官司"直接打到了徐直军那里。

徐直军当时是产品与解决方案总裁，也是华为集团的轮值 CEO，他要求全球产品行销部总裁丁耘先了解情况，协调解决矛盾。丁耘是李总的直接主管，也曾经是研发的主管，比较适合作为协调者。

丁耘召集了争议双方开会。

"为什么销售建立独立 S-Part 体系的方案不可行？"他问。

"因为 S-Part 既是销售的对象，也是交付的对象，就像我们去店里买手机一样，买的与最终收货必须一致。"产品数据管理部的常涌算是明白人，他的回答丁耘与李总都很满意。

"你们为什么早不这么说呢？"从李总的语气中听出他准备妥协了，全场的人顿时如释重负，长舒了一口气。

大家冷静下来讨论问题后，产品数据管理部主管也发现，当时给李总的方案扣的帽子可能也太大了。他其实是希望有一个自主权，对 S-Part 的"对外型号"，也就是对客户侧的"姓名"，有一个自行定义规则的权利。就像同样一个人，在家里有小名，在外面有正式名一样。这一点很快就有共识了，也就是以后由李总的投标业务部作为责任部门制定 S-Part 的对外型号规则。

他没有特别强调要将销售与交付流程割裂，尽管他的方案有这么一个倾向，但不管怎么说，冲突解决了。

而丁耘本来就负责产品线，那是一个对产品 E2E 经营负责的组织，既背负销售指标，也背负交付的责任，自然不会同意销售不管交付的方案。

这场争议解决后，"销售 BOM 梳理及网络版配置器 Charter 开发项目"顺利地通过了变革指导委员会的推行准备度评估（deployment readiness review，DRR）汇报。后续的配置器开发、上线，各产品线都迁移到了新一代的网络版配置器——UniStar 上。

变革项目组还以徐直军的名义在华为内部报刊《管理优化报》上发表了题为《销售 BOM 为什么？》的文章，也算是暂时为这次 S-BOM 的全球大辩论画了一个句号。

之所以说是"暂时"，是因为遗留问题还是有的。以后随着业务的发展有些问题又会暴露出来。

产品数据的所有变革几乎都是这样，解决了当时的问题，后续随着业务发展又暴露新问题，再解决，再暴露，循环往复，就是没有终极的解决方案。

产品数据所暴露的问题，其实 80% 是业务的问题、业务管理的问题。例如，早期的发错货，本质上是研发部门设计产品没有 DFX 的方法和流程，没有在产品设计前端考虑产品的可交付性，甚至没有将可交付性作为产品的一个核心竞争力、核心质量要求对待。海外市场再次暴露的订单处理的瓶颈，本质上是缺乏合理的交易模式设计，即华为与客户双方没有对复杂配置产品如何简化交易方式达成共识，或者买卖双方有各自的利益诉求，无法在商业模式上求得完美解决方案。

但产品数据可以像剥洋葱一样，将表面现象层层剥离，最后将业务的不足暴露出来。巴菲特有一句名言，当时也在华为广为流传："当潮水退去的时候，才知道谁在裸泳。"

2009 年 7 月，当时的核心网产品线的配置器已经上线，开始在一线规模推行。有一天，公司高层收到了一份来自俄罗斯核心网销售管理部的投诉邮件。邮件的标题赫然写着《核心网弱智配置器 72 变》。

邮件历数核心网的主要产品软交换和 UMG8900 的配置器的几宗罪。

1. 商务方面

（1）报价量纲随意变化。比如，以前按每 SGSN 报价，又更改为每千用户。

（2）目录价随意调整。比如，Part 的编码描述都没变，价格却几倍的调整，答复说以前定价低了。

（3）报价项描述随意变更，导致客户界面变化。

2. 职责方面

很多个部门参与配置器开发，责任人不明确。

3. 配置器本身

（1）配置参数多，算法复杂。

（2）配置原则经常变化。

（3）功能方面：a）性能慢；b）没有客户化定制；c）扩容难。

华为高层又一次震怒，责成配置器的技术开发团队（technology development team，TDT）调查解决。

TDT 专门派人去一线调查了解情况，带回来了一手的资料。发现配置器、产品数据相关的问题其实并不多，更多是通过配置器与产品数据反映出来的业务设计、商业设计方面的问题。这些问题的责任主体当时不是很清晰，后来都归入市场营销部门下面的商业模式部了。

这些问题均是能力问题，不是一时半会儿就能解决的，就像研发的软件编程能力、系统设计能力一样，需要时间的沉淀积累以及长期的培养与提升并构筑到组织能力中。然而，如果没有配置器与产品数据，这些问题都不会如此清晰地浮现出来。

华为业务成功的背后是内部管理的持续改进，这种改进不是毕其功于一役，而是在暴露问题、解决问题、再次暴露新问题、再次解决新问题的改进循环中螺旋式上升，这种改进没有终点、没有捷径、没有诀窍，更没有秘密。如果说华为与其他大多数企业有什么区别的话，那就是华为敢于暴露问题、敢于直面问题、知道错了就改、知道问题存在就解决问题，因此取得了稳步的管理进步，仅此而已。

启示 8：在销售时就要考虑后续合同的可交付性，报价配置、交付配置要清晰，这些配置是通过 Part 传递的，Part 管理不好，传递一定出问题。当然，可交付性也不能由行销经理人工保证，需要在 S-Part、S-BOM 设计时考虑好，拉通前后端。

4.5　统一的产品 BOM 面向不同应用形成 X-BOM

1997 年，华为上线 ERP 系统时，利用了其 BOM 模块定义 BOM。BOM 模块有两个"环境"，一个是"制造环境"，另一个是"工程环境"。开发人员先在工程环境定义 BOM 结构，供研发的实验、试制使用，稳定以后再转到制造环境，供批量生产使用。

不过华为很快就将"工程环境"取消了，原因是定义 BOM 的时候直接就奔着满足生产需求而来的，基于 IPD 的 DFX 理念，只做一个 BOM，这样效果更好。

到了 1999 年，华为四处学习业界的 BOM 经验，曾经讨论过学习汽车工业的实践，将 E-BOM 与 M-BOM 分离，开发人员只对 E-BOM 负责，中试部对 M-BOM 负责的做法。但很快被丁 Sir 这些"明白人"否决了。在 E-BOM 与 M-BOM 问题上，华为终于没有误入歧途。

很多国内企业至今还坚持研发只对 E-BOM 负责、制造部门对 M-BOM 负责的做法。IE 被动接收研发的 E-BOM，然后开始设计 M-BOM，此时如果发现产品的可制造性有问题，前面的设计已经定型，木已成舟，再改就要付出 10 倍的代价，TTM 也会被拉长。从产品开发模式看，这是一种落后的理念。但这些企业囿于固有的组织设计和思维模式，无法将两者统一。

早期 BOM（early-BOM）与 E-BOM 不同。产品在设计的早期，由于要确定一些关键的元器件选型，以便降低后续产品开发的风险，需要一个还不是很完整的 BOM 来管理这些器件。有的时候产品的开发周期长达一年以上，而这些关键的元器件如果由于厂家停产、重大变更等而影响到产品开发,开发者通过 early-BOM 就可以提前得知这些信息。当然,这需要 PDM 等系统的支持,PDM 系统里面也管理了元器件的厂家、厂家型号,并通过关系数据库建立厂家主动推送的 PCN、生命周期结束(end of life,EOL)通知与开发者的联系,因此开发人员可以及时获取这些变化的信息。这样就避免了研发工作的浪费,以及 TTM 的延长。

在产品尚未完全成熟时,华为往往会与一些关系密切的客户签订实验局合同,提前将产品销售出去,在客户网上做实际场景实验,这种情况称为早期销售。也有电信展会等需要启动配置器作出参展产品的配置。这些需求都需要启动 early-BOM 的开发。

那么 early-BOM 是不是一个独立的 BOM?

也不是。

early-BOM 是在产品设计阶段开发的 BOM,此时由于详细的产品开发还没有启动,产品还是不完整的,BOM 也是不完整的。因此需要在后续产品的开发阶段、验证阶段不断地增加东西,修补不足,直到验证阶段完成,到了 TR5 产品 BOM 才真正成熟,具备发布转产条件。因此,early-BOM 在开发阶段、验证阶段不断地演进,逐步成熟,才成为后面的产品 BOM。

那么有没有独立的 S-BOM、M-BOM?

业界提出了 X-BOM 的概念,认为有 X 可以是一切,如设计 BOM(design BOM,D-BOM)、需求 BOM(R-BOM)、软件 BOM(SW-BOM)、工艺 BOM(P-BOM)、计划 BOM(plan BOM,P-BOM),甚至还有采购 BOM(P-BOM)、备件 BOM(Spare BOM)、订单 BOM(order BOM,O-BOM)……

为了澄清这些概念,我们有必要回顾一下本书第 3 章,什么是 BOM?

BOM 就是表示 Part 与 Part 之间的组成关系的业务对象。Part 则是企业自制或采购的,且用于销售、生产制造、工程安装的实物或非实物业务对象。

BOM 由三要素组成:父项、子项、用量。满足这 3 个条件的就是一个完备的 BOM。

产品 BOM 就是对于一个产品建立一个全量的 BOM,其中包含了所有的父子关系及数量关系,产品的主设备、成套设备、安装材料、辅料、备品备件等各方面的 Part 都具备,由 PDT 的 BOM 跨部门小组负责定义,PDT 各代表(销售代表、制造代表、采购代表、服务代表、财务代表等）各自派出专家参与产品 BOM 的开发。

　　虽然称作"全量 BOM"，是因为考虑了 DFX 的各方面需求，虽然父子关系与数量关系是完整的，但并不代表全量 BOM 用于各业务领域时，其 Part、BOM 的属性信息是完整的。

　　如果产品 BOM 用于销售，那么就"截取"与销售相关的部分 BOM，如图 4-6 中 S-BOM 框中的那部分，因为对于销售环节，无须关注其他部分，如 M-BOM 框中的父子关系。但是，截取的 S-BOM 部分只是包含了从销售视角看需要的父子关系与数量关系，用于销售还需要一些其他信息：价格、折扣、是否需要工勘、是软件还是硬件、是服务还是实物等，这些信息需要在 BOM 三要素以外加入，甚至可能不是在 IPD 流程加入。例如，折扣率这样的信息只与 LTC 有关，不会在 IPD 流程就确定。

　　M-BOM 也是如此，在截取了相应的 BOM 结构的那部分父子关系与数量关系后，IE 要根据车间的不同加工、装配方式设置与车间有关的工艺路线、损耗率等信息；计划员增加加工提前期、采购提前期、计划员信息等，采购员则要增加供应商、采购员信息等。这些信息很多也不是 IPD 流程就确定的，因为与车间有关，在 LTC 阶段才加入。

　　很多业界公司把这些 X-BOM 定义为"BOM 多视图"，如 BOM 的制造视图或制造 BOM 视图（as-manufactured BOM），BOM 的工艺视图或工艺 BOM 视图（as-planned BOM），实作 BOM 或 as-built BOM 视图等。考虑到"视图"概念有很多含糊不清的地方，到底是像一个硬币有两个面称为视图，还是一个产品的不同结构就是不同视图？根据华为实际走过的对多种 BOM 的认识、实践过程，本书倾向于用"同一 BOM 结构在不同领域应用场景下的 BOM"替代"BOM 多视图"可能会更加准确一些。

　　所谓的 S-BOM，是指产品 BOM 在销售领域的一种应用，截取产品 BOM 与销售相关的父子关系与数量关系并添加销售所需的属性，就形成了 S-BOM；所谓的 M-BOM，就是截取了与制造相关的父子关系与数量关系并添加制造相关的属性，就形成了 M-BOM；以此类推。总之，多 BOM 不是指一个产品多个 BOM 结构，用来满足不同领域的应用需求；而是从同一个 BOM 结构中截取各自所需的父子关系与数量关系等要素并添加各领域特定的属性，形成了X-BOM。

early-BOM、订单BOM（根据模型BOM生成的某一个具体订单的配置）则可以作为产品BOM的不同发展阶段来看待，不能视作BOM的不同"视图"，也不是"同一BOM结构在不同领域应用场景下的BOM"，如图4-7所示。

需要特别说明的是，业界很多企业没有IPD流程的基础，它们的组织还是传统的职能型，是按部门分工的，因此很难理解跨部门团队在产品设计早期就共同完成DFX的产品BOM结构设计。有很多大型国企，这方面尤为突出，每个部门都有自己所谓的 X-BOM，还认为这样职责很清晰，互不干扰。殊不知企业协同最大的问题就是数据不一致，多BOM带来的问题就是数据源的不一致，变更同步困难。华为是经历过这个"阵痛"过程的，这些经验教训都很宝贵，值得其他企业借鉴。

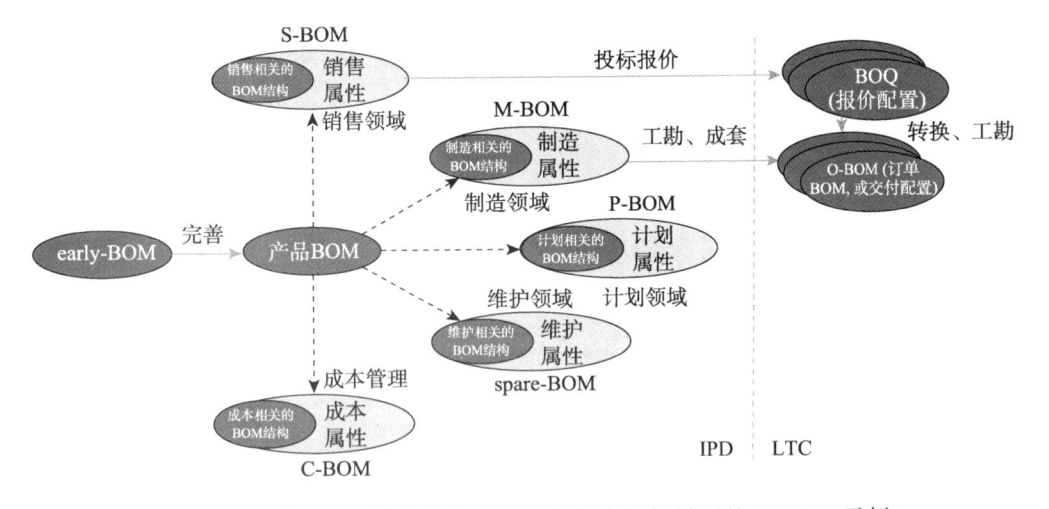

图4-7　一个BOM结构在多个不同领域应用场景下的X-BOM示例

业界也有将BOM概念的范围扩大化、把BOM泛化的趋势。例如，特性有特性BOM、需求有需求BOM、测试用例有测试用例BOM、设计有设计BOM……这也是对业务不利的。BOM不仅仅是一个产品数据、一个符号，其代表的、隐含的也是业务内容、是业务的真实反映。回顾华为对BOM的争议、对S-BOM的争议可以看到，这些BOM影响的是业务操作，体现的是业务规则，BOM 上面承载的业务内容已经很厚重，泛化之后反而将其空心化了，这对 BOM 的深入应用是有害的。

因此，推荐只把 BOM 限制在"Part 的父子关系与数量关系"范围内，而 Part 是指能在 ERP 中进行各种交易的对象，如硬件、软件的二进制安装包、服务、辅料、耗材、整机等。

而需求清单，可以表达为 bill of requirements（BOR）；特性清单，可以是 bill of features（BOFe）；功能清单，可以是 bill of functions（BOFu）等。产品的结构在不同阶段是呈现出不同的特点，用于不同用途的，因此建议只把交付所需的那个产品结构定义为 BOM，其他的产品结构则为 BOX（bill of X）。

启示 9：以华为的业务复杂度，尚能实现一个 BOM 结构拉通全流程，那些业务复杂度不及华为 1/10 的企业怎么可能做不到？因此，BOM 不是越多越好，不要把 BOM 泛化了。

4.6　消灭成套

如果说配置器的第一用户是产品行销，那么第二用户一定是供应链。

长期以来，在产品配置管理这件事情上，供应链也是一个被架在火上烤的部门。早期的发错货，虽然任正非高瞻远瞩，将错货的源头旗帜鲜明地定位为 BOM，是研发部门的责任，但毕竟货是供应链发出去的，他们的压力自不必说。到了 2005 年，海外发货超过了国内，交付出现的问题比当年国内市场要更多，订单的转换成了供应链的主要瓶颈，这是第二次将合同交付的相关部门，尤其是供应链被推到了风口浪尖。

为了解决从销售的报价配置转换为生产的交付配置问题，供应链一直有成套部这么一个组织，该组织就相当于是一个"翻译器"，将销售语言翻译为生产制造的语言，并将交付配置导入 ERP 中。该组织的定位很特殊，从销售回来的海量合同集中汇聚于此，由人工对其进行解读，转成 ERP 能看懂的结构化、BOM 化的语言。不仅如此，从用户服务部门传回来的工程勘测报告也要进行人工解读，将工程师在现场勘测的结果加上销售的 BoQ，一起转换为工程配置，进入 ERP 中。举例来说，华为的机柜有"并柜"的场景，就是多个机柜拼接成一排，机柜与机柜之间不隔开，机柜侧门不安装。一排中只有一头一尾两个机柜的外侧门需要安装，一排机柜安装两个侧门。而机柜拼成几排，在签订合同时是不知道的，要等工程勘测时，根据现场机房的空间布局来确定。所以，成套部收到一线的工程勘测报告后，根据报告中机柜的排数，确定侧门数量，将侧门的 Part 及数量录入到 ERP 中，这样就完成了机柜侧门的配置确定以及 ERP 的销售订单生成。

另外，成套部录订单也有一些业务规则。比如，要等工程勘测完成、预付款到账才释放订单，此时从业务约束条件上意味着生产的各部门可以启动备货、装配、发货了。

成套部在 1998 年就有近百人的规模；10 年以后，华为的规模扩大了 20 倍；2010 年的时候成套部人员增长到 300 人；此后人数开始下降，直到今天（2023 年）只有 20 多人的规模。这说明配置器在替代人工操作方面发挥了巨大的作用，配置器可以自动将报价配置转换为交付配置，可以完成大多数的转换工作。

长期以来，华为的高层都觉得此部门不应该存在。曾经有高管写文章说过："成套部是业界绝无仅有的存在，只有华为的工具落后才需要养这么大的一个部门！" 2009 年，时任供应链总裁的彭智平甚至提出"消灭成套"这样的口号。成套部消失了，意味着华为的配置处理完全自动化了，交付效率上了一个台阶，交付的质量、进度都可以得到有力的保障。

成套部的历任主管竟然也认为自己的部门如果被消灭，那是华为的巨大进步，他们也算完成了历史使命，可以转型了。

因此，不管是 BOM 还是 S-BOM，不管是单机版配置器还是网络版配置器，历次的变革，供应链都是深度参与其中。负责交付的高管即交付体系总裁——洪老（洪天峰）、梁博（梁华）都长期关注这些变革项目，提出明确的要求并给予直接的支持。

2009 年上线的第三代配置器将供应链的瓶颈问题解决了，供应链是这次变革的第一受益部门。

第二受益部门是产品行销。

行销的主要构成是产品经理，他们的职能是参与投标、报价、网络设计，为客户设计网络解决方案、提供技术建议，也在售前做产品拓展，向客户推广华为的产品，进行客户宣讲等工作。总结起来，见客户、做方案是他们的核心职责。

然而，做配置也是他们的一个无法推卸的责任。一个合同的签订，不仅要确定其中的技术、商务、法律条款，也要确定接下来要向客户交什么，这就需要在前端就明确后面的交付配置，或者，至少要为后端的成套部将报价配置转换为交付配置提供准确无误的数据源。

华为进入的市场越来越高端，签订的合同规模越来越大，配置生成的工作量大得无法想象。比如，签订一个国家的 3G 网络覆盖的合同，涉及的站点数多的时候可以达到上千个，合同金额可能达到几亿美金。而那些合同的配置，如果全部打印出来，可从地板一直堆叠到天花板！

产品经理花了 80%的精力处理配置，根本没有时间见客户，这是网络版配置器还没有实施时的普遍现象。

丁耘在担任全球产品行销总裁时，经常去一线，而且他习惯直接与基层的产品经理见面沟通。

"一米八的大小伙子因为做配置的事情在我面前痛哭！"丁耘经常讲这个故事。比较遗憾的是他没有提供这位产品经理的名字，否则配置器开发部门也可以对他进行深度访谈，了解他为了做配置而崩溃的具体原因。

在"销售 BOM 梳理及网络版配置器 Charter 开发项目"开展期间，陶景文是全球产品行销总裁，也是该项目的 owner。

在一次项目组会议上，他对下面各产品线的网络设计部部长及投标业务部部长们说："今天碰到小徐总（徐直军），他又批评我了，说我没有追求，没有从配置器这些工具上提升产品经理的能力，只会向公司要人。你们以后不要再让我听到小徐总说这样的话！"

从这些故事中可以看到，由于缺乏配置器这样的工具，或者配置器不好用，折磨的不仅仅是一线的产品经理，对行销的各级主管也都是巨大的考验。

2008 年 7 月，产品与解决方案下的操作支持系统（Operation Support System，OSS）与服务子产品线搞了一个"降低行销成本"的研讨会。会议认为行销的效率提升，要从产品设计端做起。要求行销代表参与到产品的可销售性设计中，将产品的可销售性构筑在产品开发的前端，产品线要做好配置器等行销工具的交付，用工具提升行销效率，而不是一味地输出人力给行销部门。当时全球产品行销人员已经达到了 4000 人，是一个巨无霸的团队。

会议结束时，徐直军发言，他对会议取得的共识很满意："全球产品行销部觉醒了"。一个产品线的研讨会，小徐总鼓励的却是行销队伍，这就是高管的系统性思维。

行销的几代主管也如供应链总裁希望消灭成套一样，希望消灭人工的销售配置的处理。这种希望不断累加，甚至成了某些行销主管的心病。

2017 年年底，陶景文早就不再担任行销主管，但对配置打通的事情依然念念不忘。"配置打通是我欠了公司十几年的事情。"他这么说。

但配置器的推行，在行销的阻力却是最大的。

ASMS 是配置器的雏形，由于没有离线的功能，一线当时又没有网络，很快就下线了。

第一代配置器 NetStar 虽然易用性很好，但只能在交换机的简单产品上使用，产品增加后，软件包也需要更新，无法跟上华为的产品快速发展节奏，只能放弃。

而到了第二代单机版的配置器 Quoter，当时行销认为其与 NetStar 相比，易用性、性能下降太多，都不愿使用。

那时候全球产品行销总裁是李今歌，他也是华为指定的配置器推行的责任人。在一次会议上，他对所有的网络设计部部长说："你们必须把配置器用起来，不好用也要用！"

当时抵制最严重的是无线产品线网络设计部，因为他们之前自己做了一个Excel 的报价模板，易用且灵活，让他们切换到 Quoter 上，易用性确实是下降了。

但李今歌他们是清楚的，如果继续迁就行销，要等到易用性、性能完全达到他们的期望再推行配置器，那就无法将销售配置与交付配置打通，华为订单处理的瓶颈就永远无法消除。不管怎么样，先用起来，打通主干流程，再慢慢优化配置器的易用性与性能，这是对华为全局最有利的。

虽然在李今歌的强势推动下，配置器在行销用起来了，但配置器开发团队也做了妥协，专门为无线配置器开发了类 Excel 的界面，使一线的习惯性改变尽可能少一些。于是配置器就分为了 M 系列配置器与 D 系列配置器两大平台，M 系列配置专门用于无线的投标报价，D 系列用于其他产品线。直到网络版配置器上线才将两者统一起来。

从一线的产品经理视角看，配置器没有给他们带来多大的收益，反而有很多约束，加上配置器易用性、性能较差，他们就更加不愿意使用了。但从全局看，配置器推行可以将销售与交付流程打通，提升公司的全流程交付能力，其中的利害关系，只有级别比较高的行销主管看得明白，这也是行销强制使用配置器的原因。

而第三代网络版配置器上线，对行销的使用体验优化了很多。在很长一段时间内，配置器也好，S-BOM 也罢，都不再是华为的焦点问题了。

但这也只是暂时的，日本作家村上春树有一句话是这么说的："暴风雨结束后，你不会记得自己是怎样活下来的，你甚至不确定暴风雨真的结束了。但有一件事是确定的：当你穿过了暴风雨，你早已不再是原来那个人。"

经历了这么多暴风雨，华为也不再是那个华为，未来还有更加猛烈的暴风雨，华为都会勇敢、积极地面对。

启示 10：推行配置器与 S-BOM，目标必须定位为打通销售与交付流程，只满足一方的需求，一定会带来更大的问题。

启示 11：合同的交付质量，源头在销售。销售一定要深度卷入配置器与 S-BOM 的变革中，并主导制定业务规则。

启示 12：推行 S-BOM，最终是为了多打粮食。S-BOM 对销售范围进行了约束，可以引导客户购买企业预先定义的标准配置，从而实现大规模定制的商业模式。

因为受 S-BOM 的约束，销售人员经常认为很多客户的个性化需求无法满足，并以此作为销售业绩不佳的借口。某新能源企业却发现：销售业绩好的产品往往是那些标准化的产品；反而是那些不加引导，处处满足客户个性化定制需求，增加大量非标准配置的产品，销售业绩不好。因此，S-BOM 的推行并没有限制一线销售的能力，反而有利于扩大销售规模。

第 5 章

BOM 走向全球

5.1 全球物料 Part 的统一管理

2005 年,华为在海外市场获得重大突破,实现了海外市场的规模销售。当年全球收入为 82 亿美元,其中 58% 来自海外。

但华为没有做好海外交付的准备。在国内已经解决了的交付问题,在海外又成了大问题,如本地采购。

与中国市场不同的是,海外的很多客户自身不具备建设网络的能力,需要借助网络设备供应商解决很多本来该他们自己解决的问题。华为早期进入的海外市场集中在亚非拉等落后地区,当地客户的配套能力很弱,很多交付的压力就转移给了网络设备供应商。比如,站点(广泛分布的无线、固网接入设备所安装的现场局点,通常包含太阳能或油机、铁塔、微波、无线基站或固定接入设备等)的建设,站点外围的管线、供电、网络的运维等很多时候也成了网络设备供应商的责任。

像华为这样的中国公司,在海外的配套资源不足,很多事情都要从头开始。海外的工程采购就是其中之一。

工程采购指为了建设一个完整的网络,网络设备供应商除提供核心的网络设备以外,还需要配套采购的设备、材料、服务等。华为刚开始在海外开展业务时,这方面的管理不规范,很多采购是没有 Part 的,也没有在 ERP 系统中管理。随着海外采购规模越来越大,涉及采购的项目、部门越来越多,无 Part 采购的问题也越来越大。

对于产品，由于有产品 BOM，包含了组成产品的所有 Part。这些 Part 大到一台价值几百万元的机柜，小到几分钱的线扣，只要是产品的功能所需的，或产品在现场安装所需的所有 Part，全部可以从其产品 BOM 中分解出来（详细的原理可以参考本书第 4 章）。

而对于游离在产品以外的物料，当地的项目会产生工程采购需求，由于没有 ERP 系统，需要海外建立台账记录这些信息，责任也不是非常清晰。认证供应商的人，可能就是下 PO 的人，也可能是后面付款审批的人。很多规模很大的项目，交付履行的责任全部在代表处，采购的责任与权力也全部在代表处，机关很难对其起到监管作用。海外工程采购的内控风险因此上升了，当时华为海外采购的形势非常紧张，迫切需要在海外建立与机关一样的采购组织。

海外工程采购多数采用本地采购的方式，原因是这些工程采购主要集中在一些技术含量较低的土建施工、铁塔、天线抱杆之类的工程服务或物料。海外工程服务的特点是以人力采购为主，物料的特点是体积庞大、笨重，单位体积或单位重量的价值低，如果都从国内采购或是从他国采购，显然不经济。所以，本地采购是这些工程采购的主要方式。

由于当时华为在整个业界已经是一个体量庞大的公司了，所有的采购行为全部由机关完成，这既不可能也不符合现代化大公司的最佳实践。事实上，除了各海外的代表处要花钱买东西，华为的各产品线（business unit，BU）、各供应中心包括行政部门都要花钱买东西。但花钱买东西的部门，如果都去找供应商，就意味着采购量分散了，发挥不了大公司的规模优势。

所以，华为制定了"集中认证，分散采购"策略，即找供应商的人与花钱买东西的人分离。具体来说，就是成立了直接归属集团管理的"采购认证管理部"，代表华为对供应商进行统一的认证、考核并与供应商谈判，签订采购框架。由于所有的采购量集中在一起，与供应商谈价格就有了优势，还可以认证一些战略供应商，在商务、供应优先级上给华为更大的支持力度。

花钱买东西的人是采购履行部门，隶属供应链，并分散到各海外代表处、各产品线、各供应中心，他们根据自己产品生产、合同履行或产品研发（研发的实验物料）等各方面需要，各自履行 PO。但是，由于供应商已经由采购认证管理部统一认证，框架也已经谈好，各 Part 的单价已经确定，所以这些部门各自履行 PO 时，也享受了集团统一认证的价格与各种供应的好处。

负责认证供应商的组织称 CEG，按照物料的品类分工，如计算机 CEG、PCB CEG、阻容 CEG、IC CEG 等。每个 CEG 由采购认证的工程师（包括技术认证、商务认证工程师）、研发的品类专家等人员组成，负责寻找采购、合作资源，对供应商进行认证、考核，对供应商提供的元器件进行测试、认证等。由于 CEG 是一个由跨部门人员组成的团队，在认证供应商时会比较客观公正，并相互监督，尽可能减少人为的主观因素影响。当然，CEG 也有"工程采购 CEG"，负责对全球的工程配套物料、工程服务的提供商进行认证。这还不够，为了就近响应海外的工程采购需求，在每个代表处还设有本地 CEG（Local CEG），考虑到各代表处的业务量相差很大，本地 CEG 设置的分工颗粒度、人数也有不同。比如，一个小代表处，可能就设置一两名本地 CEG，负责所有类别物料的认证，不再按照采购物料的品类细分。

所以，采购认证管理部是按照物料品类以及海外区域两个维度设置的复杂组织。在 IPD 流程中，参与 PDT 的采购代表就来自该部门。采购认证活动是归属于 IPD 流程的，采购要支撑好产品的开发，在产品开发的早期就要对关键元器件寻找、认证合格的制造商，并确保可供应性，也对供应的安全负责。

海外业务的开展需要本地采购物料，而本地采购要纳入 ERP 系统管理，也必须有 Part。

这些 Part 在产品以外与华为 IPD 流程定义的产品没有本质的、必然的联系，但若要精细化地管理海外的本地采购就必须有 Part。

换句话说，Part 已经不仅仅来自 IPD 的产品定义、产品开发的需要，也有部分来自海外的本地采购的需要，这是产品数据发展到这个阶段面临的新问题。

Part 是否需要集团统一管理？谁来管理？

第一个容易达成共识，只要华为是一个统一的公司，就应该只有一个统一的 Part 管理部门。只有统一的组织，才有统一的规则、标准、IT 系统；也只有统一的规则、标准、IT 系统，Part 才能发挥其共享与重用的优势，华为才能获得规模采购的优势，从而大幅度提升华为的盈利能力。

海外工程采购 Part 的管理相比于研发申请的 Part，比较不规范。

2006 年 12 月，L 代表处某 Turnkey（交钥匙工程）项目组以"站点开通急需，总部无法及时到货"的原因在本地采购 2 万 m 的 PVC 线缆（cable），价值数十万美元，而同期当地库存积压同种物料 2.8 万 m，库存期已经 10 个月，完全可以满足项目组短期需求。而且，该批物料本地采购价格为国内采购再加运费之和的 2 倍，仅此一项电缆的本地采购就多花费十多万美元的采购成本。

一边是库存大量积压物料，另一边却花费高额成本重复采购，该项目遭到了公司的审计。审计组调查发现：项目组需要采购 PVC Cable，0.6mm，100 Pairs；而同一种物料在系统中描述为 Twisted-Pair Cable，0.6mm，200core，描述不同，其实是相同物料。

Part 如果全球没有统一管理，就很容易出现以上案例的问题。

对于谁来管理全球 Part，则有争议。

采购认证管理部第一任主管是惠总，他在外面名气不大，但在华为资历很深。

"老板要求你们把产品数据管理部整体划归到采购认证管理部。"惠总找到中央研究部的第一句话竟然是这么说的。

产品数据管理部已经承担了 BOM 管理、Part 管理、技术文件管理，以及配置器的软件平台及算法开发等职责，而且各产品线下面都设置了产品线级的产品数据管理部，专门为各产品线服务。可以说，产品数据管理部的职能，已经深深地嵌入到研发部门及产品线的业务中了。

产品数据来自 IPD，但服务于销售、生产、服务等下游部门，组织定位在研发部门及产品线，是考虑到产品数据的源头在研发部门及产品线。但产品数据的使用者及"消费者"，更多地来自下游，包括采购部门。

而现在采购认证管理部总裁竟然拿着任正非的最高指示，要求把整个部门划入他的麾下，中研部的主管们感到惊愕。

经过讨论，最终决定在产品数据管理部下面成立一个独立的部门，即"物料数据管理部"，负责集团 Part（包括自制 Part、外购 Part）的统一管理。Part 是组成 BOM 的基本元素，现在多了海外本地采购的 Part。产品数据管理的范围从产品拓展到海外的本地采购物料。

该部门在行政归属上仍然是中研部的下属部门，但同时也直接向惠总汇报，惠总要求其主管必须由产品数据管理部部长兼任。他甚至将部门主管放到他的行政办公会议（administrative team，AT，负责对人员的管理，与办公会议 ST 在职责上分离）中，如图 5-1 所示。

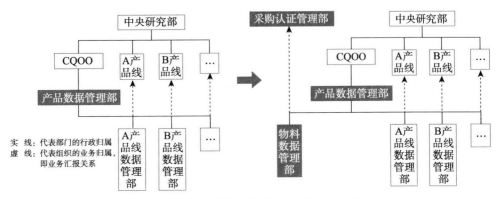

图 5-1　物料数据管理部统一对全球 Part 负责

新组织成立以后，除了坚持原有的华为所有 Part 统一分类，还对 Part 的编码规则进行了重新的发布，海外也依据这些业务规则根据自己业务开展需要申请 Part。

新的组织运作了一年，将采购认证管理部的业务支撑了起来，惠总也放心了，就没有坚持继续按这种模式运作，物料数据管理部的职能，纳入了产品数据管理部的例行职责中，部门也随之消失了。因为在 Part 管理方面，华为当时已经积累很多的经验，此时只是将其管理范围拓展到全球，其实并不是十分的困难。倒是海外本身的很多能力缺失，却不是产品数据管理部所能解决的，但由于产品数据管理部的特殊定位，不管是谁的责任，产品有关的数据出了问题都要先找到它。所以，在海外的历次业务变革的惊涛骇浪中，产品数据管理部就像是一条小小的舢板，船虽小，但也承受了一次又一次狂风骤雨的考验。

启示 1：企业的 Part 应该由集团统一的部门管理，不应该分散管理。只有这样的 Part 管理规则才能支撑企业长期发展，也才能通过全球统一的 Part 共享与重用，实现企业的规模效应。

启示 2：中国企业走向海外后，Part 也要跟着支撑到海外业务。

5.2　海外 ERP 推行

与"集中认证，分散采购"策略几乎同时启动的，有以下几个支撑海外交付的重大业务变革。

（1）Turnkey 交付能力建设。

（2）全球供应布局。

（3）海外采购认证能力建设。

（4）支撑这些重大战略的海外 ERP 的推行。

2006 年 8 月，华为在巴国签下全球最大的 Turnkey 项目——U 项目，金额超过了 5 亿美元，而且要求 15 个月完成交付。

Turnkey 项目是指供应商为业主建造工厂或其他项目，一旦设计与建造工厂完成，即将项目或工厂所有权和管理权的"钥匙"依合同要求完整地交付给对方。

Turnkey 项目要求华为除了交付自己开发的产品，还要负责机房的建造和外围管线的铺设。对于无线基站、接入网这类分散分布的产品，在华为自有设备以外，华为还要负责采购油机（燃油发电机，确保停电时基站依然可以工作）、方舱（站点的小机房）、铁塔等非华为的设备。很多的 Turnkey 项目，华为还要负责站点获取，与社区或当地政府谈判，获得站点建设的许可。更有甚者，少量的 Turnkey 项目还要华为帮业主获取电信服务经营牌照。

U 项目也是当时交期最短的项目，由于华为没有在如此短的时间内交付这么大的 Turnkey 项目的经验，项目延期严重，管理也十分混乱。站点的一些物料到处散落，还被友商拍照传到网上去，以此抹黑华为。

更加不可思议的是，就在那年中国大年三十，客户母公司的董事会主席给任正非发了投诉邮件，投诉项目交付进度与质量问题。从那以后，每每提到客户投诉，任正非都拿这个案例警示自己和华为的高管们，这个故事他讲了很多年。

那个时候巴国政局不稳，总理刚刚遇刺，到处是骚乱、枪击、爆炸。任正非不惜以身犯险，到项目交付现场督战。交付团队虽然经验不足，但也拼命补救。最后项目反败为胜，获得巨大成功，华为 U 项目团队以坚忍不拔、敢打敢拼的战斗精神赢得了客户的尊重，也赢得了后续更多的合同。华为也从 U 项目积累了大量 Turnkey 交付的经验与教训，并培养了一批一线指挥员。

几乎与 U 项目同期，巴西的 T 项目签订，3000 多个基站，要求在圣诞节交付，仅有短短 5 个月的时间。巴西主要问题是距离中国太远，3000 多个基站的物料，几乎都要从深圳供应中心海运过去，仅运输就需要两个多月，怎么如期交付？

后来华为在巴西建立了全球供应中心。巴西本地的全球供应中心相当于把深圳供应中心的职能延伸与"复制"到当地。由于产品有了深加工能力，既大幅度降低了关税，又大幅度缩短了产品的发运时间。

华为这样的全球供应中心总共有 5 个，深圳只是其中一个。供应中心下面有各代表处的中心仓，可以囤货，也有一定的捡料、包装能力，但没有加工、装配、调测能力。如果能把当地的要货计划做好，对公共物料进行囤货，理论上是可以进一步缩短交付周期的。当然，前提是产品的配置管理要做好，这就又需要产品的可交付性设计要做好，还有就是产品数据管理的支持，尤其是配置管理。此为后话。

这样的全球供应中心及各代表处的中心仓组成了华为的全球供应网络，这就是全球的供应布局。

供应能力从深圳延伸到了全球，ERP 也要从总部延伸到全球，而 ERP 中的核心产品数据 BOM 和 Part 就可以借助 ERP 在全球范围内共享与重用。

从 2005 年开始，华为启动了"海外 ERP 推行项目"。项目的最高负责人是洪天峰，他当时是华为的运作与交付体系总裁（chief delivery and operation officer，CDOO），负责华为的供应链、采购认证管理、全球技术服务等部门。

海外业务迅猛发展，但没有一个集成的 IT 系统管理各种交易流，订单、供应、财务系统无法打通。许多海外代表处甚至出现工程合作款项无法付出，许多项目的合作方因为付款进度慢而停止施工的情况。仓储管理也处于手工或半手工状况，许多发出去的设备货物就像断了线的风筝，不知道在哪。而乱七八糟地堆放在租借的仓库里的设备货物，上面积着厚厚的灰尘，无人问津。

海外 ERP 的推行就是要将原有的 O 公司 ERP 的部署范围扩展到全球的供应中心、子公司。供应中心有订单、计划、采购、仓储、WIP 等业务，ERP 就要有相应的模块，其业务范围与深圳供应中心几乎是相同的。

各子公司在 ERP 中下订单、采购、囤货、发货，没有复杂的加工、装配等业务操作，那么相应的模块就不需要实施。

当然，不管是对于供应中心还是子公司，Part、BOM 是共享的，全球只有唯一的一个 Part、BOM 数据源，制造、采购一个 Part 的地点可以不同，但规格与质量标准要完全相同。BOM 统一了，则意味着同一产品不管在哪里制造、装配、调测，其规格与质量标准是完全一致的。

海外 ERP 的推行也是华为公司级的重大业务变革。通过 ERP 的延伸，机关已经实施了十多年的经验被固化到 IT 系统中，复制到海外子公司，海外子公司的资产信息、账目信息、实物流信息也可以统一到 ERP 大平台上。理论上，华为全球只要基于原有的一个 ERP 安装，就可以通过 ERP 的"组织"扩张、海外 ERP 增加一个国家，只需要在系统中增加一个"组织"。一个 ERP 系统就可以覆盖到全球，如此，大公司、大 IT 系统、大共享带来的规模效应就真正体现出来了。

当然，这是理想的场景，事实上华为没能做到一个 ERP 就覆盖全球。海外个别的区域，其营商环境、税法过于复杂，无法统一到一套 ERP 中，经过将近 10 年的努力，华为在全球只有两个国家是独立的 ERP 安装，而其他 170 多个国家和地区则统一到了一套 ERP 上。能做到这一点，不管对于 O 公司的 ERP 还是对于华为来说，都是很伟大的事情。

从 2005 年开始，洪天峰亲自抓海外 ERP 的推行，以他的职务和影响力，推动力度是足够大的。对于产品数据而言，对该项目主要是提供准确的 Part 与 BOM 信息，产品数据管理部的参与是必不可少的，但由于产品数据管理基础比较好，总体上在海外 ERP 推行的近 10 年时间里，基本上算风平浪静。

洪老在中试部时期，尤其是任正非主导的"发正确货工作组"时期就直接关注产品数据的发展。时隔 7 年，他再次把眼光看向了这个他一手组建的部门。

实事求是地说，在此项目中，产品数据管理部基本上也就是充当了一个"陪练"的角色。原因是 2006 年时，Part、BOM 的管理能力已经有了相当的基础，支撑 ERP 在海外实施没有太大的挑战。然而，对于洪老与供应链的主管来说，海外 ERP 推行却是困难重重，举步维艰。海外 ERP 的全球覆盖，持续了很多年才完成。

启示 3：ERP 系统有"组织"的功能，可在同一个系统为子公司、车间等设置单独"组织"，实现各自的账套、库存管理。但不同组织可以共享同一个 Part、BOM 数据。

5.3　一次投诉和十个案例

2006 年 10 月某天，一封来自独联体地区部（俄罗斯代表处的前身）的投诉邮件直接发到了华为高层。

一名一线产品经理在邮件中抱怨，他们需要申请一个合同配套物料 Part，一个电子流走了两个多月都没有完成。Part 申请慢，成了制约一线合同交付的重大障碍。在独联体地区部，这个问题很普遍。

合同配套物料是指在产品 BOM 中没有包含，客户的项目中却必须有的物料，或者说产品 BOM 中有，但客户有其他特殊需求，需要临时申请 Part 的物料。海外的情况比较复杂，"非标准件"比较多，一线经常有这种临时申请 Part 的需求，而这些临时申请的 Part，多数情况是在本地采购的。

这封邮件在高层转发多次，最后到了洪天峰那里。

"问题已经很严重了。"洪老指着产品数据管理部负责人，表情严肃地说。"申请一个 Part 就需要两个多月，一线的交付哪有这么多时间，你们准备多长时间解决问题？"

Part 申请流程在机关经过这么多年的改进已经很成熟，而海外到底发生了什么？产品数据管理部主管与员工都是一头雾水。

一线投诉无小事，刻不容缓。

"给我 10 天，我们调查清楚情况，给出解决方案。"产品数据管理部负责人硬着头皮回答。

"好，就给你 10 天！"洪老埋头在自己的笔记本上认真地记录着。

一线申请 Part 也是走全球统一的 Part 编码申请电子流，该电子流由产品数据管理部负责。在以前，使用者主要是机关产品的开发人员和采购认证人员，他们都接受过培训，有相关的技能，对于他们来说流程没有问题。因为一线有本地采购的业务需求，他们也需要申请 Part，电子流经过英文化之后直接给一线使用。由于一线申请 Part 是按照项目需要申请的，这些 Part 大多数只使用一次，而且都是外购 Part（项目模板为 P）。

华为是将正式采购 Part 与临时采购 Part 的流程分开的。正式采购 Part 要考虑批量采购，用于很多产品，对质量和可供应性要求极高，需要经过严格的认证流程，必要时，采购认证管理部的 CEG 还要组织在产品上进行测试，引入一个正式 Part，周期很长，两三个月走完一个流程是比较正常的。

而临时采购 Part 由于只是在具体项目、订单上使用，质量、供应风险都可控，时间又比较紧迫，无须走正式采购 Part 那么严格的认证申请流程，一般只要申请人提交、主管审核、采购认证审核就可以获得 Part 编码了。基本上两三天编码就可以申请完成。一线发起 Part 申请的物料类别既有与产品强相关的物料，如产品 BOM 中的标准 Part 无法满足客户需求，客户提出特殊需求，客户指定供应商之类的物料；也有一些与产品不强相关，纯粹是由于工程实施、现场安装需要的工程配套物料，如土建物料，机房外围的电缆、线缆，无线基站铁塔安装的零部件等。

经过对海外合同配套物料 Part 申请电子流的统计分析，Part 申请的平均周期需要 12.8 天！最长的 Part 申请，竟然有半年的，而且还有一些半年过去了都仍然"挂"在那里！

12.8 天时间都到哪里去了？

产品数据管理部从电子流库里面选取 10 个 Part 编码申请超长的典型电子流进行典型案例分析，主管与工程师阿火两人分头打电话、发邮件给电子流里面的申请人、审核人，了解当时的情况。

调查发现，需要 Part 的人往往是跟客户签订合同的解决方案设计者，如项目组的产品经理，他们懂技术，能理解客户的需求，知道怎么提出 Part 的申请需求。而且因为他们对合同交付是要负责任的，合同中需要本地采购的 Part，他们会提出需求。但是，多数情况下一线的产品经理不把申请 Part 这件事当作自己的重要工作来做，由于合同配套物料需要采购，要进 ERP，不得已需要申请 Part，因此他们往往把申请 Part 的任务交给交付经理去做，交付经理一般是来自供应链的员工，也有来自技术支援的员工、也有找文员去申请 Part 的。而这些人不懂技术，对产品经理跟客户签订的合同也不了解，多数情况下，对于所需 Part 的技术规格、可采购性也不了解，其中部分熟悉机关组织设置的一线人员，向机关"呼唤炮火"，由机关对口的产品的开发人员代为申请；也有比较"牛"的人，找到采购认证的工程师请求申请 Part……反正一线人员也是各显神通，各找各的"门路"。

调查过程中发现一个令人哭笑不得的现象：一线的所谓"牛人"往往是那

些在机关有"熟人"，能找到"门路"的人。因为华为很大，部门很多，流程很长，一线找到机关合适的人帮他们申请 Part，对于"牛人"来说是驾轻就熟，时间就短了，而对于那些长期在一线，对机关情况了解不够深的人，找个人如大海捞针，没有十天半个月是根本搞不定的。

就算找到机关申请 Part 的"代理人"了，这些"代理人"也纯粹是抱着响应一线需求的"活雷锋"的心态，帮你做是看你面子，不帮你做，推诿一下也能找出很多理由。因此，即使找对人了，什么时候申请，要不要主动跟催一下，也取决于"代理人"个人的觉悟。在调查过程中，这些"代理人"开始有误解，以为帮人还帮出毛病来了，机关的审计部门来追究责任，十分紧张，反复问："你们要干什么？"

假设某项目需要一个大型计算机的 Part，在典型场景下，项目组的产品经理会将申请 Part 的任务交给交付经理，交付经理不懂大型计算机的技术规格和可能的供应商的情况。他们通常先找机关的行管，如供应链对一线的接口部门，他们与产品线比较熟悉，就找产品线的开发代表，开发代表告诉他们，大型计算机归属集团采购认证管理部的计算机 CEG，接口人是某某……

"找人"的链条很长，耗费了很多时间。最终找到了"代理人"，因为他们根本没有参与项目过程，对具体需求不熟悉，就需要与问题的原始提出人反反复复沟通，会议、电话、邮件一大堆，来来回回确认清楚后，一周又过去了。

10 个案例剖析清楚后，"找人"的故事汇报给了洪老。申请一个 Part，效率如此之低，洪老他们都觉得不可思议。

但问题清楚了：需要 Part 与申请 Part 是不同的人，这是 Part 申请流程超长的症结所在。

通过该投诉的处理过程，发现典型案例方法很好用。尤其是对于一些涉及面很广、问题隐藏比较深、大家理解又很不一致的问题，典型案例分析能系统深入回溯问题发生的过程，还原"案发现场"，找到根因，通过解剖几只"小麻雀"，抽丝剥缕，把一个复杂的问题分析透彻。

有了这 10 个案例的分析，找到了问题的症结，解决方案就呼之欲出了。

洪老一锤定音："谁要 Part，谁自己申请，不得假手于人！"

在机关，申请 Part 是产品开发者的天然职责。同样地，在一线，申请合同配套物料的 Part 也是解决方案设计者或项目组的产品经理的天然职责。只有为客户设计解决方案的人，才能准确理解客户需求，准确表达采购的 Part 的需求。

但他们不懂 Part 的可采购性需求，不了解供应商，怎么办？

一线的 Local CEG 此时发挥作用了。由他们接收产品经理的 Part 申请电子流，帮助产品经理完善 Part 的可采购性需求。所以，电子流的优化方向是，产品经理提交申请，Local CEG 补充采购参数、规格。必要时，两人面对面沟通，不得将电子流作为一个"聊天工具"，来回提单、退单。洪老还要求 Local CEG 主动参与到项目前端，提前介入，主动了解客户的合同配套物料需求，进一步缩短采购规格确定的时间，提高效率。

这还不够，考虑到合同配套物料 Part 虽然是一次性，但以后 Part 在一线越来越多，Local CEG 与机关采购认证管理部的 CEG 要定期清理一线 Part，该失效的失效，该"转正"的"转正"。"转正"的意思是对于那些刚开始是临时申请的 Part，如果发现其需求有重复性，出现了多次及批量的采购需求，那就要补充正式的 Part 认证流程，将其转为正式的 Part。正式 Part 进入了集团的元器件优选库，可以被产品开发选型使用，当然也可以被其他国家、其他项目直接选用。

问题就这样解决了。

电子流优化后，在一线推行，产品数据管理部监控流程的时效性，定期发布电子流的平均周期，对超长电子流进行通报，跟催流程环节的处理人，这些管理措施进一步夯实了电子流的效果。经过大半年的运行后，再统计海外合同配套物料 Part 的申请周期时，发现其已经缩短到了平均 2.3 天。

海外合同配套物料 Part 的申请，将 Part 管理从机关延伸到了一线，就 Part 管理而言，Part 申请的原理都是相通的，但由于 Part 申请人不一样，就会有截然不同的执行效果。

产品数据要服务于产品的研发、销售、制造、服务、财经等业务。到了一线，其业务很多与产品有关，或者与产品的可服务性、可安装性有关，那么这些业务也会在产品数据支撑范围内。

华为是一个资源共享的公司，由于没有搞事业部制，集团的公共资源如研发、采购认证、工艺制造都是共享的，一线按照区域分工但共享集团的大平台。共享的好处是每一块业务单元，如产品线（业务单元）、代表处（市场单元），不用重复建设这些能力，从宏观上看，大平台建设将公司整体交付能力都"抬高"了。但带来的问题是沟通量暴增，从理论上说，华为任何两个员工之间都有可能存在业务协作。"找人难"在华为确实就成了一个问题。

在"共享大平台，独立小业务"的组织设计与流程设计下，产品数据显得特别重要。管理有序的产品数据，能大幅度提升 IT 系统运作的效能，减少大量不必要的沟通。集团规模越大，业务越多，协作的跨度越大，产品数据的重要性就越高。

启示 4：海外一线的 Part 管理水平与机关存在很大差距，流程在一线的推行要因地制宜，简洁易行，不可照搬照抄机关流程。

5.4   "夜总会"的故事

巴西是一个奇特的国家，华为在巴西的交付，曾经面临极大的挑战。可以这么说，在全球其他国家出现的交付问题，巴西代表处都会碰到。

"夜总会"是巴西代表处员工自嘲的说法，为了解决巴西代表处面临的各种交付问题，他们天天晚上与机关开会。因为时差，巴西代表处与机关开会，大多安排在晚上。

机关很多的管理变革，都会选择巴西作为试点。检验机关变革的方案是否可行，只要在巴西试试就知道了。如果在巴西能跑通，说明这些方案在全球都没有问题；反之，即使在全球其他国家都没有问题了，到了巴西，可能还有问题。巴西代表处的会议多也与此有关系。

海外 ERP 的推行就是一个典型案例。

巴西的税法是极端奇特的，课税很严苛，税制很复杂，各州的税法还不相同，还有州税、地税、跨境税等。随时会有税警在公路拦车盘查，动不动就开罚单。把货物从一个州运送到另一个州，就要开发票，甚至一个箱子从 5 楼到 4 楼搬一次家都要开一次票，交一次税，这叫"货票同行"，税警要求出示与货物完全对应的单据。从华为的产品数据视角看，光这一点就有难度，因为产品太复杂，一个产品装很多箱子，每个箱子装的东西可能只是某一个 Part 的一部分，要解释清楚箱子里面装的实物与票据上 Part 编码的对应关系就需要在开票、装箱等环节都极其严格，一丝不苟。而华为的 Part 在当地可能因为项目之间存在拆箱、挪货，往往箱子与 Part 是对应不起来的。

巴西代表外的合同文件数量多，也是全球的一大奇观。这里说的合同文件，就是 PO（客户下给华为的采购订单，对应华为的销售订单 SO）。2014 年，巴西的 PO 就已经有 10 万多个，占全球 PO 总数的 1/3！这么巨大的 PO 数量，要将其转换为 ERP 中的交付订单，华为原有的 ERP 系统无法处理，而靠人工处理，在高峰时期有将近 200 人完成 PO 注册、BoQ 制作、开票。2011 年，最严重时甚至长达 8 个月时间货都发不出来。巴西代表处曾经发动全体的员工家属帮着拣料、开票，号称"百人开票，全民拣料"。当时那种人山人海的场面发到《管理优化报》上，引起了公司高层强烈的关注。

全民拣料还是不能解决问题，巴西还有一句话叫"站点欠料"。

2015 年，在离巴西供应中心 2000 km 累西腓（Recife）郊区某站点，合作方安装队伍和华为站点工程师因为射频互联线缆没发货，在站点无助地打电话投诉。相反地，每站只需要 10 个的防水胶带却发了 70 个，欠料与多发同时发生！

因为这些原因，巴西代表处 ERP 的实施一直不顺利，从海外 ERP 推行开始，历经了三次上线，又两次下线的过程，直到 2011 年第四次上线才成功。刚上线业务的效率较低，从 2011 年开始又做了多年持续优化才达到了现在比较满意的水平。

路途遥远是巴西的另一个问题，从我国香港飞巴西，标准的飞行加转机时间是 29 小时，而海运是 45～60 天。所以，华为于 2005 年就开始在巴西建立全球供应中心，经过将近 10 年的努力，从半成品到成品的浅加工（semi knocked down，SKD）到从全散件到成品的深度加工（complete knocked down，CKD），将深圳的制造能力延伸到了巴西。但由于 E2E 配置没有打通，很多年来，巴西的库存高企却欠料严重。曾经有一年，巴西的囤货达到将近几十亿元人民币，但项目的物料及时齐套率却不到 20%。

本地定制化高，也是巴西代表处交付的一个难点。因此，巴西代表处有大量的本地采购 Part，这些 Part 在 ERP 库中，长期没有人管理。

产品数据管理向巴西代表处的延伸可以追溯到 2005 年。那时巴西代表处的供应链部门就向机关产品数据管理部求助，希望派专家支持他们上线 ERP 系统。

当时巴西代表外的本地采购编码已经达到几千个。由于没有 BOM 和 ERP，存在以下问题。

采购物料无法管控，存在从需求到采购流程不顺畅，采购订单没有需求源，库存实物无法管控，账、实物、Part 信息对不起来等问题，并因此导致账实不一致，内控风险很高。

随着市场不断扩大，BOM 管理不能支持生产计划，当时巴西代表处的生产基本还是 SKD，整机生产装配和本地采购缺少产品数据管理。

2005 年，PDE 到巴西后，首先要满足巴西生产急需的产品数据的获得。PDE 给巴西工厂培训了产品数据的知识（物料管理、BOM 管理、变更管理），明确了巴西工厂需要哪些产品数据，并给巴西文控员（负责文档的归档、发放）培训了怎么获得需要的产品数据；甚至还安装了产品数据管理部自行开发的 BOM 小助手工具，支撑巴西代表处生产的产品整机 BOM 的下载。生产所需的技术文件也由本地生产部门自行提交申请流程，由产品数据文控员发放到巴西。

那次的 ERP 未实施成功，因为常用的 ERP 都不能支持巴西的税收政策。

华为在巴西的主要问题就是交付成本高，交付效率低。历经多年的亏损，华为在 2014 年宣布巴西代表处终于开始盈利了。而且，盈利的主要原因不是产品商务的提高，而是生产交付成本的大幅度降低。

启示 5：海外产品数据管理面临特殊、复杂的环境，需要深入一线才能制定适配一线的产品数据管理流程与规则。

5.5 服务也有 BOM

1998 年，华为内部报刊《管理优化报》突然出现大量的文章，主题是服务是收费的。在这些文章里面，很多主管、业务骨干纷纷提出观点，认为华为对已经交付给客户的网络负有长期的维护保障责任，华为需要通过对这些维保服务进行合理收费，以支撑网上存量设备的长期、高质量的服务。

从现在看，服务是否收费的讨论似乎多余，难道世界上有免费的服务吗？

没错，在此之前，华为的服务确实是免费的。因为 1998 年之前华为的主要关注点还是新产品的销售，要靠大规模拓展新的业务、新的市场将巨额的研发投入摊薄。为了获得更多的合同、改善客户关系，华为对国内的客户都承诺免费提供维保服务，甚至免费的终身维保服务。

电信网络设备与消费产品的区别在于客户是将设备作为自己的资产管理，而且是要长期运行的，设备使用年限一般都可以达到 10～15 年，甚至更长（如果客户不主动退网以升级产品）。随着网上存量越来越大，客户网络提出的备件、维护的需求越来越多，华为背负的包袱也越来越大。因此华为开始小心翼翼地向国内客户提出对维保服务收费的主张。

触发华为服务收费的是一个偶然的、戏剧性的事件。1998 年，香港某客户非常认可华为的产品和服务，在向自己的董事局汇报时，除说华为的产品有着各种各样与众不同的功能、性能、质量表现以外，还有一句话："还有，他们的服务是免费的。"

一言点醒梦中人，原来，服务收费早就是国际大公司的惯例，是国际认可的游戏规则。

但从免费到收费的思想转变，不管是对华为的客户还是对华为的设备销售人员来说，都是很大的。尤其是华为内部，还有很多人难以接受，这是一个重大的商业模式的变化。为了统一公司内部的认识，与以往的其他重大变革一样，华为在《管理优化报》上发起广泛的关于服务收费的讨论。

当时华为的服务主要是四大块：工程安装服务、备件服务、维保服务、培训服务，维保服务又分保修期内的保内服务和保修期外的保外服务。说免费，主要是指保外服务。工程安装服务、备件服务、培训服务还是要收费的，保内服务本来就应该是免费的。

备件服务当时指的是备品备件，直接将其销售给客户，而工程安装服务、维保服务在对客户报价时都是用"服务费"这样的条目出现，有价格，当然，价格可以是 0。

对服务开始收费后，就要提升服务的质量，真正给客户带来价值，让客户心甘情愿为服务埋单。服务其实与其他产品一样，也有"开发"过程，需要定义好服务的需求、范围、质量标准、服务包的标准活动等。服务也要有投标报价，也需要有合同的服务配置，也要有服务交付，派出服务工程师到客户现场实施工程安装服务、维保服务，客户验收后华为开票回款。服务也有外购。例如，购买了 IBM 等供应商的小型机、软件，则对这些设备、软件的服务需要供应商提供，那么就有了服务的采购。总之，整个服务产品的开发过程、交付过程，除了没有实物流，没有发货、仓储，其他与一般的实物 Part 几乎是一样的。

将原来免费的维保服务打开可以发现，客户对网上设备的维护保障需求也不是有故障打电话，用户服务工程师到现场维修那么简单。就说保障的级别，有 5×8 小时、7×24 小时的区别，还有金牌服务、银牌服务、铜牌服务的区别。客户对自己的网络的保障也不是只是有问题才要求服务工程师来现场，他们还有很多增值服务的要求。例如：对网络运营健康度的评估，就有"网络健康度评估服务"；对网络例行"体检"，就有"例行巡检服务"；网络运行久了，有些配置需要重新调整，有些无线网络覆盖不好，需要提升覆盖程度，就有了"网络优化服务"；客户购买了华为的备件，放的时间久了，有些备件需要定期充放电，有些备件则需要定期检测是否可用，华为可以代客户保管备件，就有了针对备件实体的"备件服务"。

总之，维保服务很多情况下是客户主动需要的，不是等网络出了故障才需要维保服务。这些服务本身是有价值的，客户可以根据自己的需要选择性地购买。

工程安装服务也有很多，如硬件安装服务、软件调测服务、工程督导服务等。

华为很早就有了服务 BOM 化的设想，就是像其他产品一样，为服务建立BOM，并在 ERP 中完成服务从订单到交付的闭环管理。

2002 年 10 月到 2003 年 10 月，华为启动了"服务 BOM 改进项目"，对服务 BOM 化进行了探索。项目的核心是利用华为已经成熟的产品 BOM 的整个管理体系，支撑服务的开发、服务的交付。

服务产品与一般的产品一样，也是从客户需求到客户需求满足的两个 E2E的流程：服务的 IPD 和服务的 LTC，如图 5-2 所示。

图 5-2 服务的 E2E 流程

服务的 LTC 又由服务销售与服务交付两段流程组合而成，其起点是客户的线索与机会点，终点是客户合同履行完成，客户验收通过并付款。

2003 年开始，服务 Part 化正式启动。但服务 Part 主要用于服务销售，没有与服务交付流程打通。而且，刚开始服务的类别也比较单一，基本上就是工程安装服务、维保服务、培训服务等。当时做了好几个版本，从维保服务 BOM 3.0 到 4.0，都只是将服务 BOM 导入服务 Excel 报价模板中，供一线服务营销工程师给客户报价。

2009 年上线的网络版配置器，已经能支持服务独立销售，过去的服务多数与产品绑定，也就是产品合同签订的时候包含了服务部分。而这之后的服务，可以独立与客户签订合同。服务产品销售的规模也不断地蹿升。

虽说可以借用 Part、BOM 的主流程与 IT 系统管理服务 Part，并支持服务条目的投标、报价与服务合同配置的生成，但与实物 Part 相比，服务 Part 在业务形态上还是有很多不同的地方，主要有以下几方面。

（1）实物 BOM 强调父子项的组成关系、数量关系，而服务 BOM 强调一种同类服务 Part 的归属关系，父子项之间也不存在装配关系。举例来说，"基站控制器维保服务"这个父项 Part 与其子项 Part：基站控制器保外服务—5×8 小时、基站控制器保外服务—7×24 小时、基站控制器故障排除服务—金牌等，只是一种归类关系而已，所以 BOM 结构比较扁平，而且相对产品要简单很多。

（2）同一条服务 Part，在不同区域价格相差很大，要按照区域定价。比如，同样的天线安装，欧洲区的工时费用可能是亚太区的两倍，定价也差别很大。此时无法全球共享同一个服务 Part、同一个价格；

（3）维保服务从服务请求到服务受理、派单与客户已经签订的服务合同配置要自动关联。客户的服务请求要先到维保服务管理系统（iCare，相当于技术支持服务热线）进行鉴权，系统才能自动根据鉴权结果为客户分配相应等级的维保服务。华为原来的维保服务合同配置没有与 iCare 系统集成，用得不好，后来打通了维保服务合同配置与维保服务鉴权后，维保服务 Part 在销售环节的使用才变得好用起来。

虽然服务 Part 很早就启动了，但服务的业务的变革比较滞后，开始定义了几万条的服务 Part 都只是简单地应用于服务的投标报价，没有打通全流程，服务 Part 的价值也没有得到充分的发挥。

在产品数据管理部下面，很早就对服务产品专门设有一个部门即服务产品数据管理部，以支撑服务 Part、BOM 等业务的开展。但很长一段时间此部门没有受到来自全球技术服务部（global technology service，GTS）高层的关注。

直到 2011 年，梁华担任 GTS 总裁。梁华，华为内部称"梁博"，担任过供应链总裁，对配置器、ERP 以及 Part、BOM 的重要性有深切的体会。他认为服务的销售额已经有几十亿美元了，未来几年就要破百亿美元，但服务的交付仍然是线下作业，这与服务的业务快速成长是不相匹配的。服务交付必须要 IT 化、标准化，而服务 BOM 化是前提。GTS 管理层甚至主动提出服务产品数据管理部行政归属划归 GTS，由他们自己承担起对 Part、BOM 的直接管理责任。产品数据管理部归属产品与解决方案体系，属于研发领域。服务产品数据管理部本来就只是"挂靠"在这个部门下面，服务产品数据的业务方有此想法，产品研发主管当然是求之不得。没多久，组织变迁就完成了。

业务发展对服务 BOM 提出了要求，服务产品数据管理的发展也迎来了一个重大机遇。

2011 年，服务 IPD 流程已经推行，服务从客户需求到服务规划、服务开发、服务发布全流程纳入 IPD 流程。

服务 IPD 流程实施之后就需要打通服务的 LTC 流程。服务报价已经有配置器的支持，那么报价配置转换为交付配置，并用 IT 系统支持、全流程配置打通，因此服务交付也要上线 ERP。这同样涉及如何将面向客户的报价配置转换为面向交付的交付配置问题，也需要对服务 Part 进行架构设计。

服务交付上 ERP 后，也要有"项目模板"（见本书第 2.3 节）。项目模板决定了该 Part 在 ERP 中如何被进行"交易"。服务没有库存，因此项目模板所控制的"是否可库存"就应该是"否"；服务可以定义 BOM 结构，因此项目模板的"是否可以定义 BOM"就应该为"是"。

表 5-1 是服务 Part 的项目模板与 PCBA 项目模板（AI）的对比。PCBA 可以在 ERP 中实现交付流程的各种交易活动，同样地，服务 Part 也可以在 ERP 中

表 5-1　服务 Part 项目模板与 PCBA 项目模板的对比

Part 类型	项目模板	是否有下层 BOM	是否可以加入 BOM 中	是否可采购	是否可以加工	是否可以库存	…
PCBA	AI	有	是	否	是	是	…
服务	Service	有	是	是	否	否	…

完成交付流程的各种交易活动。但两者由于经历的交付流程有差别，所以，项目模板也要有差别。

　　启示 6：服务 BOM 化可以利用 ERP 等系统的标准功能实现服务这种特殊产品从销售到交付的 E2E 的管理，以提升服务 E2E 交付效率。

5.6　BOM 延伸到客户

5.6.1　客户 BOM 首次提出

　　2009 年，"销售 BOM 梳理及网络版配置器 Charter 开发"变革项目在 RSC（当时的变革指导委员会，ESC 的前身）进行项目关闭决策汇报。客户 BOM（customer BOM，C-BOM）问题被提出来并引起几个领域总裁的激烈争论。

　　如果按照 BOM 的定义，BOM 由 Part 构成，C-BOM 由客户 Part（customer Part，C-Part）构成。

　　C-Part 是什么？以当时的认知，大家一致认为 C-Part 是客户自己定义的，用于向华为等厂商下 PO 的 Part。比如：无线基站的 PO，某些客户用 S111/S222 等站型（无线基站分 3 个扇区，每个扇区为 1 个或 2 个载频）作为 C-Part 向华为下 PO；微波产品的 PO，客户则用户外单元（outdoor unit，ODU）/室内单元（indoor unit，IDU）向华为下 PO，这些站型与单元通常包括由机柜、单板、电缆、模块等组织的一个功能完整的网元，其颗粒度比华为单板级的 S-Part 要大很多。客户向华为下 PO，其 PO 行就是这些 C-Part。

　　据统计，有一些大 T 有 C-Part。例如，欧洲的 DT、VDF 等客户，中国区的中国移动就有 C-Part。问题是，为什么客户要定义自己的 C-Part，以及其业务流程是什么样的，有什么业务规则，当时是不知道的。

　　华为高层不区分 BOM 与 Part，他们不知道 C-BOM 是什么，以及 C-BOM 与 C-Part 的区别是什么，争议的焦点集中在谁应该对 C-BOM 负责。

　　2009 年，IPD 流程已经全面推行，BOM 在 IPD 领域的支撑组织、流程都比较清晰，也达到了一定的管理水平。然而，从整个销售以及客户线看，这方面基本还是"小白"，不仅不清楚 Part 与 BOM 的区别，甚至他们自己天天使用的 S-BOM 是怎么回事，恐怕都没有几个人说得清楚。一线对产品数据或者 BOM 的明白人更少，他们的特点是有问题就投诉，但没有对经历过的问题进行系统的总结，一个项目做下来，痛过、投诉过也就完了，等到下一个项目，场景变了，又痛、又投诉。再过一年半载，当事人都不知道调到哪个部门去了，这些问题也依然没有得到系统的梳理。

2009 年，LTC 流程才启动推行，一线缺乏流程化的客户关系管理和架构性思维，很多情况下，本来是该他们解决的问题也会给到机关，机关又会把"火"烧到研发或产品线。

交付体系的主管很自然地认为 BOM 都与 IPD 相关，C-BOM 应该由产品体系出面解决。而产品体系的主管并不这么认为，这就是高层争论的焦点。

有了客户 BOM，就有客户化的配置器、客户化的装箱单等。

2008 年的时候，网络版配置器正在紧锣密鼓地开发过程中，当时网络版配置器按照 IPD 流程的重量级团队运作，开发能力比原来增强了很多。也由于一线的情况复杂，很多开发代表、SE 纷纷跑到一线，主动调研、收集来自一线的对网络版配置器的需求。当时欧洲的固网运营商 Arcor 在 2005 年就开始选择华为的 SDH 光传输产品，与华为开始深度合作。光传输产品在客户侧做网络设计时能用工具规划网络，计算各节点的速率、波长等，这些技术参数则可以作为后续配置报价输入，因为对客户而言，他们的配置需求就是要达到这些技术参数的网络技术要求。客户提出希望华为开发客户化的配置器，以便客户与华为内部系统的对接。

配置器 TDT 通过需求调研、系统设计，开发出 Arcor 的客户化配置器系统，并向当时负责产品与解决方案的总裁费敏进行汇报。

本来以为快速响应了客户需求，费敏会表扬一番。

没有想到费敏听完汇报后却一脸忧郁地说："我听了以后觉得很沉重。"

"华为全球这么多客户，如果每个客户都要求开发客户化配置器，华为要养一支多大的团队才能满足客户的定制化需求？"费敏进一步解释。

"华为有全球最大的 BOM。"费敏说。他说的是华为的 BOM 过于复杂，层级过多，在客户侧展现出来的东西过于细节，影响了与客户的商务谈判过程。而且，还要考虑到与客户的 C-BOM 的对接，华为 BOM 的复杂性非大幅度降下来不可。

有一次费敏向配置器 TDT 吐槽："荷兰的代表刚给我讲，他们的 K 客户要给华为付一笔 2000 万欧元的合同款。我们项目组居然开不出票！"

后来他解释说，开不出票的原因是合同签订所用的配置，与现场验收时的配置对不齐。两者的配置无法统一到一个唯一的 Part，唯一的编码。

客户 C-Part 也增加了开票的难度，因为客户向华为下 PO 用了 C-Part，华为给客户报价，形成 BoQ 的却是华为标准的 S-Part，那么，如果开票时现场看到的都是 S-Part，没有 C-Part 了，又该如何对齐客户 PO 开票，如何才能回款呢？

开不出票的原因除了 C-Part 与 S-Part 的配置对不齐，还有其他的原因。例如，S-Part 与 M-Part 对不齐，此问题不仅仅影响开票，还会导致客户 PO 处理效率低，合同履行时间延长，以及区域库存居高不下，物料浪费严重。为了深入了解配置问题背后的原因，费敏亲自在某代表处蹲点了一个月。当时发现，区域囤货库存高企，有大量的物料浪费，问题也与 S-Part 到 M-Part 的转换有直接的关系。

费敏深入一线长达一个月，他对配置打通的痛是感同身受的，对配置打通背后的逻辑理解很深刻。而且费敏有着很强的系统思维，他觉得配置 E2E 打通，已经是华为的头号难题，需要打通 IPD、LTC 两大流程，打通从研发到销售再到交付的部门，倾公司全力去攻克它！

费敏的焦虑点总结起来有以下两个方面，这也是长期困扰华为的两大痛点。

（1）**客户化报价单**。主要影响的是华为全球行销几千名产品经理售前的作业效率。

（2）**客户 PO 的 E2E 打通**。影响从客户下达 PO 到华为 PO 履行完成全过程的配置处理效率以及区域囤货。

5.6.2 "表哥""表姐"的故事

C 项目是无线网络建设项目，包含 9000 个站点，600 种站型，平均每种站型有 15 个站点。在投标报价时，对这么多站点进行配置计算不是一件容易的事情。因为同样的站型，可能主设备是相同的，但客户经常要求对同样站型的不同站点进行不同的分类统计。比如，按照是新建局还是老局改造分类，按照城区还是郊区分类，还有可能要求所有站点的天线、硬件、软件独立出来分类，不一而足。所有配置计算的工作量不是 600 次，而是 9000 次！

配置器计算出来的标准配置需要导成 Excel 表，然后根据客户招标提出的需求，在 Excel 上做各种公式。这么大的配置计算，每一轮投标，Excel 报价模板的链接需要 20 小时。一线员工通宵加班是必须的，问题是满打满算，留给他们的时间也只有 24 小时，第二天早上客户已经在等着要 Excel 的处理结果了。最后的 Excel 文件超大，超过 E-mail 的大小限制，只能用 U 盘复制给客户。

这些一线员工主要的工作技能是"能熟练使用 Excel"，在华为戏称他们为"表哥""表姐"。要求入职 3 年以上才能胜任此项工作，而他们的岗位职级又不可能定得很高，Excel 使用得再熟练，也不可能定级到 15 级以上，因此这些员工的职业发展也是一个问题。好在华为在本地有很多任劳任怨、埋头苦干的"表哥""表姐"。

有一名本地员工得了"登革热"住院，他的 Excel 公式其他人看不懂，还得把他从医院拉回来"救急"。

每一轮投标，客户都只给 1~2 天时间，时间紧，需要通宵加班不说，一旦最后有错误，就没有时间再改了。曾经有一名本地员工在链接客户化报价模板时，发现结果错了，但检查不出是什么原因，而几个小时后就要交标，急火攻心，这名员工当场崩溃了，又是流鼻血又是哭泣。最后是主管安排另外两名员工通宵加班才解决了问题。

投标报价完成后，如果项目中标，就将投标结果形成单价表，单价表记录了客户 C-Part 与华为 S-Part 对应关系。用于签订框架合同后，客户用此单价表向华为下 PO，而下 PO 时又要再做一次将 PO 配置转换为华为的交付配置的动作。这也少不了"表哥""表姐"们的手工作业，而且很多是前面做过的配置的重复工作。

客户化报价单的输出，原来也是一线产品经理的职责，产品经理既要给客户做市场拓展、宣讲，又要给客户做网络解决方案，还要花大量精力做配置，实在力不从心。而且让一个职级很高的产品经理花 80%的精力去处理 Excel 的表格，代价也实在太高。

尽管客户化报价单还没有实现用 IT 工具自动化处理，但行销部门已经意识到产品经理的配置作业是一个瓶颈。因此，他们将组织做了调整，在很多代表处，招聘一些级别低的本地员工帮助产品经理做配置，这些人可以理解为产品经理的"配置专员"。

这样的组织分工，确实也提高了效率，将矛盾转移了。但不管怎么说，靠人海战术做这些 Excel 表格处理的烦琐工作都是落后的表现。这个问题逐年累积，已经成了公司级的老大难问题。

启示 7：用 Excel 处理各种数据是数字化程度低下的表现，但这个问题不是 IT 系统的问题，而是数据的问题，数据问题的背后又是业务规则的问题。标准化的报价单已经非常复杂了，加上客户要求的各个维度的报表需求，复杂度就增加了好几个数量级。

5.7　"四个一"和"五个一"

客户 PO 的 E2E 打通是华为配置 E2E 管理的第二大痛点。

早在 2008 年年底的一次集成财经服务（integrated financial service，IFS）项目向任正非的汇报中，任正非就指出全流程打通客户 PO 是"主要矛盾和矛盾的主要方面"。

任正非作出了精准的判断：**在框架合同下客户发的小 PO 是潮流，会越来越多，越来越广泛。**

他认为，客户需求越来越多元化，整个行业走向"时装化"是大趋势。在这个大趋势下，我们的竞争力已经逐渐不在技术层面，而是更多地集中在管理层面。客户 PO 全流程打通的核心问题是：我们内部履行的 PO 与客户维度的 PO 不一致，使得客户维度的 PO 信息在公司内部履行时缺失，同时公司的 IT 系统也不能自动化、集成化地处理 PO，IT 系统要在 2009 年 7 月 31 日前打通。这个打通不仅是要在数据流上打通，还要在业务流上打通，真正被业务使用的 IT 系统才是有价值的 IT 系统。

产品体系要解决产品的集成配置问题。

现在看来，任正非这个 15 年前的判断是非常准确的。到了 2014 年前后，华为每年收到的客户 PO 数量达到几十万个，PO 的 E2E 打通成为华为产品交付的主要瓶颈！

运营商客户与华为的整个交易过程比一般的商品交易过程要复杂很多，买卖双方有各自的流程，而且流程还存在着衔接。在 To C 的商业模式下，海量消费品的交易，相当于把简单的交易过程重复上亿次、几十亿次，只要有足够的计算能力，过程并不复杂。而在 To B 的商业模式上，100%的客户订单是定制化的，需要买卖双方确认具体配置，配置在投标报价、合同签订、发货验收、工程安装、完工验收、开票等环节稍有不同，整个过程就很难自动化完成。

如图 5-3 所示，客户有自己的网络建设流程，华为则有 LTC 流程，两个流程通过信息的交换进行互动与衔接。

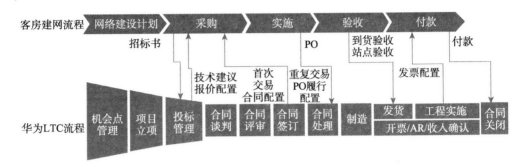

图 5-3　客户流程与华为流程对接

客户与华为两大流程存在 5 次关键的"握手"。

1. 第一次握手

客户向华为发招标书，华为则回复技术建议和报价配置。这里用到了华为的标准报价配置，以及客户的客户化报价书（见本章 5.6.2 节）。

如果华为中标，则华为与客户签订合同，此时就有了合同配置。合同往往是指"框架合同"，客户与华为约定一个合同期限，可能是 3 年，也可能是 5 年，甚至更长，约定了期限内客户承诺的采购数量。华为则给出与客户谈好的成交价格，这里是指合同配置的单价，或称单价列表（unit price list，UPL）。

UPL 所用的交易颗粒必须与投标报价阶段最后确定的成交颗粒一致，这样才能把当时商务谈判的结果准确地记录下来，并向后传递，也就是产品数据语言所说的"报价配置＝合同配置"。这些配置的核心是 Part 编码，编码必须唯一才能保证前后配置的一致。

第一次握手也称首次交易。买卖双方签订了框架合同，并确定了单价，对应图 5-3 中的客户"采购"环节。

2. 第二次握手

第二次握手也称重复交易。客户在网络实施阶段，根据自己的网络施工的项目计划，向华为下 PO。PO 的数量可能会比较多、比较密集。例如，前述介绍巴西一个代表处的 PO 就多达每年 10 万个以上。

PO 的交易颗粒应该对齐 UPL 的合同配置。也就是"PO 配置＝合同配置"。PO 的金额应该自动根据采购的 PO 配置的数量以及 UPL 的单价生成。例如，在投标报价阶段，客户与华为"谈好"了一个无线基站的 S111 站型，单价是 5 万美元。而某 PO 采购 10 个 S111，那么该 PO 的合同金额就是 50 万美元。

所以，如果在前面的框架合同签订的时候，双方已经将 UPL 中的配置、单价都确定后，后续的 PO 应该就是简单地取相应配置与单价，自动形成，而不是人工转换。

3. 第三次握手

华为根据 PO 发货给客户，一般是指到达客户的站点。客户接收到货物后根据 PO 验收，两者一致后，根据合同约定向华为出具到货验收报告。是否一致，依据就是"发货配置＝PO 配置"，因此两者交易的颗粒度必须对齐。

4. 第四次握手

华为根据合同约定，完成站点的工程安装，客户对站点进行验收，其中包括站点配置的确定。验收通过后向华为出具站点验收报告。站点验收报告中所确定的站点配置必须与 PO 中的配置一致。也就是"站点配置＝PO 配置"。

5. 第五次握手

华为根据验收报告向客户开票，如果前述的配置均是一致的，则开票的配置与金额也是清晰的，接收到华为的发票，与验收报告、PO比对一致后，则可以向华为付款。所以要求"开票配置＝站点配置"。

总结起来，这 5 次"握手"要想能顺利完成，必须确保每个环节涉及的配置都能对齐，不能反复转换（图 5-4）。

图 5-4　E2E 配置必须对齐

但这些配置对齐存在很多困难，这 5 次"握手"对华为来说又存在着两大"痛点"。

痛点一：从报价配置处理到框架合同签订、UPL 确定，售前的配置处理过程复杂、烦琐，工作量大，耗费了产品行销人员太多的精力。该痛点在本书 5.6.2 节已经讲到，其核心是海量 Excel 表格的客户化报价单的处理效率低下的问题。

痛点二：从客户 PO 下达到 PO 履行完成，再到客户付款的过程，核心在于海量 PO 的自动化处理程度不够，导致过程中配置处理效率低下，以及由于配置多次转换带来的区域囤货过高、库存周转率（inventory turn over，ITO）过低的问题，如图 5-5 所示。

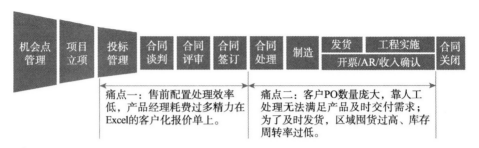

图 5-5　LTC 流程的两大"痛点"

综上所述，如果开票配置、站点配置、发货配置、PO 配置完全一致，那么从 PO 下达到开票回款就会比较顺利；如果 PO 配置与合同配置、报价配置完全一致，则 PO 自动生成就是可行的。

PO 从下达到客户付款全过程自动化，这就是华为在客户 PO 的 E2E 处理的核心诉求。如果不能做到这一点，华为就不可能做到全年几十万个 PO（2014 年数据）的及时处理，客户满意度固然不高，产品交付的竞争优势更无从谈起。

业界用产品从 PO 下达到产品交付客户的时间（time to customer，TTC）衡量产品交付的速度，但不能将 TTC 简单理解为接收到客户 PO 到产品发货给客户的时间。华为的"交付"不是以客户接收货物、验收通过为终点的，而是以完成产品在站点的安装、客户验收通过为终点的。TTC 是客户能感知到的指标，随着竞争的加剧，很多客户将 TTC 作为供应商选择的主要依据之一。

E 公司是北欧的老牌电信设备供应商，也是华为在产品交付方面主要的对标对象。2013 年，华为销售收入超过 E 公司，成为全球第一大电信设备供应商。但业务的成功并不代表内部管理也成功，华为继续在研究、学习 E 公司。尤其是在产品的交付能力方面，华为始终认为自己与 E 公司差距很大。

在 2014 年的一次供应战略研讨会议上，有人向任正非汇报了 E 公司有"四个一"KPI，用于衡量从客户 PO 到产品交付完成的周期。这"四个一"如下。

（1）从接收到 PO 到订单进入 ERP。目标为：一天。

（2）从订单录入到准备发货。目标为：一周。

（3）齐套发货到客户期望的地点。目标为：一个月。

（4）从到货到站点完成验收。目标为一个月。

"四个一"的目标具体、简洁、清晰、可量化，尤其适用于华为这种大集团作战，需要发动整个公司力量进行的变革改进。任正非听了很兴奋，立即指示成立专题工作组，改进华为的 PO 履行 E2E 流程的效率。

考虑到软件的 PO 在华为合同中占比已经很大，而软件的 PO 由于没有发货，也没有独立的站点验收。主要是信息流的工作，因此，华为在 E 公司"四个一"的基础上，增加了一个"一"：软件从 PO 接收到准备下载：一分钟，如图 5-6 所示。

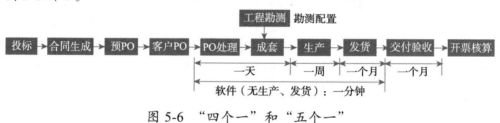

图 5-6 "四个一"和"五个一"

华为的"'五个一'目标推进工作组"旋即成立，由丁耘（时任 PSST 总裁）担任组织者。

当时华为这 5 个指标与目标相比都有很大差距。第一个"一"大约为十几天，第二个"一"为 20 多天，第三个"一"为两个多月，第四个"一"为 120 多天。

E 公司通过"四个一"的变革改进，在 RBS6000 这种主力产品上不仅实现了"四个一"的目标，一次及时准确交付率从 20% 提升到 98%，改进了产品 PO 的周期和交付准确率，而且库存周转率大幅提高（如核心网 HLR 产品库存周转率改进了 3 倍），总体管理成本降低了 20%。

"五个一"是对整个公司的交付能力的集成与检验，需要销售、生产、服务等部门共同配合才能实现。

然而，配置的源头是最关键的，产品数据的配置打通是"五个一"目标能否达成的基础。

考虑到这一点，与"五个一"目标推进工作组同时成立的还有"产品配置 E2E"变革项目。该项目的目标就是从产品开发的源头设计 S-Part，建立 S-Part

与 M-Part 的关系，构筑 PO 全流程的配置打通的产品数据基础。

该变革项目跨越了 IPD 与 LTC 两大主干流程，是华为历史上影响范围最大、业务领域最广的变革项目。机关与一线超过上千人直接参与了该项目。历经 4 年多的努力，终于在全球几个重点代表处的几个海量发货产品上看到了变革的效果。

启示 8：交易模式与华为相似的企业可以建立类似"五个一"这样的 E2E PO 履行效率的指标，以牵引业务改进，缩短产品交付周期。

5.8　定制化与标准化，鱼和熊掌可以兼得

To B 客户都有很强的定制需求，企业销售相同的产品给客户，但每次的 PO 中，产品的配置都是不同的。很多企业就为每一个客户的每一个 PO 定制 BOM，重新出图，重新设计工艺路线以满足客户的定制需求，带来的问题不仅是 Part 数量暴增，定制工作量大，而且主要会从以下几个方面直接影响企业的运营效率。

（1）合同交付周期延长，导致客户不满意。

（2）无法比较精确地预测客户需求，导致紧急采购增加或者呆死料库存上升。

（3）单单定制，导致一次性 Part 增加，这些 Part 没有实用经验积累，质量风险增加。

（4）采购需求分散，无法形成规模效应，供应成本上升，供应风险也增加。

（5）没有形成标准产品，开发团队的精力被大量的非标定制牵制，人员利用率低下，企业人力需求上升。

（6）企业简单粗暴地通过增加项目定制来扩大销售规模，很快会达到管理的天花板，内部管理制约其进一步的扩张。就像裁缝铺永远无法成长为大规模制造的成衣制造商一样。

某大型车企一年销售车辆 20 万台，但竟然有 2 万多个 BOM！

某年收 40 亿以内的新能源企业，产品 BOM 竟然有 10000 个之多！

某设备制造商的研发人员有 85% 的工作量投入在定制项目上！为项目画大量的尺寸不标准的零部件图纸，做 BOM 成了他们的例行工作；反而在分析客

户真正有价值的需求，为客户做价值创新，引导客户选用标准部件方面根本没有精力。

这些触目惊心的数字的背后不单纯是 BOM 管理的问题，但数以万计的 BOM 就像密密麻麻的蛀虫一般在吞噬着企业的利润。

工业界早在 20 世纪 90 年代就提出了"大规模定制"的理念，在欧美日韩等工业领先国家早就在大规模定制方面有了成熟的实践，从欧美引入的先进软件包（如 ERP）中也已经固化了大规模定制的流程、逻辑。但从这些企业的分析来看，中国大多数 To B 企业在这方面还很落后。

华为早期就很重视模块化的开发。从硬件架构上看，机柜、插框、配线、PCBA、模块等，很多都可以跨产品重用。

模块化设计使产品可以适应不同的用户需要，通过配置实现客户的个性化需求。面对不同客户，用好已有模块，就可以组合出千千万万的"定制产品"，适应客户的多样性要求。

从产品设计视角看，模块化就是将每一个模块设计为具有标准接口、可以互换、相互之间可以兼容的部件，灵活组合以实现不同的客户需求。

从供应与交付视角看，模块化的生产就是利用 ATO 制造模式，对那些标准的、模块化的模块用 MTS 方式预先进行加工制造，并作为半成品库存。一旦客户订单到达，则根据其交付配置生产出客户所需的定制化的产品，交付给客户。这样不仅满足了客户多样性、个性化需求，而且交付速度更快、交付成本更低。

从 BOM 视角看，模块化的产品可以定义为 ATO 项目模板的 BOM，即模型 BOM，BOM 中的子项均是模块化的部件 Part，通过配置器自动计算出某客户某项目所需的配置，形成报价配置、交付配置。那些模块化的 Part，就像是乐高积木的标准颗粒，只有少数的几块，但可以组合成千千万万的不同的造型。这里所有的标准"积木块"组合而成的是模型 BOM，一个产品只定义一个，在 IPD 阶段完成。而一个具体造型就是根据此模型 BOM 生成的一个"具体实例"，面对某客户或某具体项目。该过程在 LTC 阶段完成。

华为业务全球化之后，面对客户的个性化需求就更加丰富多彩，客户化的报价单、客户化的装箱单、客户化的 UPL、客户化的 C-Part，客户化的配置器，这么多的客户化是否对华为的 ATO 生产模式造成很大冲击？

与消费品不同，To B 商业模式的产品几乎都是客户化定制的产品，通过度身定制的产品满足商业客户的个性化需求，是企业能获得客户认可的前提；但企业内部运作又希望产品高度标准化，能实现批量生产。定制化与标准化是一对天然的矛盾。

ATO 制造模式是解决这对矛盾的一个比较好的方法。在本书 3.4 节对此有详细解释，这里不再赘述。

华为 BOM 在全球的实践，也是以 ATO 制造模式和 ATO 模型 BOM 作为基础的。可以这么说，华为在 2014 年面对全球排山倒海般涌入的几十万个 PO 时，虽有巨大压力但还不至于惊慌失措，假如没有在 ATO 模型 BOM 方面和配置器方面十多年的实践与经验的积累，是无法做到的。华为当时已经知道问题出在哪里，发动全公司的资源聚焦一点猛打猛攻，终于在配置 E2E 这座坚固的城墙打开了一道缺口。

马云曾经说过这样的话："一个成衣厂接一个 1 万件服装的订单不难，难的是接一万个只有一件服装的订单"。他说的是从客户到工厂（consumer to manufacturer，C2M）的制造方式，即完全按照客户个性化需求量体裁衣的大规模定制。

华为每个订单的 C-Part 都可能是不同的，这一点与 C2M 方式没有区别。只是华为是 ToB 的 ATO 制造方式，交易的复杂度比 C2M 更高。

要平衡好定制化与标准化的矛盾，就要解决好以下几个方面的关系。

（1）IPD 与 LTC 在产品配置上的分工。IPD 流程负责交付标准产品、标准产品 BOM；而面对具体的客户、具体的项目，则由 LTC 流程负责对标准产品进行定制化，形成面对客户、项目的定制化的产品与定制化的产品 BOM。IPD 交付标准产品、标准产品 BOM 只做一次，但 LTC 则会重复进行定制化的动作。两者的定位要清晰，IPD 要对产品的可交付性负责，可定制化也是产品的需求之一，必须在 IPD 的设计阶段就考虑。

（2）M-Part 与 S-Part、C-Part 的关系。S-Part 是全球适用的可销售、可交付的最小单元，由 M-Part 构成。M-Part 会在 S-Part 进入制造环节时被展开，但在销售环节不可视。C-Part 是客户定义的最小的采购、验收、付款单元，但 C-Part 的生成必须以 S-Part 作为基础与基准，不能超过 S-Part 范围定义 C-Part。M-Part 与 S-Part 的责任在 IPD 流程的 PDT 团队；C-Part 的责任在 LTC 流程的一线人员。

（3）全球标准化与区域标准化的关系。元器件、M-Part、S-Part 都是面向全球的标准 Part，由 IPD 流程负责。而到了区域，考虑到客户相对比较具体，产品的使用场景相对单一，则可以以全球统一的标准 Part 为基础，自行"圈定"一些 Part 作为本区域的标准 Part，形成自己的区域目录。区域可以根据自己的需要提出定制 M-Part、S-Part 的需求，但必须纳入 IPD 统一管理，IPD 要考虑是否将其全球化，或定位为某区域专用。

启示 9：企业既要批量生产，又要满足客户定制需求，用 C-part 到 S-Part，S-Part 到 M-Part 的对应（C-S-M））的关系可以实现对内标准化、对外定制化的目的。

第6章

研发成果文档化

6.1　技术文件融入产品数据管理

根据 PDM 方法论，产品数据是根据企业研发、制造、销售、服务等业务领域及其 IT 系统的需要，在产品研发过程中产生的与产品相关的各种信息，包括图纸、软件、技术文件、BOM、研发过程文档等。

从这个定义来看，BOM 及产品配置（销售配置、交付配置等）还只是产品数据的一部分，只是产品数据众多类别中的一类而已。

1998 年下半年，当时的中试部与中研部作出一个决定：将文件中心与 BOM 数据管理中心合并，成立产品数据管理中心（产品数据管理部的前身）。这个决定的理论依据就是 PDM 的原理与方法论中明确的产品数据的范围。合并后的组织结构如图 6-1 所示。

文件中心初期在中研部下面，后来成立中试部后曾经在中试部下面，是负责中研或中试转生产的所有技术文件的标准化审核、文件归档受控管理、文件查阅申请受理、文件发放的部门。这里的技术文件可以理解为生产部门需要的所有产品的受控文件。"受控"这个词来源于 ISO 9000 质量认证体系，研发成果转化为产品时，所有的记录必须正式地归档、发放。纸质文件上必须盖有"受控"印章才能视作正式、合法、有效的生产指导文件。信息技术发展到电子化时代，纸件与印章没有了，但"受控"就被数据库中的文档状态转移（例如，"中试状态"转"生产状态"，或"评审状态"转"发布状态"）以及相关的流程（如 IPD 中的转 GA 决议）替代。

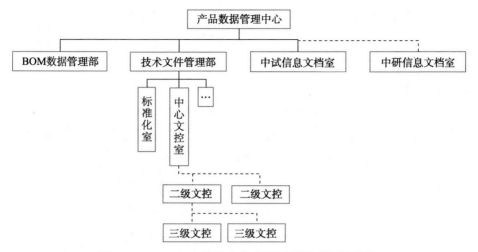

图 6-1 BOM 与文档融合的产品数据管理组织结构

1997 年 3 月，中试部某测试工程师负责调测的 CC03PCI、CC04TCI 两个 PCBA 申请转产。按流程规定，他必须完成以下的工作。

（1）**BOM 打印**。成品板（含软件的 PCBA）、制成板的 BOM 打印，归档上网。考虑到当时 ERP 刚刚上线，结构化的审批电子流尚未建立，必须将 BOM 定义在 ERP 中，但要下载电子版的 BOM 清单，打印后提交文件中心标准化审核；

（2）**BOM 状态更改单审批**。BOM 审批通过后，另外有一个把 BOM 的"未发布"状态改为"发布生产"状态的审批单，需要中试部总裁批准（后来改为中试总体技术办总工批准），并由当时的 BOM 科操作员更改 ERP 中 BOM 状态，然后生产部门就可以在 ERP 中得到 BOM 的权限、使用这份 BOM 了。

（3）**技术文件审批**。PCB 图、两个单板的调试说明与检验标准、单板工艺说明、技术说明、维修说明提交给文件中心的标准化部进行标准化审核，并由中试总裁批准（后来改为中试总体技术组总工批准）后正式发布。

（4）**提交样机**。提供两个单板的样板以及鉴定书给生产工艺部门。

（5）**转状态**。提交转产申请给生产计划处，生产计划处据此开始为新产品备料。

（6）**归档纸件**。将以上的 BOM 以及技术文件的纸件标准化。批准后，归档到文档科。

（7）**归档软件版本**。将成品板中的单板软件复制到磁盘中，归档到文件中心。

按照 ISO 9000 质量体系认证的要求，任何技术文件均要标准化，即文件的格式，包括标题栏、签审、规范用语等方面的要求。标准化审核是文件中心除受控以外的基本职责。

某产品新开发的 PCB 对板层间厚度有特殊要求，但由于 PCB 图的标题栏上没有相应栏目可以填写厚度特殊要求，而投板时没有特别交代，导致该批试制 50 块板全部报废，损失 35 万元。后来调查发现，这种特殊情况均是通过电话或邮件通知，这种"体外循环"很容易导致信息传递丢失从而引发类似的生产事故。

优化 PCB 的模板，并由标准化审核人负责审核是否正确填写，可以从根本上消除事故隐患。

技术文件除向下游供应链发布，提供给制造商、供应商、外协厂作为产品制造的指导以外，还有一些需要由第三方机构认证的证书、产品执行标准等文档，如产品通过工信部的入网认证后获得的入网许可证书（进网证），或者产品通过某机构的安规测试后获得的安规证书，这些证书都是技术文件。

中国国家质量技术监督局（以下简称质量技术监督局）出于对产品安全性的考虑，要求产品要拟制产品执行标准，并报到质量技术监督局，经过质量技术监督局备案后赋予该产品销售、发货的有效期限，如 3 年。有效期满后要去质量技术监督局重新备案。所有这些证书、标准都是产品在特定市场、特定的法律环境下的强制性要求，必须遵守。因此，这些许可证、产品执行标准的编号、有效期限等都必须在实物产品的标签、装箱单等文件里面有醒目的标识，以备查验。

从 1999 年开始，几乎每年的"3·15"（国际消费者权益日）期间，华为的产品在湖北省某县都会被作为"假冒伪劣"的典型被当地质量技术监督局扣押。原因是部分产品的装箱单上没有产品执行标准资料，或者产品执行标准的有效期已经过期但没有及时到质量技术监督局备案。到了 2006 年，华为产品在海外市场一路高歌猛进，已经通过英国电信的严苛的质量认证，规模进入欧洲市场，但在该县却由于执行标准管理的问题继续成为"假冒伪劣"产品。

为了彻底解决执行标准没有及时更新的问题，华为除了推行产品标准类技术文件的发布管理流程，及时向制造部门发布标准归档、备案信息，还开发了进网证、执行标准到期预警系统，将进网证、执行标准的有效期限录入 IT 系统，系统自动提前发放预警任务给 PDT 接口人，以便其及时更新。

2008 年，华为公司质量部主动邀请该县质量技术监督局的官员访问华为，公司质量部长向他们汇报了 IPD 流程推行及质量改进的措施与成果。自那以后，该县质量技术监督局再也没有将华为产品作为"假冒伪劣"产品扣押过。

"文控"是文件中心的另一个基本职责，各级部门均要设置文控体系，配置文控专员，负责受控文件的发放、接收、存放与销毁。例如，一份文件要从研发部发到供应商那里，除了在文件中心归档受控，还需要按照发放要求先发给采购文控员，再由其随着 PO 发放给供应商的接口人（供应商的文控员）。文控要按照订单的版本要求，将正确版本的文件传递给相关人员。而文件中心的中心文控室相当于是所有技术文件文控的总归口。

文档管理的技术手段在不断发展，随着 IT 系统应用的深入，很多早期文档的操作已经让位于 IT 系统、工具自动完成。例如，文档发放，后续基本是由 IT 系统自动完成文档状态变更，相关环节则根据规则预置的权限，自动获得相应的文档，不再有人工发放的动作。但作为文档管理最初的"文控"职能却一直延续下来。2002 年，PDM 系统已经上线，紧接着又实施了全球产品数据发放平台（global data delivery platform，GDP），纸质的文档基本上已经消失，文控体系的操作人员大幅度减少，但依然保留了少部分文控员，负责 IT 系统的数据设置、权限管理、数据的提取、文档发放的跟踪、接口以及少量的纸质件（如各种证书类的文档）的管理工作。2005 年前后，华为签发了《文控体系管理制度》，将全球文控的业务指导收归到一级文控统一管理。1998 年成立的技术文件管理部下属的文控中心就是一级文控的前身。二级文控则是制造、采购、服务等部门，统一接收来自一级文控的所有技术文件。三级文控在生产、服务的一线或现场部门。例如，后来成立的海外供应中心就设有三级文控，负责指导供应中心的技术文件的统一接收、发放、销毁等工作。二级、三级文控要接受集团的一级文控的稽核，确保其符合文控制度规定的技术文件管理的规范性、安全性要求。

产品数据管理中心成立后，下设 BOM 数据管理部，其前身是 1998 年年初成立的 BOM 数据管理中心。文件中心改名为"技术文件管理部"。顺便提一下，按照 PDM 的理念，PDM 的文档的范围应该包括以上的技术文件和产品研发过程的文档。当时中试部有一个信息文档室，专门负责产品中试过程中产生的过程文档，如测试文档、结构选型文档、工艺选型文档、物料选型文档、装备选型文档等。而中研部也有一个信息文档室，负责研发过程文档：产品需求、总体方案、技术规格书、详细设计文档等。过程文档的管控要求没有技术文件那么严格，不特别强调"受控"，而是强调"评审"。也就是说，过程文档更多是评审产品的需求、设计的方案、测试用例的质量与过程的一致性。

然而，对于研发知识与经验的传承来说，过程文档比技术文件更加重要。新员工接手产品的开发工作，就要先去读前人写的过程文档。新版本的开发，也需要从阅读老版本的过程文档开始。可以这么说，华为重视组织能力的积累与培养，不依赖于少数几个"牛人"，员工可以离职，"牛人"可被挖角，但他们的文档留下来了，华为也不会有太大的核心知识资产流失。从大的时间跨度看，华为的研发能力多年以来是越来越高的，但每过几年，当时做研发的很多骨干可能会离开，华为在平稳发展时期的离职率一般在 6%左右。而"铁打的营盘"就是靠过程文档支撑起来的。

1997 年，朱光辉是硬件开发的新兵。2 月，他负责开发的 CC06FCP 单板转中试。CC06FCP 是 CC03FCP 的升级版本，要求与转产不久的 CC04TCI 单板建立通信，并可把 PC 后台的软件与数据加载到交换机主机上。测试工程师发现通信失败，屡次尝试无果。朱光辉查了两天，有一天深夜打电话很兴奋地告诉测试工程师说找到了问题原因，希望马上安排重新测试。

原来，CC03FCP 握手协议中，要求在 03、F2 两个字节后面连续插入两个 FF "校验和"（checksum 的直译，用途是按照一定的算法校验前序数字是否传递接收有误）。朱光辉接手新版本开发，由于没有文档指导，不知道有这个要求。发现问题后，他花了两天时间去读懂源代码，才找到问题原因，插了两个 FF "校验和"后问题解决。由于前人没有将此通信协议写成文档，朱光辉在写单板软件代码时不知道这个通信协议，白白浪费了两天时间。

有相应的过程文档，但不准确，也会严重影响产品研发的质量与效率。

1996 年，中试部某测试工程师按照产品总体方案设计了产品的测试方案并实施测试，然而总体方案中某数据包数据"1"被误写为"0"，按此数据进行测试结果总是错误。测试工程师怀疑自己的测试方案有问题，苦苦查询未果。后与开发人员沟通确认，才发现总体方案有误。最终导致测试完成时间延误了一个月。

研发过程文档在 1998 年时只是在业务上归产品数据管理中心指导，在组织结构归属上是虚线汇报关系。华为对研发过程文档管理的重点是其共享性与安全性。共享性就是尽可能使这些文档发挥其知识传递的价值，被更多的工作相关人员使用，便于查阅，方便共享。安全性则要对非工作相关人员保密，尤其是竞争对手，华为产品的核心产品数据其实是研发文档，尤其是产品的需求、设计文档、测试文档、源代码等，一旦被竞争对手获取，产品的核心技术就泄露了，竞争对手很容易就可以跟随、仿制，华为产品就不再有技术优势。

华为最宝贵的财富就是全体员工创造的智力资产。任正非曾经在中央平台研发部门的表彰大会上说过这样的话：财富的积累，历尽了岁月与艰辛，但财富的毁灭却在一瞬间。……我们经历几代人建立的平台，实质上是软件代码和设计文档等组成的，如果遭遇复制，就是财富毁于一旦。……一旦我们团队陷入沼泽和泥泞，市场获利肯定少了，大家前途就不好了。要干得好，要有发展机会，就必须保护好我们自己创造的劳动成果。

启示 1：对产品文档按以下逻辑分类。

产品文档是产品数据的组成部分，产品文档可以按以下逻辑进行分类（表6-1 ）。

表 6-1　产品文档的分类逻辑

第一层	第二层	第三层	划分依据	管理要点
产品文档	生产技术文档（技术文件）	图纸、工艺规程、维修指导书、软件版本、产品证书、执行标准……	用于指导制造的文档。主要在 LTC 流程中被"消费"	制造部门严格执行技术文件要求。要求准确、及时发放。
	营销资料	销售指导书、技术交底书、产品配置数据包	用于指导销售的文档。主要在 LTC 流程中被"消费"	销售部门作为参考
	技术支持资料	安装调测指导书、安装包、补丁包、版本配套表	用于指导售后服务的文档。主要在 LTC 流程中被"消费"	指导产品的安装、故障排除、维保等。需要准确、简洁
	…	…	…	…

启示 2：集团统一建设文控体系。

企业建立统一、集中的文控体系，对文档的发放、接收、存放与销毁过程进行统一管理。文控的具体活动越来越多地被 IT 系统替代，但 IT 系统的设置要根据文控的管理制度要求进行，需要文控体系专人负责。

6.2　从 BOM 结构到产品结构

按照 ISO 9000 的定义，BOM 既是技术文件，也是一份文档。

本书 3.1 节介绍过，早期的图纸的右下角有"物料明细栏"，这是 BOM 的雏形。ERP 上线之后，BOM 必须是结构化的信息才能进入 ERP，此时 BOM 从图纸中分离出来，放到关系数据库中管理。BOM 可以直接用于 ERP 中或其他 IT 系统中，在制造、销售、服务等环节则可以根据这些信息自动识别、为这些 Part、BOM 分类，而且控制其在相应的表单、流程中的处理行为。

图纸、文字文件不具备这样的结构化架构，大多数情况下靠人工读取。现在很多企业管理产品结构还是以图纸为中心，BOM 跟着图纸走，导致 Part 无法共享重用，版本升级也必须与图纸严格绑定。这种信息架构的"错位"导致企业无法真正发挥 IT 系统的功效，虽然上线了很多 IT 系统，但管理手段仍停留在"以图纸为中心"时代。

BOM 的结构化数据是开放的，弹性非常大，可以千变万化以满足不同的业务需求。

不仅如此，BOM 结构上可以关联文档，形成"产品结构树"。这也是当年 PDM 的方法论所推崇的一项重要理念，其原理是以产品 BOM 的结构为中心，将相关的信息汇聚到 BOM 结构上。

按照本书第 1 章的 ID 模型，任何文档产品都不是孤立的，都可以关联到某个业务对象上。如果这个业务对象是单板 Part，那么关联到 Part 上的就有对应的图纸、工艺规程、装配操作指导书等技术文件，也可以有单板的需求、规格、硬件设计方案、测试方案等研发过程文档。如果是产品，则有装配图、接线图、配置手册、产品标准等，不同类别的 Part 所应该有的文档称为《Part 分类文档清单》。PDM 系统提供文档与 Part 关联的功能，可以通过一个 Part，获取某产品所需的所有文档，如图 6-2 所示。

产品结构树打通了文档，尤其是技术文件与 BOM 结构，使产品文档不再是散落在各地的孤立的信息。基于产品结构树，华为开展了以下的业务改进。

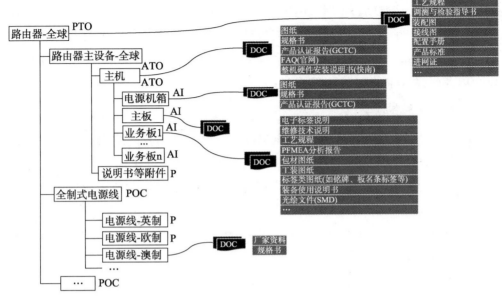

图 6-2　产品结构树示例

1. 产品数据齐套性管理——"四步法"

1999 年，IPD 流程开始试点，IPD 流程的交付件清单主要包括产品文档、BOM 及配置器等交付件。而产品文档中的技术文件由于生产必需，其齐套性管理是 IPD 能否落地的关键。基于产品结构树，当时产品数据管理中心用 OA 系统（Notes）开发了产品数据齐套性管理平台。其实现原理用图 6-3 所示的"四步法"表示。

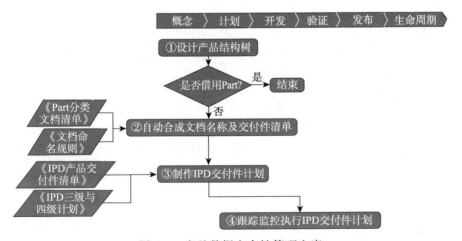

图 6-3　产品数据齐套性管理方案

产品数据齐套性管理"四步法"对 IPD 的推行落地发挥了巨大的作用。这个管理实践及 IT 系统应用，不仅对生产部门所需技术文件的及时齐套起到了很好的跟催效果，而且对于研发过程文档的及时齐套、产品开发的核心技术的保全以及研发成果的积累发挥了重要作用。

2. EC 的齐套性更改

EC 变更最大的挑战是产品数据更改不配套，经常发生变更了图纸没有更改相应的 BOM，或者更改了软件却没有更改相应的硬件文档等。

有了产品结构树，就可以开发应用界面，将变更的影响范围清晰地通过产品结构树上的 Part 与文档的关系、文档与文档的关系展现出来，EC 责任人只要根据自己对产品整体系统的理解在相应的 Part 与文档上打钩，就可以将 EC 涉及的 Part、BOM、文档范围全面识别。

当然，要实现这样的工作界面的前提是 EC 电子流与 EC 的变更对象（Part、BOM、文档）必须集成在同一个 IT 系统中，PDM 系统具备这样的集成能力。这也是比较复杂的产品研发必须有 PDM 系统支持的原因之一。

不仅如此，在 EC 上标识出来的这些配套变更的对象，不仅会在 EC 电子流中自动分发具体的变更活动的电子流——EC 活动（engineering change activity，ECA）给相应对象的 EC 责任人；还会通过 EC 的功能完成配套变更的自动检查、跟踪。

3. 产品数据发放的齐套性管理

华为制造业务大量外包给 EMS 厂商，如富士康、比亚迪等公司。有了产品结构树，可以很方便地选择外包代加工服务合同范围，只要选对正确的 Part，就可以将其齐套的技术文件提取齐全，打包发放给这些 EMS 厂商。对于自制件 Part 的外协厂的产品数据发放，也可以用产品结构树。

同样地，对外发放也需要 PDM 系统的支持，因为产品结构树与对外发放电子流集成，很容易直接在电子流中将发放的对象链接在电子流中，在向 EMS 厂商或外协厂下发 PO 时，就可以同步启动技术文件发放电子流，将数据发给对方。

华为在 2002 年上线 PDM 系统后不久就实施了其 GDP，实现产品数据对合作伙伴的即时发放。而齐套性发放的前提就是产品结构树的建立。

GDP 后来发展为华为与供应商的产品数据协同平台，通过 GDP 双方可以共享合作涉及的齐套的产品数据、元器件的厂家型号数据。而且，GDP 对于 EC 发放尤其方便，只要在 GDP 设置发放规则，如对方合同范围内的 Part、对方制造的深度（加工、装配）等，就可以对产品或产品下面 Part 的 EC 进行实时自动发放，不需要再像过去一样依赖双方的文控员人工筛选、发放、接收这些信息。对于代加工范围越来越大的华为外协、EMS 等制造业务来说，产品结构树发挥的作用也越来越大。

4. 文档结构化

产品文档虽然是非结构化的产品数据，没有结构化产品数据高度标准化、范式化、可以被 IT 自动处理的优点。但是，利用产品结构树，可以将非结构化的文档进行一定程度的结构化，从而改善文档的写作、阅读、更新、发放的体验。

基于 BOM 结构的产品结构树可以拓展到基于产品的功能结构、需求结构、系统结构的产品结构树。比如，对于产品的版本说明，原来需要写很长的文档且要面面俱到，但这对于读者来说非常不方便：对于不同的客户读者，他们只要看自己所购买的那部分的特性相关的描述即可，不需要读整个冗长的版本说明书。

可以对每个特性单独写特性描述，比较简短。而版本由特性组成，版本说明也可以将相关特性所关联的文档进行"组装"，形成客户化的版本说明书。"组装"的依据则是版本下包含的特性的结构。这里的"特性"就是 Item（Item 与 Part 的区别与联系，见后续章节），也可以关联文档。

为了将文档结构化，华为早期就做过很多努力。早在 1999 年，华为发现文档的命名与文档附件里面封面的命名经常出现不一致的现象，不符合文档的规范化、标准化要求，就在 Notes 的文档归档电子流中开发了文档标题栏自动赋值功能，将电子流中填写的文档名称、作者、版次、日期等信息自动写入附件中的 office 文档的标题栏，这样两者就不会不一致了。

IPD 流程推行后，TR 报告可以用文档表单化的办法，将评审专家在电子流中不同表单填写的评审意见自动汇总成 TR 报告，这样就不用额外再写报告。文档表单化，也是文档结构化的一种有效尝试。

随着 IT 技术的发展，Web 版的文档越来越普遍，这种文档可以有效解决文档不同源、复制带来的内容冗余且不一致的问题，一处内容，可以多处调用，一处更新，则处处更新。目前，华为连客户资料都用 Web 版本，可以有效解决文档使用的同源、一致、去冗余的问题。客户购买了产品资料，不用再发货 CD 光盘，更不用发货厚重的纸质书，而是通过账号、License 直接打开相应的技术支持网站即可阅读实时更新的产品资料。而且，如前面所示，这种电子版、网络版的资料可以根据客户购买的产品特性自动"组装"，形成客户化、定制化的产品资料，客户只需看与自己有关的产品特性的资料，大大提升了客户的阅读体验。

启示 3：产品结构树。以 BOM 结构为中心建立产品结构树，实现产品信息的集成打通，可以有效解决信息的一致性、完整性、齐套性问题。

启示 4：IPD 交付件齐套性。IPD 在企业推行落地的标记就是流程的要求落地在产品数据上。对 IPD 交付件齐套性的管理，可以有效促进 IPD 在作业活动中的落地。

启示 5：文档结构化。文档写作的目的是更有效、更高效地被共享。将文档内容摘要写入文档对象的"文档摘要"属性，建立文档的元数据是文档结构化的第一步。文档基于产品结构的拆分、组装等是文档结构化的努力方向。

6.3   工程变更三大挑战

变更是产品生命周期过程中不可避免的，变更带来了成本，也带来质量风险，尤其是产品已经转批量生产后的变更。产品整个生命周期中发生的变更的管理统称变更管理。产品转量产，产品数据发放生产后发生的设计变更，称为 EC。

很多学者将变更管理作为独立于产品数据管理以外的一门独立的学科对待，在配置管理中也有"变更控制"这个独立的活动，凸显变更管理不管是在产品的全生命周期中，还是在研发过程中都非常重要。可以说，变更管理直接影响产品的质量、成本与企业运营效率。

然而，考虑到产品变更的对象毕竟是产品数据中的 Part、BOM 及文档，在讨论变更管理尤其是 EC 管理时，还是要结合具体的产品数据对象进行分析。华为有很多产品数据管理电子流，如 Part 编码申请电子流、BOM 评审与归档电子流、Part 维护电子流、文档评审发布电子流等。在这么多电子流中，EC

电子流是最为复杂的。不仅仅是因为 EC 涉及的对象多，还因为 EC 涉及的流程、业务领域、活动多，影响面广，可以说 EC 也是一个 E2E 的流程，需要结合产品的全生命周期以及产品研发的全局进行改进。华为在 EC 管理方面曾经面临过以下的挑战。

1. 挑战一：变更频繁导致对客户、制造、销售、服务等环节影响巨大

2003 年，固定网络产品通过了 BT 的严苛认证，进入英国市场。BT 对华为提了一个很奇怪的要求，就是将每一块经过 BT 测试的单板的内部拍照存档，华为如果要对这些单板进行设计变更，必须事先向 BT 发 PCN，经过 BT 允许后才能实施变更，否则，BT 有权拒绝接受变更后的单板。

PCN 是华为产品进入海外高端市场时面临的客户对产品的质量要求之一，客户要求发 PCN，目的在于控制变更带来的质量风险，确保变更的影响范围得到充分的识别，以及变更带来的技术风险、管理风险得到充分的评估。产品一旦获得客户的测试认可并在客户现网稳定运行，客户是不希望对其中的软硬件做任何变更的。

然而，由于产品的技术优化、缺陷修复、客户需求变化、降成本、供应商停产替代等，EC 又不可避免。而且，EC 影响的是全球客户，对质量要求特别高的欧美运营商、日韩运营商，他们就往往有明确的 EC 的要求。

频繁的变更影响客户对产品的感知，也影响产品的质量。

不仅如此，变更在生产部门也有代价，如对工艺路线进行的配套更改、对生产装备、工装夹具进行的配套更改、对制成品的返修处理等，都要有投入。变更也往往带来物料的切换。例如，Part A 停产，用 Part B 替代，那么 Part A 的库存、在途订单如果处理不好，可能就会有物料报废损失。

变更对销售也有影响，已经签订的合同，如果变更影响报价配置、交付配置及价格，就需要跟客户沟通，更改合同或客户PO。在本书第 4 章与第 5 章中已经提到过，对于如何隔离内部 EC 对合同配置的影响，华为曾经采取的大量的措施，以及进行过大量有效的尝试。

变更在售后服务也有投入，如果变更影响到客户现有网络，则一线的服务工程师要去客户现场打补丁实施软件的 EC，或者通过换板等硬件整改，完成对硬件 EC 的执行。汽车工业中经常听到的"召回"就是一类售后服务的产品整改 EC 执行活动。

一次把事情做好，这是 ISO 9000 质量体系以及 IPD 流程质量管理实践的明确要求。2000 年，IBM 的 IPD 顾问的评价"华为没有时间一次把事情做对，却有时间把事情一做再做"，说的就是华为当时给 IBM 顾问的印象就是前面工作没有做好，后面不断返工、更改，带来大量的 EC。

长期以来，管理层有一个共识，就是 EC 是不好的，要控制 EC 的数量与频次。但在多次的管理改进实践中均没有找到有效的方法。

2005 年，费敏担任 PSST 总裁，他曾经提出 EC-PONC 的设想。由于质量不符合要求而产生的代价（price of nonconformance，PONC），是衡量质量问题带来的损失或管理成本上升的一个重要指标。质量问题是一个广义的概念，所有不符合流程、质量标准，没有达到需求规格或者没有一次就达到，需要反复更改才达到的均是"质量问题"。凡是质量问题就有解决问题的代价。他认为一次 EC 就相当于是一次质量问题，需要用 PONC 衡量其代价。他甚至提出来可以用一次 EC-PONC 相当于几辆奔驰豪华车的价格的量化概念来加深研发人员对 EC 变更代价的直观认识。

EC-PONC 没有实际建立起来。

几年以后，产品数据管理部向 PSST 汇报，提出另外一个控制 EC 的指标：EC 频次最高的 Top 10 单板。即每个月统计 EC 次数最多的前 10 名的单板并出报告"晾晒"。

这一招很管用，因为在 PSST 上可以看到所有产品线的 Top 10 排名，被晾晒到的各级重量级团队、开发部压力山大，纷纷进行整改。在前几期的报告中，有几个单板的 EC 次数达到十几次每月，相应的硬件经理在产品线内部被质量问责了。

Top 10 晾晒后，华为很快从其对标对象 E 公司那边学到一个很好的 EC 管理实践：EC 节奏控制法。其原理如下。

相比于一次 EC 更改内容的多与少、更改内容的大与小，EC 的次数、频繁度对各业务领域及客户的影响更大。更改次数越多，频度越高，影响越大。但每次更改内容的大小、多少反而影响较小。比如，软件每升级一个版本，需要重新安装一次，次数越多，生产或服务部门工作量越大，对客户的干扰也就越多。但每个版本中更新的代码行数量却对他们影响不大。硬件变更同样如此。

因此 EC 需要控制的不是更改内容的多寡，而是更改频度。如果把很多次变更"积攒"成一次，则影响程度就可以大幅度降低下来。

不仅如此，EC 发生的时间点也很关键：EC 发生在产品生命周期越早，则变更的代价越低，反之亦然。产品在验证阶段，本来就应该充分暴露质量问题，此时 EC 可以更加频繁一些。在批量生产阶段，则要降低 EC 频度。所以，EC 的节奏可以根据不同阶段进行区别对待。

"EC 节奏控制法"使华为摆脱了多年以来在 EC 控制方面的被动状态，从被动变更变为有节奏、有计划的主动变更。

2. 挑战二：EC 流程不完善导致变更质量差，变更不及时

1999 年，由于某散热器性能问题，华为对客户网上运行的单板进行"召回"处理，这种"召回"在华为称"批量整改"，需要安排各地的技术支持人员到客户现场更换单板，工作量巨大，损失也巨大。事实上，在这些单板批量发货前硬件经理已经发现散热器问题并发起 EC 进行设计变更。然而，硬件经理没有考虑到对在制品、库存品的处理，按照新的技术文件、BOM 生产了新的散热器，但对还没有发货的在制品、库存品没有进行处理，导致大量有缺陷的 PCBA 继续发往客户现场。

EC 是对已经正式发布的产品数据的变更。它不仅是产品研发的责任，还涉及对库存品、在制品、在途订单、客户现场实物的处理，需要有生产计划、技术支持等部门的参与，确定完整的整改方案，保证 EC 在各领域得到执行。这是 **EC 的协调性**。

1999 年，无线产品线发现一个 12 V 的工频变压器 Part A 在国内低电压地区无法正常工作，遂通过 EC 变更，将使用 Part A 的 BOM 进行变更替换为 Part B。由于对 Part A 的使用方识别不全面，导致某固定台产品（早期华为开发的可以移动的固定电话机）漏更改，造成了超过 15 万元的损失。

华为产品的共享与重用的程度很高，一处变更，往往带来连锁反应，需要同步变更大量的 BOM，一个元器件的替代，多数情况下有几百份的 BOM 需要同步更改。一个单板被替代，上级的 BOM 往往也有几十到几百个的数量。EC 需要对变更影响的范围进行全面的识别。这是 EC 的全面性。

全面性要通过结构化的产品数据和 IT 系统保证。例如，器件替代，要通过"用途反查"之类的 IT 手段将使用了被替代器件的所有 BOM 检索出来，然后一一进行更改。"用途反查"是 PDM、ERP 系统都有的功能，只要建立了完

整的 BOM 数据，一秒钟内就可以将 Part 的父项 Part 全部检索出来，这也是结构化产品数据的好处，图纸等非结构化的产品数据不具备这种能力。

2000 年 3 月，无线 GSM 产品某单板由销售提出更改其报价单上的名称，产品线发起对该单板 Part 的"对外型号"属性的更改，将原来的 CC-NET 更改为 GM-GNET。然而，产品线的 SE 识别变更影响范围时，忽略了对单板板名条（贴在机柜插槽上边缘）Part 和单板拉手条 Part 的单板名称丝印的更改，导致报价单显示的单板名称与实物不一致，引起了客户的质疑和投诉。

要考虑产品数据的配套变更。例如：软件更改，可能需要硬件配套更改，硬件的 PCB 更改，可能需要工艺文件、BOM 也配套更改。配套性可以借助前述的"产品结构树"进行分析识别。这些年各厂商推出的 PDM 系统基本都利用 Part、BOM 与关联文档建立的产品结构分析变更产品数据的配套性，将这个功能做成软件包的标准功能。在这些 PDM 上，EC 责任人在创建 EC 时，可以将该产品结构"拉入"EC 界面，然后在上面对 Part、BOM 与关联文档打钩，表示这些产品数据应该在 EC 中配套变更，这样就可以在很大程度上避免漏更改。这是 **EC 的配套性**。

EC 的协调性、全面性、配套性、及时性可以建立结构化的 EC 流程加以固化和保障。业界成熟的 PLM/PDM 软件包均有标准的 EC 流程。本书将该流程简称为"三阶三域 EC 流程"，代表流程由 3 个阶段组成，涵盖了三大业务领域，如图 6-4 所示。

为了理解这个流程，先引入几个专业术语。

工程变更申请（engineering change request，ECR）：用于请求解决问题。

工程变更单或工程变更指令（engineering change order，ECO）：用于组织资源，解决问题。

工程变更活动（engineering change activity，ECA）：用于解决问题的具体活动。

工程变更评估（engineering change evaluation，ECE）：用于评估问题的影响大小、影响范围。

工程变更分析活动（engineering analysis activity，EAA）：用于分析问题并提出解决方案，评审及测试验证技术解决方案。

变更控制委员会（change control board，CCB）：可以设置多级，如产品线

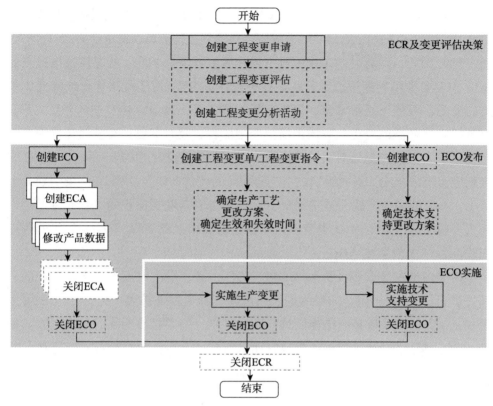

图 6-4　三阶三域 EC 流程

（或 IPMT 级）、PDT 级、模块级、项目级等，根据变更的大小、影响程度高低设置。CCB 主任应该是对产品全局、整机系统负责的人员，可以由各级 SE 承担，委员应该包含来自制造计划、工艺、技术支援、销售等部门的人员。

（1）阶段一：ECR 及变更评估决策阶段

此阶段要完成缺陷单（或问题单）的接收分发、问题定位、变更方案的提出及评审、变更影响产品范围的确定、变更周期和成本的评估、变更方案的测试验证等活动。关键是要作出变更决策以及指定变更责任人。

有问题的 Part 涉及的产品需要在此阶段识别全面，可以在流程中增加一个 PDE 确认 Part 父项的环节，提高 EC 的全面性。

由 CCB 组织评估决策会议，确定问题的严重程度、变更申请的合理性，评估变更的周期、成本，最后对是否变更进行决策。

ECE、EAA 环节为可选，而且与 ECR 的创建填写也不一定就是严格的先后关系，可以线下进行。但是，一旦 CCB 决策 ECR 通过，CCB 的具体责任人会在 ECR 中指定 ECO 责任人，PDM 系统则会自动创建任务单，发送给 ECO 责任人。

变更方案一旦确定，CCB 的日常操作者（可以是 PDE）就应该根据提交的 ECR 中变更类型判断应该走什么评估决策评审流程。对于规格优化或降低成本类的变更，可能不是很紧急，但周期长、成本高，就应该走复杂的变更流程；对于故障修补类的变更，应该走简单变更流程，及时变更；有些纠错勘误、文字性错误之类的变更，甚至可以不用 CCB 评审，直接往下走。总之，对 EC 的级别应该有所区分，不同级别的 EC 走不同的评估与决策路径。EC 级别划分也是 EC 管理的有效实践，通常情况下，需要走复杂变更流程的 EC 不到 15%，而大多数 EC 可以划入 D 类变更，走快速的简单变更流程。EC 分等级的管理实践简称"**工程变更 ABC**"。

在很多情况下来不及更改 BOM、文件，必须马上对还没有出厂的产品、部件进行"止血"，阻止质量问题流入市场，避免损失扩大。此时，CCB 可以授权 EC 责任人采取临时措施，进行指定订单、指定批次的临时技术更改。这种 ECO 不是通过产品数据的更改，而是直接"命令"生产部门对某订单、某批次的实物按照临时指导紧急更改。这种 EC 称为"临时技术更改"。

（2）阶段二：ECO 发布

即变更实施计划和文档发放阶段。CCB 的具体责任人在 ECR 中指定 ECO 责任人时，可以指定多个。PDM 系统则会根据指定的责任人自动创建任务单，发送给 ECO 责任人。图 6-4 所示为一个典型的场景：CCB 负责人指定 3 个 ECO 责任人：一个负责产品数据的齐套变更；一个负责制造环节的 ECO，具体包括配套生产工艺的变更以及对物料切换的生效和失效时间点的确定；还有一个负责技术支持的 ECO，即负责已经到了客户现场实物的整改、召回。

根据 EC 的影响范围及复杂度，CCB 指定责任人时也可以超过 3 个。比如研发更改产品数据的责任人，对于有多个产品需要同步变更的情况，可以指定多个责任人；在制造领域，可以指定工艺、计划两个责任人。

ECO 责任人打开任务单就可以创建 ECO，并在 ECO 下面添加变更对象。PDM 系统会根据变更对象所走的流程不同，自动创建 ECA，ECA 自动发送到对象的 Owner（负责人）。例如，技术文件更改走技术文件归档流程，Part 属性更改走 Part 维护流程，BOM 更改走 BOM 变更发布流程。PDM 会自动创建多个 ECA，一个 ECA 对应一个对象的变更流程。一个 ECO 下面可以创建多个 ECA。这些 ECA 全部完成后，自动关闭 ECO。

技术文件、研发文档的变更与 Part、BOM 是有区别的。文档变更并不是改原文档，而是重新归档为一个版本更高的文档，所以文档的变更是通过文档归档发放电子流完成的；而 Part、BOM 的变更是在原型上更改，并形成一个新版本，走的是变更、维护电子流。

所有的 ECO 走完后，自动关闭 ECR。

ECA 是针对不同变更对象的具体变更活动流程，可以有多个，EC 主流程要"调用"这些 ECA 流程。

EC 以 ECO 为单元进行发布。

制造领域的 ECO 要保证其协调性，需要考虑到以下的可能性并跟踪相关环节执行到位。

①工艺路线更改

BOM 更改时，BOM 属性中的"工序号"（或称"作业编码"）要相应更改。与工艺相关的指导文件更改时，也会涉及生产现场的作业指导书、工序卡的相应调整。因此，PDM 系统的 ECO 应有跟踪 IE 完成这些动作的功能。

②计划有效性设置

BOM 中的 Part 被替代时，对于原有库存 Part 的处理如果是"用完为止"，那么计划员就应该预估一个消耗完成的时间，在 ECO 的变更对象的失效 Part 上设置"计划失效时间"。同时，在 BOM 中添加的新 Part 上设置"计划生效时间"，两者时间相同。新 Part 可以马上用于计划、采购，但新老更替必须到达生效和失效时间才能正式完成。ERP 系统中有"计划 ECO"功能，可以由计划员通过 PDM 系统发布的 ECO 在 ERP 中设置此时间。

③"十品"的处理意见

"十品"指在途采购品、库存采购品、半成品、成品、待制品、在制半成品、在制成品、备品、市场品、返修品。在发起 EC 时，要完整考虑对"十品"的处理意见。"十品"处理意见可在 ECR、ECE、ECO 中讨论，但需在 ECA 中填写。制造、技术支持部门根据 ECA 中对"十品"处理意见，分别对其进行报废、返工、整改、按更新后设计执行等处理活动。

（3）阶段三：ECO 实施

变更实施和确认关闭阶段。完成 ECO 所要求的各项工作，确保相关事项都得到妥善处理。

ECO 实施阶段，产品的设计已经更改完成，各环节根据设计文件完成相应的调整，如工艺、生产装备等调整，并根据"十品"处理意见执行。生产部门接收相关的技术文件、BOM，切换新的产品数据进行生产准备。

3. 挑战三：PCN 数量庞大，一线与客户沟通频繁，双方都疲惫不堪

根据国际标准 GR-209 的定义，PCN 是指当出现影响到产品的性能或寿命的重大变更时必须通知客户，如影响到产品的外形、安装配置、功能、技术手册、安全性、可靠性等方面的变更。有时一个装饰性的变更也可能被认为是一个重大的变更。例如，用一种新质地的涂料装饰产品导致的产品变更，如果影响产品的耐热门限，那么这也是一种重大变更。由于这种变更已经影响产品耐热能力，进而影响到产品的性能，因此这种变更一定要通知到客户。

什么是"影响到产品的性能或寿命的重大变更"，需要结合企业具体情况进行诠释与解读。

随着华为产品在海外的发展，PCN 越来越多，早期华为理解所有的变更都需要与客户沟通。2016 年，某产品半年的 PCN 沟通就达到几百次。一线的产品经理忍无可忍，投诉到机关。当时 Marketing 与解决方案销售部（marketing and solution sales department，MSSD）负责 Marketing 的主管王总在抄送给 PSST 高层的邮件中愤怒地质问研发人员："你们没有搞错吧，一个产品就让我们与客户沟通几百次？我们跟客户的关系已经好到可以像亲戚串门一样随时拜访的程度了吗？"

华为为了改善 PCN，减少与客户沟通的次数，提升客户满意度，做了大量的尝试，但每次改进效果不明显。2016 年由于问题突出，再次从 IPD 侧发起 PCN 改进的努力，但这次将 LTC 流程、市场到线索（market to lead，MTL）流程均纳入其中。比较幸运的是，这次找到了 E 公司前产品营销专家 M，他对 E 公司在 PCN 方面的管理实践进行了比较系统、全面的解读。这个实践对华为的启发非常大。

自那次以后，华为 PCN 管理上了一个台阶。这次改进重点解决了以下几个问题。

①每年有那么多的 EC，哪些才需要发 PCN？

PCN 发放应该是"对客户有影响"，而不是"客户可感知"。对客户有影响是指那些可能影响客户网络性能，或者与其他产品的接口发生变化，或者外观上有重大变化的变更。

与 PCN 相关的与客户的沟通还有 EOX、预警通知、整改、补丁等，这些影响客户的产品生命周期的变更、产品故障告知、预警及处置措施等都与客户的网络运行密切相关，需要与客户沟通。

②客户那么多，是否都要发 PCN 及沟通？

90% 的客户不关注变更，定义为通用客户。这类客户不需要提前沟通，可以直接实施，遵从通用流程。10% 的特殊客户按约定条款执行，遵从特殊流程，可提升客户满意度。

③是否每次沟通都要惊动客户的主管？

对客户的影响又可以细分为商务影响和技术影响，在客户界面上可以与不同的角色进行沟通。大多数的技术影响，与客户的接口工程师沟通就可以，不需要惊动到客户较高主管；商务影响一般由产品经理与客户沟通，技术影响由服务经理与客户沟通。

启示 6：按节奏控制 EC 数量。

启示 7："三阶三域 EC 流程"提升 EC 的协调性、全面性、配套性、及时性。

启示 8：工程变更 ABC 法提升流程效率。

启示 9：EC 流程与变更对象集成在一个 IT 系统。

启示 10：按照 EC 对客户的影响，以及客户对 PCN 的要求区别对待，减少 PCN 沟通频次。

6.4　实施 PDM 系统的五大理由

1999 年，ERP 已经上线并稳定运行。而员工的办公作业也早在两年前都已经迁到当时的 Lotus Notes（IBM 提供的 OA 系统，简称 Notes）上，华为员工告别了没有网络的历史，无纸化也随着这个办公网络化的浪潮自然而然、势不可挡地发生了。

OA 这个词可以追溯到 20 世纪 80 年代，但那时候的 OA 系统与 1997 年华为上线的 Notes 是具有不同的内涵的。那时候个人计算机尚未普及，还是大型机、小型机、工作站时代，也没有互联网，更不用说企业内部网（intranet）了。等到 Windows 统一了个人桌面，intranet 开始在企业发展起来，两者结合后，OA 就真正进入了网络化、无纸化的时代。员工可以坐在个人计算机前收发邮件、可以处理各种电子流、可以访问各种公告栏，甚至可以发帖、跟帖。

员工们对 Notes 带来的全新工作体验兴奋不已。Notes 还有一个开放的定制功能，开发的门槛很低，可以在上面开发很多应用，尤其是各种工作流、表单等。一时间，基 Notes 的电子流、公告栏、表单纷纷推出。

Notes 的电子流当然可以支持研发的产品数据管理，当时几乎所有的产品数据管理相关的电子流都在 Notes 上开发了出来。Part 的申请创建流程、Part 的维护变更流程、EC 流程、BOM 申请与归档流程、文档审核与归档流程等，纷纷在这个 OA 系统上落地实施。开发人员直接填写电子流就可以足不出户完成自己的产品数据管理工作，而分布在不同办公楼的审核人员、标准化人员、批准人员、数据维护人员也同样坐在办公位上就可以在电子流上完成各种操作，没有纸件传递，员工摆脱了时间、空间的限制，实现了革命性的工作模式的改变。

然而，相比 ERP 面向对象的数据模型 Part、BOM 管理，Notes 有很大的局限性。这个 OA 系统毕竟是基于表单工作的，没有 ERP 的面向对象的数据模型，数据结构有着本质区别。对于 Part 而言，在 ERP 中有一个独立的对象，对象下面有很多属性，可以把所有的 Part 都放到这个数据模型中，进行结构化地创建、调用数据。Notes 虽然擅长处理各种研发领域的表单与工作流，但无法如 ERP 那样结构化地处理 Part。

这个局限性随着研发人员对工作效率提升的渴求逐渐暴露出来。研发人员为了申请 Part、拟制 BOM，需要在 Notes 与 ERP 两个系统之间来回切换，不仅效率低，还很容易导致电子流表单上的数据与 ERP 不一致。

PDM 系统解决了将电子流与数据库集成的问题，电子流不仅可以直接调用结构化的 Part、BOM，很方便地添加 Part、BOM 对象，而且可以动态地将权限赋予工作需要的人员。比如，BOM 一旦发布就不能更改，但如果电子流到了 ECA 责任人那里，则 ECA 责任人就获得了添加要变更对象并对其进行更改、升级的权限。ECA 一旦发布，通过 PDM 与 ERP 的接口，变更单自动发布到 ERP 中，生效后 BOM 数据就被更改了。

又如，研发人员可以通过向 Part 添加子项的方式，搜索自己所需要的 Part，选中后"拉入"BOM 中，BOM 又可以直接关联到 BOM 评审与发布电子流中，通过相关专家审核、标准化审核、主管批准后，自动在 PDM 中发布。

另外，两者集成后，产品数据的状态会随着电子流的节点自动更新。比如，处于审核状态的产品数据状态可以是"工作中"，批准完成后则更新为"已发布"。

产品数据对象与工作流的集成，可以极大地提升研发人员的工作效率，确保前后的一致性。

至于支持网络化、无纸化、异地办公等需求，1999 年的 Notes 已经实现，还不能说是实施 PDM 的首要需求。

PDM 系统实现产品数据对象与工作流集成，这是 PDM 上线的第一大理由。

本书第 1 章的 ID 模型表达了产品数据管理的核心数据之间的基本关系：基于 Item 之间的关系，可以建立 Part 父子关系构成的 BOM 结构；基于 Item 与文档之间的关联关系，可以在 BOM 结构上进一步扩展，形成产品结构树。而 Part 的结构化表达、关系的结构化表达以及数据仓库等功能，可以有效地将产品完整的 BOM 结构与对应的文档对象、文档实体等信息集成在同一个系统中，将产品的信息资产有效地、结构化地组织起来，加上 PDM 提供的权限管理等功能，就很方便地实现了信息的共享、复用及信息安全。

有些企业没有 PDM 系统，于是基于 OA 系统不断优化，试图用 OA 系统实现 PDM 系统的功能，但就在产品结构这一块无法继续推进。首先，ERP 是结构化的 BOM，而 OA 系统没有 BOM 创建、归档的能力，只能在 OA 系统电子流中附加 Excel 的 BOM，完成评审、审批、发布后，由人工录入到 ERP 中；其次，开发产品、拟制 BOM 的人不能直接在数据库中进行操作，但若假手于人，会导致数据维护的效率与质量都很差；最后，Excel 的 BOM 中所引用的 Part，不能同步实现更新，往往在拟制 BOM 的过程中，Part 变更、升级了，但 BOM 无法实现同步，PDM 中集成的、结构化的信息调用则没有这样的困扰。

PDM 系统实现产品结构与 Part 结构的管理，可以与 ERP 直接集成，这是 PDM 上线的第二大理由。

PDM 系统的产品结构与 Part 结构管理的能力，加上 Part、BOM 与文档等对象与工作流的集成能力，可以实现工程师直接在 PDM 上按照结构化要求定义、创建、维护产品数据，无须专门设置"数据维护员"的角色代他们在 ERP

中做这些工作，如图 6-5 所示。

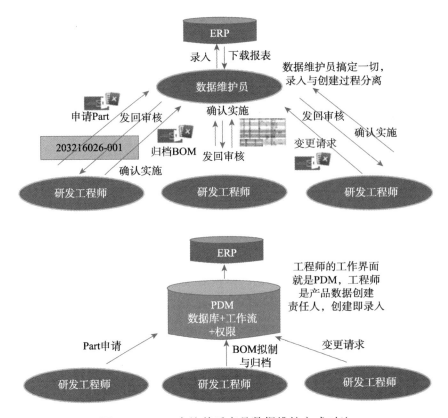

图 6-5 PDM 实施前后产品数据维护方式对比

国内多个创新型的制造企业，因为没有 PDM 系统，工程师在申请 Part，归档 BOM 与创建 EC 时，需要在 Excel 中填写数据，通过 E-mail 邮件发给数据维护员，数据维护员在 ERP 中"代"他们创建这些数据后，还要将结果返回给申请人确认，申请人完成确认后才在 ERP 中实施。产品数据的责任人不能一次性完成数据的直接录入，导致这种烦琐的沟通确认，而且，数据出错后很难界定责任人。

PDM 结构化的权限控制能力可以很方便地将权限赋予同样是结构化的角色与个人。这些角色与个人获得了在不同的活动中对特定对象（Part、BOM 与文档）的完全控制、读取、下载、修改、创建等权限。事实上，在 PDM 中，由于用户、活动、对象均是实体，可以通过"权限控制决定"机制设置灵活的权限规则表，用来决定什么用户在什么活动中对什么对象拥有什么权限。

PDM 中有"域"或"访问策略"机制，可以对具有相同管理策略的一组对象集中赋权。例如，设置"文件柜"（cabinet），将一些对象放在文件柜中，而某一组人对文件柜中的所有对象具有同样的权限。这就可以很方便地对一个项目组、一个产品 PDT、一个角色的群（如 SE）集中赋权，减少一条一条设置的烦琐工作量。

这就引出另外一个机制：群组。群组是识别用户的一种方法，与组织、工作描述、项目、地点有关，加入群组，意味着在这些方面有共同点，可以集中获取权限。

基于 PDM 这些机制，PDM 可以有动态权限、静态权限。动态权限是从流程角度控制权限，不同流程涉及不同角色，不同角色对应不同的项目组，便于落实具体的参与人。通过这样的对应关系，既保证了流程的灵活性，也满足相应的权限控制。静态权限是从存储角度进行控制，通过文件柜来控制，不同的用户对不同的数据仓库、文件柜有不同的权限。

权限控制是对 PDM 中管理的产品数据进行共享与信息安全管理的基础，共享与信息安全是一对矛盾的统一体。共享是为了对产品数据进行充分利用，提高信息沟通、传递的效率，但如果没有适当的权限控制，信息资产流到竞争对手那里，那么开发人员辛苦劳动的创新成果就不复存在，共享也就是失去意义；反过来说，信息安全是为了保证知识资产的有效性，但归根结底是为了企业继承性的创新，如果为了信息安全，限制工作必要的共享，导致信息获取难度太高、效率低下，员工失去了共享的意愿，信息安全也就没有了意义。

2000 年华为面临的国内外竞争压力很大，国内的个别恶意友商对华为的技术进行有组织的窃取。华为花费巨资开发的产品的关键文档很快就"流"入竞争对手那里，华为领先的技术优势瞬间丧失殆尽。尤其是 G 厂商，更是贪婪地、肆无忌惮地对华为新产品的全套技术资料、源代码采取各种方式进行攫取。在这种严峻的形势下，华为采取全面防御的信息安全策略。开发了权限管理认证系统，与 Office 文档绑定，所有的 Office 文档均通过这个权限管理认证服务器的鉴权才能打开。华为还对所有员工个人计算机的机箱采取加锁措施，机箱不能自由打开，而且所有 USB 接口均被封在机箱盖中，员工无法通过这些接口复制数据。这些机箱的钥匙由专职的机要管理员掌管，员工需要提交电子流才能开机箱。于是，在研发区域经常看到腰间挂着大串钥匙的机要管理员跑来跑去帮员工开机箱。后来这些机箱锁替换成了电子锁，可以远程开锁，于是机要管理员不用再跑现场了。

直到 2006 年，G 厂被华为并购后，华为的信息安全形势大为好转，信息安全"保密"成为矛盾的次要方面，信息资产"共享"的诉求变得更加强烈。信息安全管理策略改为"抓关键，促共享"，文档分密级制定不同的策略。对于绝密、机密文档，以信息安全优先；对于秘密、内部公开文档，以共享效率优先。分析发现，绝密、机密文档其实在所有文档中占比不到 1%，对少数的文档采取重点防御，其实比原先的全面防御更加有针对性，更加有效。

而"机箱加锁"在 3 年后华为开始全面推行办公云后自然消失了，那时员工均通过云桌面接入云端，能正常共享数据但无法下载到本地，也就不用再担心通过硬盘、USB 等渠道泄密了。

PDM 的权限控制可以解决大多数情况下文档的共享与信息安全的矛盾。只有少数的绝密、机密级别的文档，需要特殊处理。当然，绝密、机密是有时限的，保密期过了以后，这些文档的密级需要降低，也就可以纳入普通文档的权限控制了。

PDM 系统集成的权限控制机制提供了安全、共享的产品开发协同工作环境，这是 PDM 上线的第三大理由。

EC 流程是所有的工作流中最复杂的，为了实现 EC 的协调性、全面性、配套性、及时性，需要 PDM 这种将工作流与变更对象集成的管理方式，也需要借助产品结构树对产品变更影响的范围、变更的配套性进行分析。将分析的结果提交变更时，只需要在对象上进行"打钩"，并自动创建 ECA。这种简单的、"一气呵成"的信息与任务的传递，给 EC 责任人带来很好的工作体验。这种易用性好的流程设计，大大减少了人为传递信息的失真、错漏。

变更对象与 EC 流程集成还有一个好处，就是版本自动升级。一个对象一旦在 EC 中被检出（check out）、检入（check in）一次，版本自动升级一次，意味着对象被更改过，需要版本号有所区别。

另外，ECR—ECE—EAA—ECO—ECA 这种层层嵌套，一环扣一环的闭环的结构化流程，可以将 EC 涉及的对象、EC 所需的资源（对象的 Owner、审核者、相关评审专家、权限）、EC 结果发放的接口表非常方便地分发、汇聚、结合，对于本身就复杂的变更可以避免由于遗漏导致不全面、不配套。

PDM 的 EC 流程设计是基于产品结构、流程与变更对象的集成、权限控制机制实现的。**实现 EC 的协调性、全面性、配套性、及时性，是 PDM 上线的第四大理由。**

简单说，文档管理由两大流程构成：一是文档的"写"，二是文档的"读"。根据前面介绍的基于 Notes 应用的产品数据齐套性管理"四步法"的实践，在实施 PDM 后，这个实践也被 PDM 继承。而且，由于有了产品结构树和基于 IPD 流程的交付件清单，经过多年的优化，文档管理在 PDM 中形成了集产品文档计划、写作、评审、发布、共享等活动于一体的集成流程。

首先是文档计划与文档对象创建的集成。既然基于产品结构树可以自动生成文档名称，那么在 PDM 中可以事先创建文档对象，包括文档的编码、名称、版本等属性，文档还没有写，先有了一个文档对象，这是不矛盾的。文档计划可以直接引用文档对象，用结构化的文档对象建立文档计划，这个计划中当然也自动将文档的 Owner 包含在其中。那么，PDM 就可以根据文档计划自动创建文档写作任务并分发给作者。文档作者完成文档写作、归档后，任务完成，会自动关闭任务，否则文档计划有跟催功能，会催促作者写作文档。

文档写作可以在收到任务的同时打开附件的文档模板，直接开始在本地写作。后来的 PDM 系统甚至提供了与编辑器集成的功能，可以提供在线写作、在线评审等功能。

写作完成，单击任务的"提交"按钮，系统会自动创建文档的检视、评审流程，而且这篇文档自动建立与 Part 的关联。

检视、评审完成后，文档发布，归档到 PDM 的数据仓库中，PDM 的文档存储控制功能自不必说，是 PDM 系统的强项。

文档变更通过 ECA 触发，授予作者检出原文档，并更新提交的权限。文档在评审过程中被更改，或者说是检出、检入一次，可以升级小版本，如从 A.1 升级为 A.2；被发布一次，或说修订（revise）一次，则升级大版本，如 A.2 升级为 B.1。这种升级规则是 PDM 缺省的功能。

文档完成归档后，可以通过 GDP 平台，根据事先配置的发放配置表，自动将文档发布的信息推送给制造部门、外协厂、EMS 厂商。注意，这里不是把文档直接发给他们，而是告知他们有新版本发布了。他们可以到 GDP 平台自行下载。当然，他们要事先获得对这些文档的下载权限，这是 PDM 的权限控制的功能。

如果研发人员要查阅文档，可以用 PDM 的文档检索功能，根据关键字、属性、文档摘要等检索到自己所需的文档。然后系统自动判断查阅者是否具有对此文档的缺省查阅权限：如果有，则单击旁边的"下载"按钮就可以获得这篇文档；如果没有，则自动创建一个文档借阅申请电子流，电子流经过相关的主管审批，便可以下载文档。当然，后续的 PDM 系统提供了在线浏览器的功能，可以不下载文档，也就不需要后续的文档回收、销毁等动作了。

PDM 系统中的文档管理活动无缝集成的能力，是 PDM 上线的第五大理由。

实施 PDM 的五大理由是近几年总结出来的。事实上，PDM 在华为的实施也不是一帆风顺。开始的时候，对 PDM 的价值、PDM 的业务定位华为并没有想清楚，很多年以来，PDM 受到的批评远远超过赞誉。

从 1999 年华为启动 PDM 的选型，到 2002 年 PDM 上线，原来在 Notes 上实现的电子流基本上搬迁到 PDM 系统上。PDM 的定制能力很强，它的开放的开发接口开始时非常符合华为人的"品味"，因为华为人擅长对 IT 系统的优化、定制。实事求是地说，PDM 脱胎于计算机辅助设计（computer aided design，CAD），上面的很多应用、缺省功能更加适合机械设计背景的研发作业，对于华为这样的以电子、软件开发为主的企业，从基因来说就不是很适应。当然，供需双方都在学习，华为在 Notes 上的很多应用，供应商也学习了很多。

很多年以后，当年在产品数据管理部开发 Notes 电子流的阿宝已经离开了原部门。"他们（PDM 的供应商）很多的电子流直接抄了我当年的设计。"阿宝每每提到此事都会愤愤不平地说。

问题是，这种根据华为的需要抄抄补补的软件包，看起来是完全定制，非但没有解决问题，反而在性能、易用性上表现很差，研发员工普遍吐槽太慢、太不方便，不如原来的 Notes 系统。

PDM，开始被研发人员翻译为"跑得慢"，后来干脆是"爬得慢"。输入搜索条件，出搜索结果，往往等一两分钟。一个 Part 创建，响应时间居然长达 59 秒！虽然经过供应商的调优，情况有所好转，但始终没有达到可以接受的系统响应速度。

软件包本身的性能问题固然是一个问题，但华为自身对 PDM 的应用也存在相当大的问题。

第一个问题是对 PDM 的业务定位就不合理。PDM 是一个昂贵的软件包，华为也是下了很大决心实施 PDM，对其期望很高，恨不得研发部门大大小小的业务活动全部由 PDM 承接下来。

比如，软件开发的过程是非常烦琐的，一个项目组的员工，天天在提交代码，天天在出版本，他们主要工作平台是配置库（configuration management library，CML），那么配置库中的代码、版本，什么时候应该归档到 PDM 中？当时没有对软件的开发过程进行梳理，大量的软件工程师直接到 PDM 操作，影响了系统性能。所以，不久以后，华为决策将软件过程管理，包括代码、版本的过程全部从 PDM 中搬移出来，源代码的配置管理全部放在配置库中。软件版本后来有专门的版本管理平台，用于归档、存放软件版本，只有当版本需要在生产部门预装到出厂的机器上时才发布一份到 PDM。对软件开发而言，PDM 定位为是产品级配置库，或称一级配置库。而 CML 是二级配置库，这样的配置库是项目级的，可以一个小项目组就部署一个，支撑软件工程师时时刻刻的编码、编译构建、出测试版本等行为。只有软件的正式版本才需要考虑是否归档到 PDM 系统。PDM 系统只有一个，但二级配置库可以有很多。2011年，华为的二级配置库总数已经多达几千个。

软件开发有二级配置库，其他专业开发也有二级配置库。比如，硬件开发有硬件协同平台，结构件开发有机械设计自动化平台等。二级配置库与具体的工具对接，完成工程师日常的数据交换，实现这些频发活动的小循环。因为定位低，可以很灵活地满足业务的需求，就如同软件配置库，甚至可以部署多种类型，如 SVN（Subversion）、Git 等。而一级配置库则与二级配置库对接，接收来自二级配置库的产品级的、阶段性的工作成果，也提供二级配置库集团级、产品级的共享数据（如 Part、BOM 与文档）等。

产品级的产品数据的共享，PDM 是唯一的数据源，所有来自研发的数据，都通过 PDM 系统与 ERP、配置器等系统集成。

京珠高速与乡间小道：不管是业务流程还是 IT 系统建设，都应该遵循"主干简洁，末端灵活"的原则。京珠高速的建设是为了沟通南北的主要大城市，这条大动脉必须简洁、高效、稳定，不能为了照顾方方面面的需求，建得七弯八拐的，连乡间小道都纳入京珠高速，并天天"优化"以满足不同需求，那还是高速吗？所以，京珠高速下面还有省道、县道、乡间小道，分层级建设这个交通网，才能使高速公路发挥最大效能。

这段话是华为很多高管经常讲的，也是华为从多年的管理变革与流程、IT实践中总结出来的管理智慧。

PDM 应该定位为产品级的一级配置库，是研发的主干 IT 系统，是产品级、阶段性研发成果的唯一数据源。

IBM 在华为实施 IPD 流程时，将 PDM 定位为是 IPD 的使能器、驱动器（enabler），可见这个系统的定位之高，确实是华为研发的"京珠高速"。

第二个问题是 PDM 的定制代码多，一旦升级，对于定制部分的代码迁移工作量巨大。华为历史上有过两次 PDM 升级，每次都伤筋动骨，不仅要对海量的数据搬迁，还要对几百万行的定制代码搬迁。供应商的版本对这些数据、代码的兼容性做得又不好，不仅搬迁的工作量庞大，一不小心升级失败，还会直接导致整个研发体系的"停摆"，这对 PDM 供应商与华为都是很大的考验。基于这个原因，PDM 升级的最佳窗口期是春节或"国庆"长假，因为这些时间研发部门多数业务处于低速运转状态，可以"冻结"流程中的数据。另外，就算升级失败回退，也有比较宽裕的时间。

定制是很灵活，但还是满足不了业务部门提出的需求，尤其是 PDM 系统更新的速度太慢，对需求的响应慢。这是由供应商的 PDM 系统架构决定的。当时 PDM 的系统是"大一统"的系统，只要有定制、有代码更改就必须整个系统一起刷新。这种情况在云化、服务化的新技术下有了很大的改进。此为后话。

2010 年，华为启动第二次 PDM 升级。因为按照供应商的 PDM 产品的路标规划，差不多两年会推出一个新版本，如果不及时升级，现在使用的版本会在两年内进入 EOS 状态，所以，4 年一次升级是最低频率。这种被动的升级对华为并没有多大好处，还要支付升级费。因此，2010 年升级时，华为决定升级前先对业务进行梳理，从被动升级转变为主动升级。要成立"PDM 业务梳理及升级项目组"，这又是一个变革项目。

项目组梳理了硬件开发的场景，发现硬件开发的基础业务：元器件选型、元器件认证与 Part 申请居然分 3 段流程，总共有 38 个节点！

PSST 听到这个案例汇报，当时整个会场一片哗然，都觉得华为竟然有这么低效的流程，很不可思议。

　　硬件开发的底层是对元器件的选型，这个业务的行管是当时的总体技术部，他们会确定一个元器件选型的"路标"，工程师选型符合路标的就走简捷的选型流程，否则就要严格审核。然后进入元器件的认证流程，这个流程是采购认证管理部负责，工程师新增的元器件都要经过这个流程。而 Part 申请流程又归产品数据管理部负责。这对硬件开发工程师来说是同一件事情，却由于分属 3 个部门负责，每个部门都从自身流程的管控需要在流程中设置节点，没有从最终使用者的体验与工作效率出发建设流程，于是流程越来越复杂，3 个流程之间没有衔接，多个节点存在重复。梳理还发现有一段流程居然还在 Notes 系统中，需要硬件工程师走完一段 PDM 流程，退出后，将表单内容复制到 Notes 的另外一段流程，然后又回到 PDM 走第三段流程……

　　"马路警察各管一段，看起来每一段都合理，但衔接起来一塌糊涂。"在 PSST 会议上，有产品线总裁嘲讽道。

　　这就是 PDM 电子流当时非常普遍的从行管自身考虑而不是从业务场景出发进行设计的现象。如果没有这些 PDM 升级引发的对业务流程的主动梳理，这些问题可能还会继续下去，研发人员痛恨 PDM 系统的烦琐操作、性能低下、体验很差，却不知道问题在哪里。如果不做深入梳理，很可能就是 PDM 系统供应商背锅。

　　从华为实施的大量的 IT 系统实践看，一个 IT 系统的引入需要供需双方共同努力。先将业务流程、业务场景理顺，再对 IT 系统提出优化需求，这才是实施 IT 系统的正确姿势。总结华为与其他企业的实践，如果可以量化，一个成功应用的 IT 系统，需求方与供应方的努力应该是 70%∶30%。

　　从业务场景出发设计业务流程，一站式、一键式的用户操作体验，是 PDM 系统优化的长期努力方向。

　　第三个问题 PDM 与 PLM 的区别是什么？

　　从技术上来说，PLM 是产品生命周期内管理其所有相关数据的技术，它包含 PDM 的全部内容，PDM 功能是 PLM 功能的子集。PLM 强调对跨供应链的所有信息的管理和利用，这是 PLM 与 PDM 的本质区别。

　　PDM 侧重于对产品数据的管理，PLM 强调对智力财富的再利用；PDM 侧重于对产品开发阶段数据的管理，PLM 侧重于对产品全生命周期内数据的管理；PDM 侧重于对企业内部产品数据的管理，PLM 则强调对产品生命周期内跨越供应链的所有信息进行管理和利用。

PDM 的体系结构强调以产品数据为中心的研发流程管理，重点在于建立产品数据的连接；PLM 则寻求能够实现在多功能、多部门、多学科、多外协供应商之间的紧密协同。

PDM 侧重于实现对 ERP、CAD 等系统的对接式集成；PLM 侧重于以其为基础来实现整个企业的信息化，以 "PLM 生态系统" 的方式来实现对 ERP 等系统的深层次集成。

很多企业，PDM 还没有用好，却在拼命鼓噪 PLM，甚至是数字化、数字孪生、AI、元宇宙，一堆新词满天飞，却没有人去问问真正在系统里面工作的工程师们的真实感受。不去踏踏实实改进自己的工作流，他们花再多的钱，引入再先进的 PDM 系统也没有用。

启示 11：企业实施 PDM 的五大理由：产品数据对象与工作流集成、产品结构与 Part 结构管理、权限控制、EC 管理、一体化的文档管理。

如果企业还在观望，犹豫不决，那么只要五大理由中有两条以上符合，就可以考虑上线 PDM。

启示 12：PDM 的业务定位：一级配置库，产品级、阶段性成果的唯一数据源。

启示 13：要用好 PDM，先梳理作业流，作业流顺畅，则 PDM 顺畅。

第 7 章

配置管理与软件的完整性、一致性和可追溯性

7.1　华为配置管理的前世今生

1998 年，华为在印度班加罗尔成立研究所，并在推行 IPD 流程不久全面向印度学习业界的能力成熟度模型（capability maturity model，CMM）和能力成熟度模型集成（capability maturity model integration，CMMI）。印度是美国很多软件公司的外包方，美国软件工程协会（Software Engineering Institute，SEI）的 CMM 理论在印度得到了广泛实践，印度的软件外包的过程能够提供让人信赖的过程和软件产品。任正非很敏锐地洞察到应该向印度学习软件质量控制，因此在 IPD 变革启动前已经在印度布局。

2001 年，华为印度研究所的试点项目率先通过了 CMM4 级认证；2003 年，华为北京研究所、南京研究所通过了 CMM4 级认证，印度研究所通过了 CMM5 级认证；2004 年，华为中央软件部通过了 CMM5 级认证；2005 年，华为开始在研发领域全面推行 CMMI。

配置管理（configuration management，CM）是 CMM 和 CMMI 的基础模块，要认证 CMM，配置管理的能力也必须达到认证要求。配置管理是为软件质量服务的，侧重于软件过程和流程的规范，这是从软件工程和软件质量方面对配置管理的认知。

配置经理（configuration manager）是配置管理活动的责任者，华为很多从软件开发出身的高管早期都担任过配置经理这个角色。后来由于成立了专职的配置管理部门，配置经理角色逐步从开发代表兼职转变为由配置管理员

（configuration management officer，CMO）专人担任。2010 年，U 国对华为启动网络安全认证，识别出华为在配置管理方面与其要求的差距，其中就有配置经理团队的缺失。因此，华为重新启动了专职配置经理角色及其组织的建设，以加强配置管理的组织能力。

PSST 从各产品线开发代表、测试经理、版本经理等角色中抽调了 50 多名有一定经验的人员担任专职配置经理。

从这个历史看，配置管理是为网络安全服务的，或者说，配置管理也是网络安全的基础能力。但是，配置管理到底是什么，答案还不仅于此。

2003 年，华为在国内的两大友商 U 公司、G 公司采取各种不法手段，疯狂地窃取华为核心技术，华为产品的研发文档、软件的源代码、项目的立项材料等总是轻而易举被其获取，信息资产泄密案件频发。在此严峻形势下，如何保护自己的信息资产，已经成了公司生死存亡的问题。成立专业的信息安全团队，是当时有针对性地防范对手窃密的举措之一。

2005 年，任正非说过这样的话："我们一定要为我们的生死存亡负责任，如果我们死了，我们什么都没有了。我们活着的时候少吃一块，拿一块来保护安全，就能活下去，所以信息安全问题一定要加强。"

而信息安全的重点是研发过程资产的保护，因为越是产品开发早期的信息资产，如产品的立项报告、产品需求、产品的总体方案等，越是竞争对手所需要的。软件的源代码也是破解华为产品的工作原理、实现方式、竞争优势，甚至直接抄袭产品设计的主要来源。因此对负责产品研发过程开发环境的部署，并拥有开发工具与 IT 系统权限的人员的管理在防范竞争对手窃密方面尤为重要，因为负责这些操作的人员，等于掌握了项目组所有数据及以研发过程的钥匙，是信息安全最敏感的岗位。

这些工作早期就是由 CMO 负责的，CMO 是开发代表在配置管理方面的助手。因为开发代表是 PDT 的核心成员，负责的工作非常繁重，其兼职的配置经理又有很多属于操作性的工作，如以上的开发环境搭建、为员工开权限，还有冻结配置库、拉分支、打基线等，这些工作技术含量不高，但时时刻刻都在发生，开发代表确实需要这么一名助手。

由于信息安全集中管理的需要，当时华为决定成立专职的配置管理部门，把这些 CMO 在行政归属上集中到这个部门统一管理。这个部门除了负责 CMO

人员的成长与发展，还要重点对他们的岗位模型、素质模型进行设计，尤其是需要忠诚可靠、稳定，不会出卖公司的机密。因此 CMO 类似于是研发项目组的"机要员"，信息安全责任很大，她们（该部门女员工居多）甚至享受华为特殊的"保密津贴"。

因为有了专业的配置管理部门，各产品线开发代表就将配置经理的重任自然而然地"过渡"到 CMO 那里。渐渐地，华为研发的配置管理工作就变成了 CMO 的日常操作。由于 CMO 能力不足，而且（那个时期配置管理的重心是通过集中管控关键岗位人员以及关键的配置库系统确保信息安全，为了达到这个目标，配置管理部甚至从 2005 年开始一度归属 PSST 的 HR 部门（也曾经称为"干部部"）管理）组织的定位有错位，有些原来开发代表兼职可以做好的事情，慢慢地被真空化了，CMO 配置管理的能力出现了回退。

2006 年，G 公司被华为并购，U 公司也由于技术路线的选择错误迅速走向衰落，不再对华为构成竞争威胁。华为信息安全重点防范的对象消失了，信息安全政策面临很大的质疑和挑战。原来因为激烈的市场竞争，为了重点防范来自恶意竞争对手的有组织窃取机密，华为对信息资产进行了全面管控的比较"左"的策略，一时间，研发文档几乎都被贴上"机密"标签，任何的 Office 文档，都进行了加密，打开文档需要通过权限管理服务器鉴权，严重地制约了文档的共享性，研发员工纷纷吐槽，研发文档的创建和共享的积极性受到很大的打击。

2007 年 6 月华为内部报刊《管理优化报》上，有人撰文《绝密文档何其多》，批评文档被随意提高密级，导致查阅、共享效率低下的乱象。文章说"'绝密'是防弹轿车，不能人人都坐"，很形象地指出随意提高文档密级，限制了知识共享。

1998 年 6 月 18 日任正非与 BOM 数据管理中心座谈时，有人向任正非提了一个诉求："希望提升 BOM 工程师涉密等级。"任正非很明确地给予了肯定的答复，而且对坐在他旁边的李一男（时任研发总裁）说："文档就是拿来共享的，什么都装在你李一男一个人的脑子里，这样的文档还有什么价值呢？"2007 年前后，他开始纠正信息安全过去过"左"的做法，曾经说过这样的话：就像我们居家过日子，把家里的什么东西都当成宝贝锁在保密柜里面，拿东西、找东西很不方便，而且这么全面防御，真正值钱的东西也没有保护好。所以要采取重点防御策略，明确信息安全的防范对象，识别出关键信息资产，加上适当的防范措施，其他大量的非关键信息资产，应该尽可能方便地共享。

新的斗争形势需要新的信息安全政策，过去的信息安全为了防范竞争对手，严格管控共享范围，设置多重保护锁；而现在的信息安全则是以共享效率为优先，将全面的防御变成重点防御。这就是"抓关键，促共享"的信息安全管理策略。具体来说，就是识别海量的信息资产中需要保密的少量关键信息资产（key information asset，KIA），设置比较高的密级，采取重点防范；而对于大量的非 KIA 资产，要采取措施提高共享的便利性。

组织也要跟着调整，原先的配置管理部放在 HR 下面是为了对重点人员重点监控，但现在配置管理部的定位要回归配置管理业务，放在 HR 下面显然不合适了。2009 年，200 多人的配置管理部与当时的产品数据管理部合并，配置管理这块业务成了产品数据的一部分。

从这个时期配置管理部门变迁的历史又可以看出，配置管理与信息安全也有非常深厚的渊源。可以说，配置管理也是信息安全的基础。

特别需要说明的是，在华为，信息安全与网络安全是两个概念。信息安全是为了保证信息资产的安全，以防止有意或无意泄密、保护公司的智力资产为目标的。而网络安全是确保产品的安全运行，不被第三方攻破，产品中不含木马、后门，保护隐私，并以取得客户、政府及公众的信任为目标的。

配置管理部虽然在 2009 年划入了产品数据管理部，但其信息安全属性依然存在，这些人依然据有项目组的配置库权限，掌握华为研发信息资产宝库的钥匙。尤其是华为少量的项目要求密级比较高，需要专人负责，因此当时从 200 多人中挑选了少数几个人负责这些高密级项目的配置管理，这些人就留在了信息安全部门。其他人的信息安全等级要求则与普通开发人员差别不是很大，只要遵守信息安全纪律即可。这次剥离解放了配置管理部员工的思想，使他们从原先的类似于仓库保管员的 CMO 角色转变为配置管理工程师（configuration management engineer，CME）角色。

然而，从配置管理业务的定位看，它既是软件质量、软件工程的基础，也是网络安全的基础，信息被安全剥离后，又与产品数据管理走在一起，甚至还有人说，配置管理也是研发协同效率的基础，应该与项目管理归为一类。那么，配置管理到底是什么？其"身份"为何如此扑朔迷离、神秘莫测？

7.2　业界的配置管理

1962 年，美国空军首次提出了"配置管理"这个概念。20 世纪 70 年代后期，美国空军批准了 MIL-STD-483 标准——《装备、军火和计算机程序的配置管理实践》。该标准首次明确定义了配置管理的工程实践，适用于美国国防部各部门及其承包商之间在产品研制和交付过程中对合同工作说明书（statement of work，SOW）以及合同变更的一致理解。其后，航空航天、汽车、软件、核电、军工等行业分别采用并发展了配置管理标准，而且基于行业的特点，强调各自全面的业务流程中的特定方面，演变出具有行业特点的配置管理的术语与方法论。

1992 年，MIL-STD-973 标准发布，重点用于军工企业。

1998 年，美国国防部赞助，美国国家标准学会（American National Standards Institute，ANSI）与电子工业协会（Electronic Industries Association，EIA）联合开发的面向"最佳商业实践"的 ANSI/EIA-649 标准 *National Consensus Standard for Configuration Management*（《国家配置管理共识标准》）发布，并有相应的手册（GEIA-HB-649）用于解释此标准。从而取代了原来军方的标准，成为普遍的商用产品开发中的配置管理标准。

该标准认为配置管理所支持的"产品"用于指代文档、设施、固件、硬件、材料、工艺、服务、软件和系统。而且，不仅要管理产品的软硬件的信息，也应该关注其过程。

20 世纪 90 年代中期的 ISO 10007 标准，《质量管理之 CM 指南》（*Quality Management Guidelines for CM*），非常简练地描述了配置管理的基础术语和相关过程以及过程所涉及的活动定义。

以上标准都定义了配置管理的四大核心活动：配置标识（configuration identification，有时缩写为 CI，但注意不要与配置项的缩写混淆）、配置控制（configuration control，或称变更控制，缩写都是 CC）、配置状态发布（configuration status accounting，CSA）、配置审计（configuration audit，CA，或称配置审核）。但没有明确配置项（configuration item，CI）是产品、硬件还是软件，当标准高度抽象后，不区分什么是配置项，放之四海而皆准。考虑到

20 世纪 70 年代后期软件的发展还处于非常初级的阶段，当时配置管理面临的对象主要还是传统的电子、机械件等硬件，所以，如果说配置管理起源于硬件开发，这是没有问题的。

而 IEEE828-2012《系统及软件工程配置管理标准》则定义了系统工程、软件工程的配置管理流程。该标准的配置管理以支持软件产品为主。

STEP AP242 E2（ISO 10303-242:2020）对配置管理的定义与配置管理过程和 ISO 10007 基本一致，但配置管理对象重点是产品结构、相关文档、软件组件。其中，软件组件与数字控制（numerical control，NC）程序只有作为 Part 管理时在标准范围内，管理软件 Code 与 NC Code 不在标准范围内，NC 程序仅作为参考文档。这是明确把软件配置管理的过程排除在外的。该标准侧重数据模型与数据交换，包含显性配置管理、隐性配置管理、条件有效性、单元/序列号有效性、日期有效性、配置项、产品概念（对应于华为的 Offering 及其特性、产品目录）、BOM。

本书第 3 章所述的各种产品配置（合同配置、交付配置、订单配置等）、配置器、配置算法的"配置"，包含在 AP242 定义的配置管理标准范围中。

中国也很早就有配置管理的实践，然而，对配置管理的理解，各行业很不一致，甚至对于 Configuration Management 这个术语的翻译也不尽相同，有些行业称为"技术状态管理"，有些行业则称为"构型管理"。这些行业主要是航空航天、汽车等。软件业则倾向于翻译为"配置管理"。

1993 年，SEI 发布了 CMM，该模型定义了软件能力成熟度 5 个级别。从二级开始，软件配置管理（software configuration management，SCM）是一个关键的流程域（process area）。在软件配置管理的关键实践中，其中一个就是为软件配置管理定义配置经理。

CMM 所要求的软件配置管理将具体的系统工程、软件工程涉及的配置管理活动具体化了，虽然这些活动要求没有偏离前面那些标准定义的实践，但考虑到软件产品形态和软件开发的具体特点，有很多软件方面的具体活动是前面那些普遍适用的标准所不具备的。

尽管软件配置管理的工具和技术这些年一直在发展，但关于配置管理的定义，业界标准中还是语焉不详，在此收集了一些。

（1）配置管理是一种系统工程过程：在产品的整个生命周期内，建立并保

持产品的性能、功能和物理属性与其需求、设计和运行信息的一致性的系统工程过程。〔维基百科〕

（2）配置管理是一种协调活动：指导和控制配置的协调活动。一般聚焦于在产品生命周期中建立、维护产品或服务及其产品配置信息控制的技术和组织活动。〔ISO 9000〕

（3）配置管理是一种正式沟通的流程。〔CMII〕

（4）配置管理是一门学科：在配置项的生命周期内，应用技术和指导、监控管理对配置项及过程进行标识、控制、状态发布、审计的学科。〔ANSI/EIA-649〕

（5）配置管理是一系列措施：通过技术或行政手段对软件产品及其开发过程和生命周期进行控制、规范的一系列措施。配置管理的目标是记录软件产品的演化过程，确保软件开发者在软件生命周期中各个阶段都能得到精确的产品配置。〔百度百科〕

（6）配置管理是控制软件开发、软件变更的过程："软件配置管理就是一种将软件开发过程引入控制的过程""软件配置管理可以看作一门用来标识，组织和控制软件变更的艺术"。

配置管理是管理、技术、过程、活动、学科、方法论等，或者兼而有之，不同组织可能有不同认识，但可以将其定义总结为这样的句式：配置管理是一种对产品的配置项进行控制的……通过配置标识、配置控制、配置状态发布及配置审计活动，实现产品全生命周期的完整性、一致性和可追溯性。这里的省略号可以是技术、方法论、学科、管理活动等。

配置管理的核心内容是配置项的控制，配置项是配置管理的对象，即四大核心活动：配置标识、配置控制、配置状态发布、配置审计。配置管理的目的是达成三大目标：完整性、一致性和可追溯性。

作为企业，不需要对配置管理进行深入的学术研究，重要的是应用配置管理改善自身的过程，解决自己的问题。所以，也不用过于纠结配置管理到底是什么，而清楚配置管理要做什么、怎么做才是最主要的。

遗憾的是，配置管理要做什么、怎么做，其实这些业界标准也只给了一些框架，因为标准要有广泛的适应性，即便是软件配置管理的标准，也要适用于整个软件行业。普适性意味着高度抽象，到最后，看完了标准，还是不知道配置管理要做什么以及怎么做。

因此，企业必须根据自己业务的目标、业务的现状制定配置管理的策略，清楚地知道配置管理的业务价值。考虑到华为产品的复杂性、软件的超大规模，以及华为在 CMM 及配置管理方面已经积累了 20 多年的实践。华为的配置管理实践与案例无疑对业界，尤其是软件行业有着很好的学习借鉴价值。

华为的实践与案例，可以填补业界配置管理标准的不足，两者结合，可以帮助企业在应用配置管理时获得比较全面的认识与实用的经验。

软件开发相比于硬件变化更快，配置管理在软件的变更控制方面发挥的作用比硬件大很多，所以现代业界配置管理实践的深入应用以及配置管理的方法论、技术的发展更多地聚焦在软件开发领域。可以说，配置管理的理论源于硬件开发，但在软件开发中大行其道，软件开发的规模越大，软件的配置管理发挥的价值也就越明显。华为的配置管理实践也不例外，尤其是早期 CMM、CMMI 的引入使华为比较早就在软件开发中全员实施了软件配置管理的方法论，而华为软件开发在整个研发中占主导地位（华为的总人数中有一半是研发人员，而研发人员中软件工程师的比例保守估计超过 80%），实际上，在华为"配置管理"已经等同于"软件配置管理"。

正因为如此，本章在介绍华为的配置管理实践时是以软件配置管理作为背景与实例的。如果没有特别说明，本书中的"配置管理"缺省为"软件配置管理"。但本章最后会对硬件配置管理与软件配置管理进行一些比对分析。

7.3　一个对象、四大核心活动及三大目标

7.3.1　配置管理的对象是配置项

配置项是可以作为独立管理的工作产品（artefact）的集合，在配置管理流程中作为一个可唯一标识的实体，具有名称、版本号、状态等属性。"工作产品"是软件质量管理的一个专有用语，是指工程师直接产出或通过工具自动产出的数字化信息，用产品数据管理语言描述，可以是对象、属性、文档，也可以是软件代码、数控程序等。"独立管理"的意思是可以单独识别为一项并给予唯一性的标识，同一个配置项或不同的配置项均可以识别出来，不会混淆，

而且可以对其进行版本管理和变更控制。

比如，一篇文档是一个配置项，有文档对象，包括唯一的编码、版本号、名称、owner、生命周期状态等。一个 Part 是一个配置项，也有以上的特征。

又如，一个版本的所有源代码是一个配置项，这是可以的。而这个版本的源代码包含了 10000 个文件，是否可以识别为 10000 个配置项？源程序中的代码行呢，是否也是配置项？考虑到软件编码比较灵活，而从版本到代码行可能在不同的应用场景中有不同的管理需要，以多大颗粒度为配置项比较合适，这是需要讨论的。从管理的精细化来说，当然是越细越好，但也要考虑管理成本是否可以承受。

本书第 6.1 节曾经讲到的案例：CC03FCP 握手协议中，要求在 03、F2 两个字节后面连续插入两个校验和（checksum）FF。而这个关键信息没有形成文档，导致升级后的单板通信失败，两个工程师大费周章，浪费了两天时间。这个“握手协议”如果可以独立管理（比如，独立写一篇《FCP 单板通讯协议》），就可以识别为配置项。如果觉得这篇文档过于琐碎，则可以将此内容纳入更大的文档中，那么这个知识点就不再成为独立配置项，但要在其他文档中有此写作要求，固化到文档模板中，以免漏写。

华为的软件开发经常会有“升级丢特性”的质量事故。一个版本被升级后，原有的特性有丢失，这种情况原因很多，但都不是软件工程师技术水平不足导致的。为了根治这个问题，可以将所有特性、特性对应的测试用例均识别为配置项，而且在配置库里面建立特性与测试用例的关联关系，只要有这个特性，就需要对软件版本实施相应的测试用例，这样就从自动化测试杜绝了这个问题的出现。

“架构腐烂”也是华为软件开发中经常出现的现象。系统架构师最初确定的产品族的架构，随着时间的推移，模块工程师总是会慢慢破坏其接口，导致其他模块接口也要跟着变，到最后架构就与原先相比面目全非了，原来解耦的架构变得“血肉模糊”。为了杜绝这种现象，可以将模块的接口单独识别为一个配置项，然后开发接口验证代码，每次动了模块代码都需要加上这个验证代码的测试验证，确保接口完好如初。这里的系统架构、模块、接口、接口验证代码都是配置项，相互之间可以建立关联关系，确保模块代码变更必须执行相应的接口验证测试。因此“架构腐烂”得以根治。

配置项是被控制的系统配置的一部分，处于配置管理的控制之下。一个配置项在大小、复杂程度和类型上划分非常广泛，可以从整个系统（包括硬件、软件和文件）到一个单一的模块。

可以从以下几方面来理解配置项是什么。

- 产品需求及特性，如原始需求（raw requirement，RR，源于客户）、初始需求（initial requirement，IR，结合了内部的卖点特性、竞争洞察和年度规划后被接受的客户需求）、系统需求（system requirement，SR，考虑系统架构的初始需求）、分配需求（assigned requirement，AR，明确了责任，分配给具体项目组或工程师的需求）、Story（场景化的用户需求，是功能的简短描述）、特性清单、特性描述、功能清单、特性影响分析报告、系统需求清单等文档。
- 系统、子系统、模块等对象，以及描述该对象和接口的文档、源代码、开源代码、测试计划、测试用例、测试报告等。
- 软件目标程序、硬件技术文件、BOM、营销资料（配置原则、主打胶片、市场销售指导书、版本概述、版本价值说明书、投标支撑文档等）。
- 设计、开发、测试、构建环境与工具，如编辑器、编译器、安装指导、测试工具与脚本、第三方工具、自研工具。

这些配置项总结起来是两大类：结构化的配置项，包括 Part、BOM、需求、特性等结构化数据；非结构化的配置项，包括文档、软件代码等。

7.3.2　配置管理四大核心活动

1. 配置标识

配置标识是产品生命周期中划分选择各类配置项、定义配置项的种类、为它们分配标识符的过程。配置标识的重要内容就是对配置项进行标识和命名。配置标识是配置管理的基础性工作，是管理配置的前提。企业缺乏配置标识，基线管理、变更管理将无从谈起。

在此活动中，合理划分配置项非常重要，应该不断接收来自质量管理、网络安全等方面需求，刷新配置标识的规程，将影响产品质量属性和网络安全属性的重要对象识别为配置项。

另外，配置标识还应该包括信息结构的规划与管理。配置项不是孤立存在的，而是相互之间存在关系。在硬件领域，Part 对象及其属性就是一种信息结构，BOM 也是；在软件领域，软件的目录结构也是配置项的关系表达，识别软件配置项要根据业务需求合理划分目录结构，重要的软件源代码、文件可以考虑单独建立目录，作为独立配置项管理。

配置项只有在信息结构上呈现层级关系才能得到有效的控制与管理。

2. 配置控制

配置控制就是通过一定的机制控制对配置项的修改，可以理解为变更管理的流程，是指对已基线化后的配置项，或者说已发布（或正式化）的对象进行变更的管理过程。

EC 是变更管理的一种特例，除了 EC，还有计划变更、市场需求变更、研发需求及设计变更。此处重点讨论软件的研发需求及设计变更。对 EC 不再赘述。

讲到变更，要先解释什么是基线。

基线是指在特定时间点经过正式评审或批准的单个或多个配置项的集合。基线是后续开发活动的基础，它的变更必须遵循变更管理流程。

作为配置管理的基础，基线保证了后续开发活动所需信息的稳定性和一致性，基线一旦建立，可以理解基线的内容已经被"冻结"，不可以随意更改。

基线对于现代产品的协同开发是非常必要的，在多人协同作业、并行开发的情形下，团队必须按照一定的节奏将产品开发向前推进，因此要约好什么时间需要将团队的工作成果"冻结"，以便测试验证工作继续。上一基线提交测试的同时，下一基线可以继续开发，这是基线的好处。但基线与以前介绍的硬件版本又有所不同，基线可以比较灵活地对不同人员迭代开发的成果的不同时刻进行设置，而不是必须是最新版本。因为软件开发没有硬件实物的负担，不会产生实物消耗与损失，发现新版本有问题，而老版本没有问题，完全可以"回退"到老版本。

通用变更管理流程如图 7-1 所示。

图 7-1　通用变更管理流程

与前述的 EC 流程一样，这个通用的变更管理流程也有变更请求（change request，CR）—变更通知（change notice，CN）—变更活动（change activity，CA），也是一个 CR 可以创建多个 CN，一个 CN 可以创建多个 CA，所有 CA 关闭，CN 关闭，所有 CN 关闭，CR 关闭。

业界有软件生命周期管理（application lifecycle management，ALM）专门用于软件及系统的生命周期管理，对应于 PLM 管理产品级的结果数据，ALM 则管理软件级的结果数据。考虑到软件变更频繁、版本多，过程烦琐且过程数据多的情况，这种分层还是必要的。也就是说，PLM 定位为产品级，最终结果的一级配置库；ALM 可以定位为软件级，阶段性结果的二级配置库；而代码配置库则是三级，软件过程的配置库。也就是 PLM—ALM—CML 这 3 层的 IT、工具架构。每一层都实现软件过程的自循环，按照一定规则，到了阶段性、基线化时才向上级提交结果数据。

以下有几个业界最佳实践。

（1）变更对象，如代码、文档与变更电子流集成在一个 IT 系统中，使变更的分析、评估、决策、实施的过程可视且在实施时自动更新数据。变更的内容一旦被系统接纳和实施，则变更对象自动升级为新的版本。

（2）系统自动、动态地分配任务与权限给变更责任人。如果没有好的 IT 系统，可能需要 CMO 人工为变更责任人开放权限，完成后人工收回权限。有了 IT 系统后，变更责任人在接收到任务的同时，系统已经根据任务中添加的对象自动赋权了，而且一旦完成评审、提交，系统自动收回权限。

（3）变更电子流与评审流程无缝集成，可以在电子流中直接链接评审流程、指定评审专家、汇总评审意见等。

（4）CCB 分层设置，如项目级 CCB、产品级 CCB，下层能决策的事情自循环，不能决策则再升级。

3. 配置状态发布

有的地方翻译为"配置簿记"，这样的翻译应该没有完全领会配置状态发布的内容与实质。配置状态发布指记录和报告用来有效管理配置所需的必要信息，这些信息包括一个业已批准的配置识别清单、变更请求的当前处理状态，以及已批准的变更的实现情况。简言之，就是记录与发布配置项的全量清单、配置项的变更状态。

记录与发布的主要内容包括配置项状态、基线建立情况、版本发布情况、变更情况、配置库及权限情况。

记录与发布的主体是配置工程师。发布的频次则是周期性或事件驱动，这些需要在配置管理计划中预先定义好规则。

对于软件开发来说，由于这些信息时时刻刻在变化，而且不同的人需要的信息不同，所以，通常情况下不会真的由配置工程师写一份"配置状态发布报告"，而是由 IT 系统根据规则自动形成这些信息，并根据规则自动推送到相关人员的任务单、桌面上。

举例来说，缺陷报告是一份配置状态发布报告，但这样的报告其实是与自动化测试工厂集成的，自动化测试平台在执行测试用例的程序时会自动报告缺陷并自动形成缺陷率、缺陷密度、缺陷数量这样的指标，自动发放给质量保证经理（quality assurance，QA）以便随时评估软件包的质量成熟度。

4. 配置审计

有时候翻译为"配置审核"。

配置审计是确认、验证一个发布的基线已经通过测试证明符合所有的功能需求，并且包含了它应包括的所有配置项的过程。

配置审计包括物理审计、功能审计、配置管理过程审计。配置项是否完整，基线内容是否完整与正确，相关的更改是否已经正确实施，这些依靠确认、比对就可以实现的配置审计称为物理审计；而产品实现的功能是否和设计规格需求保持一致的配置审计需要通过代码检视、评审或者测试验证加以确认，这种配置审计称为功能审计；另外，还需要建立事后审计的机制，确认配置管理流程是否被正确有效地遵循，这种流程遵从性的配置审计称配置过程审计。

7.3.3　配置管理的三大目标

配置管理的最终目的是确保产品在整个生命周期内的完整性、一致性和可追溯性，这就是配置管理的三大目标。

1. 完整性（integrity）

表面看完整性是指组成一个产品的配置项或一个配置项的下级配置项要完整。比如，一个版本配置项，应该包含组成这个版本的所有源代码、二进制文件、文档、产品包资料。如果缺失配置项或配置项里面的关键信息，则该版本是不完整的。

2012年时，华为的运营商BG产品质量经过了长足改进，已经跻身于世界前列，尤其是在客户网络上运行的版本非常稳定，获得全球客户的高度认可。

然而，当U国政府对版本的源代码进行网络安全认证时，发现部分版本有源代码缺失现象，以至于无法拿到完整的源代码对版本进行重复构建，还原版本失败，而代码可以重复构建是网络安全认证的基本要求。

华为下了大决心重构了这些源代码，用当时PSST总裁丁耘的话来说，"几乎把所有版本的源代码重构了一遍"，可见代价之大。如果源代码配置项不完整，虽然短期内版本质量没有问题，但等到需要重复构建版本证明现网运行版本是可信时，就会由于源代码缺失而无法实现重复构建。

完整性还有另一层意思，就是系统是安全可信的，从软件的编码到构建、测试、版本发布、网络部署、运维全生命周期过程中，代码、版本都处于一个安全可信的环境中被生成、更改、发布与运行，没有被恶意地拦截、篡改，系统不会出现崩溃、宕机，系统的抗攻击、渗透能力很强等。通俗地说，就是系统没有被破坏过，或者防护能力、抗破坏力足够强。

2. 一致性（consistency）

需求文档与客户真实需求一致，产品功能与需求一致，软件版本与构建该版本的源代码及构建工具一致，软件版本与硬件版本兼容，两者的版本配套才能确保系统可以工作，这些都是一致性。

前面的案例提到过"升级丢特性"。丢了特性，一方面说明版本的完整性被破坏了；但另一方面也说明该版本与需求定义不一致了，进一步分析则是该版本的测试用例不完整，需要测试验证的内容与版本的需求定义不一致，导致了漏测试，无法从最后的确认环节上保证一致性。

一个基线下的所有配置项经过各方面的审核、测试、批准后已经保证一致，但变更可能破坏其一致性，因此要有配置控制，以使变更的过程规范化、流程化、数字化，从组织、流程、工具上维持一致性。

3. 可追溯性（traceability）

可追溯性的第一层含义是指所有的配置项及其变更过程都进行了识别与记录，随时可以获得。

第二层含义是指软件的任何代码编写都是有来源的，要么是客户、需求变更，要么是修复缺陷。因此，可以顺着 RR—IR—SR—AR—Code 这样的需求到代码的追溯链展现一个客户的原始需求被实现的过程，或者顺着产品缺陷（bug）—CR—CN—CA—Code 这样的缺陷修复链条展现一个缺陷被修复的过程。通过 ALM 之类的 IT 系统，可以将追溯链变成自动分解、自动赋予代码开发者"合法"变更代码权限。这就可以杜绝开发人员随意提交变更代码的可能，从制度、IT 系统上提升了开发过程的透明、可信。

第三层含义是指如果出现了问题，如网络安全的事故，可以通过反向追溯是谁、什么时间、出于什么原因改动了代码。

可追溯性的最后一层含义体现在可以通过配置项之间的关联关系，查询软件组件在版本、产品中使用的全部清单。例如，对于软件组件中发现的缺陷，通过反查配置管理系统，可以快速检索用到了问题组件的所有版本和产品，以便将补丁同步到所有的版本分支上，确保一致性。

网络安全的漏洞也是如此，因为现代软件开发大量应用了开源组件、第三方软件，而这些软件经常会由专业网站公布、披露其网络安全的漏洞。配置管理的可追溯性必须确保可以迅速反查到使用了这些软件的版本和产品，并通过产品的发货系统、技术支持系统进一步查询到是哪些客户哪些网点部署了相应的版本，甚至客户的特性是否与此漏洞有关，以便快速对漏洞的风险作出预警、打补丁等规避措施。

启示 1：企业应该理解配置管理为什么做，应该做什么，怎么做，如图 7-2 所示。

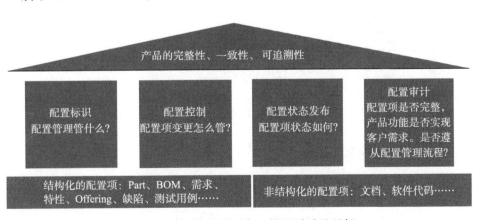

图 7-2　配置管理的对象、核心活动及目标

7.4　从代码持续提交到版本持续交付

相比于硬件，软件最大的特点在于它是数字化的信息，且可以"零成本复制"。另一个特点在于软件有源代码与二进制代码之分，人工编写的源代码必须先经过编译才能变成计算机可以直接读取的二进制文件，或称目标代码、目标文件。多个源代码、二进制包必须通过构建才能形成可以安装的版本。编译（compile）就是通过工具（编译器）将源代码转成二进制文件。将目标文件链接（link）在一起，形成可执行文件，然后再生成安装包的过程，称为构建（build）。

构建的版本经过测试验证，质量达到目标就可以发布。发布也不是简单地将版本发放出去，而是要将测试通过的版本，以及该版本相关的版本包的资料、文档走发布评审流程，经过评审专家评审，经过 IPD 中的制造代表、技术支持代表、营销代表等版本接收方的审核后，才能将版本打上"正式发布"状态标签。这意味着生产部门可以将此版本安装到需要发货的机器（预安装场景），或者技术支持部门可以到客户现场将此版本安装到客户网络上（现场安装场景）。版本最后都会在客户网络上运行，这是通过"版本部署"实现的，如图 7-3 所示。

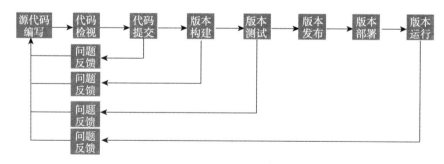

图 7-3　从源代码编写到版本运行全流程及问题闭环

为了保证最终版本的质量，需要在几个关键环节对软件进行检查、测试、验证。

首先，代码从个人工作空间提交到配置库公共空间之前要经过检视。通常情况下是软件工程师将代码提交给主管，由其对代码进行走读，当然也可以采取"串讲""交叉检视""同行评审"等软件开发的实践确保代码质量。这些实践华为都采用了。现在更是增加了网络安全的要求，在代码检视环节就要对代码的安全性进行检查。在这个环节发现代码有问题进行修改代价是最低的。

其次，在版本构建环节中，我们也会对代码是否可以成功构建成一个版本进行综合检验，同时还会检查代码所配套的编译工具、构建工具等是否齐全，版本是否正确等。因为从源代码到版本，中间可能有很多层级，而且是不同团队在编写代码，还涉及一些中间件、平台版本，这个过程靠人工是很难完成的。华为很早就采用"构建中心"这样的工具进行自动构建。当然，构建的过程中需要有构建脚本，持续集成工程师（continuous integration engineer，CIE）会编写脚本，自动调用在不同区域、不同配置库、不同路径下的文件，自动编译、链接，最后成为一个版本。华为后来的构建中心甚至可以做到"一键式"构建，只要前端有源代码提交，就会自动触发构建的更新，使构建中心自动工作，形成与源代码一致的最新版本。而这个环节只要构建所需的配置项有任何一项缺失，如源代码缺失、编译工具缺失，构建就失败了。所以，这个环节也是对版本质量的一个重要把关。使构建中心会自动报警，提示 CIE 和版本经理：构建失败或版本存在质量、网络安全风险。CIE 和版本经理可以及时处理这些警告，某些情况下可能还要对前端的源代码进行修改。

再次，构建成功后进入版本测试环节。华为有自动测试工厂，将测试方案、测试用例转换为自动测试的程序，按照测试计划要求对版本进行不间断的测试。自动测试工厂与构建中心集成，只要构建成功，自动测试就会自动启动。如果测试出现问题，就需要测试工程师"提问题单"，进行前端更改。

QA 经理会输出缺陷密度报告，以评估版本质量是否达到发布的标准。

最后，版本部署到客户网络上开始运行，此时如果再发现问题就属于"网上问题"，客户通过华为的"投诉平台"提交问题反馈。这对研发团队来说就属于质量事故，要根据问题的等级对主管问责。在此环节解决问题的代价也是最高的。

对于流程最前面的软件开发工程师来说，他们当然希望问题越早发现越好，但有些问题可能确实需要到一个完整版本被测试的时候才能被发现，所以从质量控制的角度看，快速构建、快速出版本、快速测试验证就显得很重要。源代码可以持续不断地提交，但怎么控制构建的节奏、测试的节奏、出版本的节奏？

前面介绍的配置管理的四大核心活动还不能解决这个问题。为此，对于软件的开发过程，还需要引入几个重要的管理活动——基线管理、版本管理和配置库管理。

1. 基线管理

基线管理是 CME 的基本职责，也是前述四大核心活动的综合应用。

首先是基线评估。CME 收集本基线需要包含的各领域每个配置项，此时的配置项需要指定到具体的识别码和版本号、对应到配置标识，然后由配置经理对配置项进行配置审计，检查是否满足入口标准。

其次是基线记录。CME 冻结关键配置项的修改权限，给配置项打上基线标签，然后更新配置项清单（识别码、名称、版本号、责任人等属性），并描述本基线与上个基线的差异点。这个活动对应前面的配置标识。

最后是基线的批准与发布。由开发代表或 CME 提交配置审核报告、配置项清单、基线差异报告进行评审和批准。通常由 PDT 开发代表或项目经理批准。基线批准后，CME 发布基线报告。这个活动可以对应前面的配置状态发布。

关于基线标签、基线配置项清单、差异点的这些活动，在之前工具还比较落后的情况下是靠 CME 人工完成，但现在基本可以自动化了。

2. 版本管理

华为的软件规模都很大，一个 Release 版本，包含上亿行代码行是常有的事。开发团队的规模也很大，经常是上千人开发一个版本，而且这些人可能分布在全球各地。加上华为很早就实施了 IPD 的异步开发（产品开发和平台开发分离）和 CBB 等优秀实践，导致一个 Release 除了需要集成产品部分的代码，还要集成平台的二进制包。

举例来说，无线基站控制器的一个 Release 版本 R511，其中有 20%的代码是上海的 PDT 写的，80%的代码直接调用了深圳的某平台的 R101 版本，该平台版本又调用了印度研究所某平台的 R645 版本……

这样的产品版本与平台版本的关系很容易让人联想起本书第 3 章介绍过的华为大规模定制的 ATO 制造模式。这里的平台版本，很像是 ATO 中的"半成品"，就是预先开发的、已经打包成版本的平台。因此，产品的新版本开发就不必从所有的源代码开始，而是基于平台这个"半成品"，做少量的产品源代码开发就可以了。

源代码开发的量减下来了，代码提交就可以更快一些，代码的质量从构建和测试闭环的速度也可以加快。

版本的构建也不必都从源代码开始。除了直接调用大平台的二进制包进行构建，还可以采用增量构建方式，即构建中心自动识别哪些代码是新的，哪些是上一个版本就有的，只对新增部分进行构建，减少版本构建的工作量，缩短版本构建的时间。

版本的测试分单元测试、系统测试、集成测试。对于一个大版本，所有的项目组都必须等到所有的工作都基线才能得到一个可以进行测试的版本，时间太长，因此，构建可以分层进行，如项目级构建、版本级构建、产品级构建，这样可以让代码开发人员尽快得到一个可以测试的小的版本包，完成各自的单元测试、系统测试，确认没有问题后，再将代码向上级配置库提交。

"拉分支"也是一个有利于持续集成的配置管理实践。分支可以减少等待，分头工作。比如，某主干版本已经在集成、测试过程中，结果还没有出来，而开发人员的分配需求还有后续工作没有完成，但又不想影响已经基线的主干版本，此时就可以拉一个分支出来，在分支上继续开展后续的需求实现工作。"拉分支"其实就是利用软件的"零成本复制"特点，复制一个主干的所有目录结构与文件出来，齐头并进开展工作。所以分支等于是一个并行版本，需要在配置标识时注意其版本号的规则，便于发现问题时可以将更新同步到所有分支上，不会遗漏。当然，现代化的配置管理工具已经提供了自动编版本号的功能，提升了同步更新的全面性。

与"拉分支"对应的是"合代码"，因为分支是暂时的，其更新内容最终要合并到已经测试过且没有问题的主干版本上，以便形成新的基线。配置管理工具也提供了合并代码的功能，可以提供校验机制，检查对代码行的更新的冲突。

敏捷开发的实践在 2009 年传入华为，很快在软件开发中被普遍采用。敏捷开发的本质就是将原来版本特性的大颗粒度软件开发转变为以小颗粒的迭代为单元的开发，开发团队可以快速地对迭代进行构建、验证，以确保过程质量，缩短产品的开发周期。持续集成（continuous integration，CI）是敏捷开发对配置管理的要求，就是将图 7-3 所示的过程变得非常短，不断地在提交代码、不断地构建版本、不断地测试、不断地迭代。敏捷开发也分层级，有项目级敏捷、版本级敏捷、产品级敏捷。产品级敏捷是商业层面的，需要客户的认同与配合。但华为很多产品还是可以适用产品级敏捷的，如云产品，可以不间断地将新的迭代部署到运营环境中，从源代码编写到版本部署的全过程都变短了。

持续集成还只是企业内部的过程优化，如果到了持续交付（continuous delivery，CD），那就把整个软件从产生到使用、更新、维护都包括进去了。

3. 配置库管理

不管是配置管理的四大核心活动还是软件过程的基线管理、版本管理，以及版本管理中的"拉分支""合代码"，乃至于持续集成、持续交付的工程实践，都要基于 IT 系统、工具的能力。配置管理的理论体系在 20 世纪 70 年代就已形成，当时的配置管理实践基本上还是依赖人工、纸件的作业。随着软件技术、计算机技术的快速发展，现代化的配置管理则越来越依赖自动化的工具来完成这些活动了。

华为已经实现图 7-3 所示的软件全过程的自动化，持续集成与持续交付已经是软件的普遍实践，也是软件开发的必要能力。而这种能力的工程基础之一就是配置管理。

从源代码编写到版本部署、版本运行，至少涉及代码配置库、构建中心、自动化测试工厂、版本管理平台、技术支持平台（面向一线技术支持工程师和客户）、PDM 系统等 IT 系统。其中与每个软件工程师都有关的系统是配置库。配置库是管理源代码、代码的目录、基线、分支、代码合并的重要的 IT 系统（或工具），是软件开发的基础工作环境。要开展配置管理，首先就要部署配置库。

配置库的管理包括配置库创建、配置库维护、配置库归档、配置库下线等活动。这些工作的责任者是 CME。

配置库首先可以理解为所有配置项的目录结构。要开发一个软件，首先要建立配置库目录，目录可以分层分级，而且要有配置项的识别码、版本号等属性信息。配置库除了具有文件夹的功能，还有基线、分支、锁库、ID 与版本号自动生成等基础功能。配置库除了要有一般的"存放"文件的能力，还要有对这些文件与文件夹的编号、版本升级、打标签等能力。

配置库里面完整的配置项应该包含源代码(含开源代码)、依赖的库文件、研发工具使用清单（含自研工具、第三方工具、操作系统等）、构建脚本、环境搭建脚本（如设置环境变量、创建目录、安装工具等）、产品编译指导书等。

配置库里面的目录设置是配置标识的重要内容，要遵循一定的规则，如源代码与二进制文件分开等。

构建脚本里面会包含所需组件的目录位置，因此，配置库里面的文件位置不能轻易移动。

配置库的配置是比较灵活的，一个项目组可以单独部署一个配置库，而且这种分布部署的配置库可以实现前文所述各项目组并行工作的作业模式。然而，各项目组独立完成的工作需要在系统、产品级别上进行集成，所以，配置库的部署也是分层分级的，这样的配置库部署要在配置管理计划（configuration management plan，CMP）中明确。CMP 应该包含产品环境与工具要求、产品工具使用策略及工具配置管理策略、产品配置库管理原则、配置库结构等配置库管理的相关要求。

启示 2：企业可以引进业界配置管理通用方法论并加上基线管理、版本管理、配置库管理等活动，以及软件提供的自动化能力，来搭建持续交付的软件开发环境。

7.5　U 国的网络安全认证

2010 年下半年，U 国国家网络安全中心的首席信息官（chief information officer，CIO）I 博士给华为的高层发了一封邮件。在邮件中，他陈述了华为在 U 国 B 运营商的代码提存交付的两年多的时间里，没有一次是一次性交付成功的。

所谓的代码提存，是指华为的大 T（如 B 运营商）为了确保网络的长期持续运行，要求华为不仅要向其提供二进制的版本，而且要提供构建这个版本的所有源代码、构建工具、运行环境、操作系统等。他们要求这么做的目的，起初是在供应商倒闭或无法继续提供后续版本升级和服务的情况下，客户自己可以用源代码继续开发，以维持网络的延续运行。后来发展为需要根据这些源代码追溯版本是否含有木马、后门，有没有病毒，确保网络安全。他们除了要对这些源代码进行各种扫描，还要在自己的环境中重新构建一个版本，并与网上运行的版本比对，确保交付的源代码是正确的。

随着华为逐步成为 U 国的主流供应商、华为产品进入 U 国的所有运营商，华为网络在 U 国的地位越来越高，U 国政府对华为网络的安全担忧也越来越高。因此，U 国政府对华为发起了网络安全认证。

所谓的"没有一次是一次性交付成功"，有以下几个方面的意思。

（1）华为的源代码交付到 B 运营商后，运营商发现里面的配置项不完整（配置管理的完整性），如源代码不全，或者第三方的组件、开源软件的信息（版本、供应商等）不全；或者构建的指导书文档写得不够详细，无法指导客户自行完成构建。

（2）由于配置项的种类过多，客户无法获取到这么多的环境来完成自己的构建、测试过程。例如，软件的操作系统种类过多，不够归一化（配置识别出了问题，环境配置项类别过多）。

（3）客户没有足够的配置管理环境完成构建过程，无法证明所交付的代码是否完整，测试评估后无法对现网运行的版本安全性作出结论。华为内部可以搭建如图 7-3 所示的全过程自动化的工具，可以由构建中心完成一站式的构建，但客户没有这样的环境（配置库管理没有达到要求）。

（4）客户完成构建的版本与现网版本进行比对，发现不一致（配置管理的一致性的目标无法达成）。

I 博士在邮件里说："配置管理对于正在运行的网络的安全是一个至关重要的问题，它可以建立有效的记录与可追溯性，从而使我们的编码与构建过程是可视、可重复的，记录与数据在需要时是可以获得的，因此从根本上保证了安全性。……这么多年来，华为在 B 运营商试图用工作组专门交付代码，'临时'解决配置管理问题，U 国政府不能接受这种方式，华为应该将配置管理纳入 IPD，以长期、彻底解决 U 国所有运营商的网络安全的基础问题。"

配置管理，一个这么基础的问题，一个在研发都快被遗忘了的问题，就这么被 I 博士"捅"了出来，而且直接"捅"到了华为高层。当时华为好几位负责网络安全和政府关系的领导都惊诧莫名：配置管理，什么是配置管理？怎么会上升到 U 国政府关注的层面呢？

配置管理不管是从哪方面来说都是基础，软件质量、开发效率、信息安全、网络安全各方面都离不开，但是配置管理在华为的发展是走过弯路甚至出现过倒退的，原因在于原先的配置管理的目标只是保证客户网上运行版本的稳定可靠。而且，由于华为很早就引入了质量管理的理念与实践，产品质量有很强大的测试验证能力的保障，还有一支专业的质量管理队伍——QA 团队。质量是产品的生命线，华为在质量改进，以及质量管理的理念融入产品开发过程、产品交付过程的方方面面花费巨额的成本，在各级主管、员工心目中深入人心，因此经过 20 多年的改进，华为产品质量获得了巨大的成功。配置管理对产品质量的贡献、价值被低估了。

后来，由于信息安全的形势所迫，配置管理被定位为掌管华为研发宝库的钥匙，赋予了过高的信息安全的责任，反而偏离了配置管理的初心与使命。定位不清也导致了业务发展的停滞与萎缩。

然而，I 博士的邮件非常明确，配置管理做不好，U 国网络安全认证通不过，华为产品在 U 国也不能继续销售了。

2011 年 4 月 5 日是中国的清明节，I 博士带队的 U 国政府团选择这一天访问华为纯粹是巧合，华为并没有因为传统假日而轻松。I 博士向华为下了"最后通牒"：半年内再次过来检查华为的配置管理改进进展，必须有"明显的改进"，而且当时向他承诺的几个改进点都要落实。

当年的 9 月底，他果然如约而至，而且带着 U 国所有运营商的首席安全官（chief security officer，CSO），一行十几人。他要求华为总部向他汇报的第一个议题就是配置管理。

华为的代表首先向他汇报了华为对配置管理的理解和认识，配置管理对网络安全的重要意义，然后给出了在配置管理方面的一个长期改进计划。I 博士对此理解是非常认可的，他认为华为的理解到位了。然后，产品线的代表给他们演示了试点产品在构建中心上实时构建版本，以及从需求到代码的 E2E 可追溯的能力。他看了很满意，也认可了华为的持续集成能力。

当时华为高层松了一口气，至少第一步过关了。

从那以后，I 博士及 U 国政府、运营商代表每隔半年访问一次华为，持续对华为的网络安全能力进行认证评估，也关注华为配置管理的改进。华为的配置管理在 U 国政府长达 10 年的鞭策、推动下，脚踏实地，一步一个脚印地取得了长足进步。

2018 年以后，由于国际形势突变，U 国政府因其盟国的政治压力违心地对华为产品的网络安全作出了不实评估。然而，据 U 国媒体报道，直至 2019 年 U 国政府仍再次认定华为不构成国家安全威胁，愿同华为开展合作，只是因为盟国的政治胁迫而妥协。U 国政府前国家网络安全中心负责人及情报官员在媒体上披露了其中的细节。此为后话。

从这些媒体的公开报道来看，U 国政府网络安全部门对华为产品长达 10 年的评估是有效的、可信的。"都拿着显微镜看华为的源代码了，还有什么问题呢？"这是华为研发主管经常说的话。

而配置管理无疑是"显微镜"的一个基础的核心部件。通过 U 国的网络安全认证，配置管理的重要意义一下子被拔高到了公司层面。

U 国的网络安全认证对配置管理的要求，归结起来是以下几个方面，这些要求并没有偏离业界定义的配置管理的对象、四大核心活动和三大目标。而且，由于 U 国的网络安全认证重点是在软件部分，因此，软件的基线管理、版本管理、配置库管理等具体活动在 U 国网络安全认证要求中也是重点。

（1）完整性。U 国要求任何的软件源代码、二进制文件在传递过程中不被拦截与篡改。这就需要在图 7-3 所示的版本 E2E 流程中增加业界的数字签名、病毒扫描等手段对其进行保护。这个方面的需求与配置管理不强相关。

配置标识的配置项必须完整。在华为经常发现在整个配置库中，自研代码部分相对齐全，但来自第三方的组件与来自开源社区的开源代码就经常缺失；自研的源代码、二进制版本文件相对比较齐全，但构建工具、环境等就经常缺失。而 U 国网络安全要求可以重复构建，这些配置项缺一不可。这就把配置管理是否做到位的检验标准很清晰地描述出来：能完成版本的重复构建，说明配置项完整了，反之就不完整。

（2）一致性。U 国网络安全认证对华为的配置管理能力要求在将近 10 年的时间里是逐步加码的。因为需要将构成版本的所有源代码及其环境"交付"到 U 国的认证机构，认证机构要能独立完成版本的重复构建，而且构建出来的版本要与现网运行的版本进行比对，以证明是一致的。重复构建且二进制比对结果一致，这几乎就是软件配置管理的终极目标。华为做到了，这也是 U 国政府网络安全部门高层内心认可华为的原因。

（3）可追溯性。华为采用的很多开源代码、第三方组件，由于公开、商品化，专门有机构收集其漏洞并在某些社区公开，或可以付费获取。这也是 U 国希望华为多采用这些公开代码、软件，并随着发布的漏洞不断完善自身代码的原因。毕竟，公开代码要比私有代码安全。当然，华为自研代码也可以通过网络安全软件的扫描、测试发现其漏洞并进行内部自我修复。问题是，发现漏洞后，怎么知道这些有漏洞的代码、组件被哪些产品、版本使用了？甚至已经在客户的哪些局点使用了？这就需要有快速"反查"的能力，迅速圈定漏洞波及的范围并及时采取预警、打补丁修复等措施规避网络安全风险。这种"反查"的能力，必须是建立了配置项的关系、结构后才能做到，这是配置管理必须做到的。

举一个简单例子：如果一个常用的组件有漏洞，如嵌入式操作系统，要反查华为多少产品、版本与之有关，这个数量级一般可以达到千级，如果没有这样的能力，靠人工排查，发动研发的所有 PDT，通常需要两周才能完成。

（4）代码重复构建。打一个通俗的比方：我们在某餐馆吃了一个菜，觉得味道不错。现在要求餐馆将这个菜的菜谱、食材、调味品及产地、供应商提供给我们，而且要求将烹饪过程，烹饪时间、烹饪使用的炊具、炊具的品牌、版本全部记录下来提供给我们。不仅如此，做这个菜的厨师应该具备的技能要求以及当时厨房的环境温度、湿度等参数全部记录下来也提供给我们。目的只有一个，回家后要按照这些要素将这盘菜自己做出来，要求与在餐馆的那个菜的味道完全一致。

这就是代码重复构建的要求，而且对华为来说，一个版本涉及的代码行是千万行，甚至是亿行级的，涉及的文件数量达到几十万个，各种参数可能有几千个。对其进行重复构建，难度可想而知，如果没有配置管理的手段、没有持续集成的能力，是不可能做到的。

事实上，即使没有网络安全要求，华为从自身软件工程能力来看，也应该达到重复构建的要求。因为正如前面所述，软件提交后自动构建、自动测试、自动发布甚至自动部署，这是现代化大型软件开发追求的目标，做到重复构建才能达成这个目标。因此，代码重复构建既是网络安全要求，也是华为自身努力达成的目标。从华为缩短版本发布周期、提升版本发布质量的商业目标出发，也应该具备软件重复构建的能力。这也是 10 年来华为愿意积极配合 U 国政府的网络安全认证的内在动力。

综上所述，U 国网络安全认证其实没有给配置管理提出新的要求与目标，他们所提的要求与业界对配置管理的理解与标准是完全一致的。配置管理水平高低，不在于理念的优劣、方法的高低，而是看这些基本理念实践了多少，做到了多少。其他企业学习华为，重点应该在华为怎么做到了这些基本要求，而我为什么做不到。

启示 3：配置管理的重要意义在软件可重复构建中表现很突出。企业衡量软件配置管理是否做得好，可以用重复构建加以快速检验，而不需要等到下一个版本开发。

7.6　软件配置管理与硬件配置管理的巨大鸿沟

业界的配置管理起源于硬件领域，但在软件领域大放异彩，这与软硬件的产品形态差异关系非常大。

硬件有实物流，有实物交易，如 Part、BOM，其实是对这些实物的产品数据定义，指代这些实物；而软件配置项本身就是计算机系统中的数字，没有实物，软件的配置项就是软件本身。软件可以零成本复制，生产成本几乎为零；而硬件需要通过工艺设计、生产装备，通过工人的劳动才能生产出来，还有实物的消耗。因此，硬件配置项与软件配置项的管理虽然都可以用配置管理的普遍方法论进行套用，但由于业务目标、（内外部）客户需求、管理手段（组织、流程、IT）的不同，两者的配置管理走向了截然不同的发展方向，也发展出两个相互独立的学科。

尤其是产品数据管理理论在 20 世纪 90 年代发展成熟后，硬件配置管理就逐步让位于产品数据管理，配置管理的硬件配置的内容逐步被"掏空"，最后就出现了配置管理缺省指代软件配置管理的现状。

以上论断由于没有对所有企业的硬件配置管理进行分析，还不能成为一个普遍结论，为严谨起见，仅限于华为。

举例来说：软件配置项的"配置标识"到了硬件配置管理则称为 Part 申请、BOM 结构设计；软件的变更管理，在硬件则是 EC 管理，两者的控制力度差别很大。

软件可以很方便地"拉分支"，也会出现分支版本，在变更时出现版本回退也是比较方便的。但硬件要考虑物料生产、库存管理的可行性，在版本管理上，通常使用"兼容升级"的单主干演进方式，此时硬件版本升级是单向的，而且普遍的实践是高版本兼容、替代低版本，不会出现高低版本并存现象，并存就意味着整个物流需要对版本进行区分管理，对于 E2E 流程来说，这种操作难度是很高的，一不小心就出现发错货、下错料、采购错误的生产事故，或出现一个 Part 下面的两个版本在客户网络上无法兼容的现象。

Part、BOM 当然也可以包含软件 Part。比如，产品 BOM 中可以将版本作为一个 Part 配置项对待，可以在 ERP 等系统中进行交易。但即使将版本作为 Part 定义到 BOM 中，软硬件的关联关系还是很弱，软硬件双方几乎不会在 BOM 定义时产生交集。

在配置管理早期的实践中，华为也将 BOM 作为一个配置项对待，就像早期的文档管理将 BOM 也作为一篇文档一样。但由于 BOM 已经发展为一块独立的业务，这种关联也不再需要了。BOM 即使没有包含在配置项清单中，也会随着研发流程或 IPD 流程的进行自然而然被管理好。

硬件配置管理的业务目标是用 Part、BOM 这些结构化的信息打通整个 E2E 流程，本书的第 1 章到第 5 章都在讲这个问题。因此，BOM 结构设计发展为硬件配置管理的核心能力，配置 E2E 打通是其终极目标。

软件配置管理的业务目标则是确保软件配置项的完整，实现版本可以重复构建，实现持续集成、持续交付。其终极目标是版本重复构建的一致性。

这种差异可以用图 7-4 进行总结归纳。软硬件都涉及文档，文档管理原来在华为确实也存在产品数据的文档管理与配置管理的文档管理"两张皮"，相互之间职责不清晰，有重叠。配置管理部与产品数据管理部合并后，文档管理职责的重叠自然而然地消除了，文档管理也成了产品数据管理的一个独立于配置管理的模块。

广义的配置管理定义的各种软硬件配置项无疑也是产品数据，将配置管理部纳入产品数据管理的范围也是有理论依据的。但根据以上的分析，由于硬件配置管理与软件配置管理分别面向不同的业务流程、不同的内部客户，有不同的业务目标，因此硬件 CME（原来的 PDE）与软件 CME 的素质模型

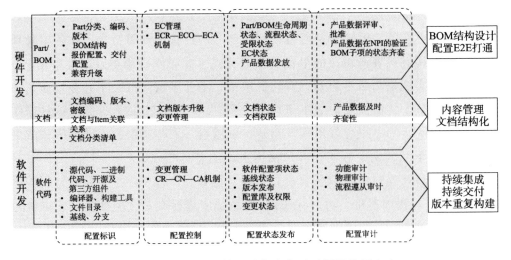

图 7-4   不同的配置管理对象决定了不同的发展方向

有很大差异。

硬件 CME 面向的是制造、销售、工程服务等业务流程，需要解决 Part、BOM 支持 E2E 配置打通的问题，达到从投标报价到生产发货，再到工程安装、开票回款全流程信息打通的目标。因此，硬件 CME 应该理解公司的业务流程，熟悉产品的配置。

软件 CME 面向的是软件从需求到功能实现，从代码到版本构建、测试、交付的软件业务流程，要达到软件的完整性、一致性和可追溯性目标。这要求 CME 要有软件编程能力，对软件的开发过程、对 CMM 过程框架非常熟悉，这些经验和背景与 PDE 差别非常大。

最后，从管理手段的底层逻辑分析，两者的区别更加明显。

硬件配置管理的主要手段是 Part、BOM、产品配置，是以面向对象的关系数据库作为底层模型来管理硬件的配置，这样做有利于在更宏观的流程上拉通。一个 Part 从采购到最终销售、发货、成本、核算全流程的共享、穿透能力是很强的，基于 Part、BOM 逻辑管理硬件配置，更利于企业的资源共享与重用。

而软件配置管理的手段是软件程序、脚本等，非常灵活，在一个版本内部连接不同的组件非常方便，几行代码就可以解决问题，这种管理方式适合软件内部的文件、目录的引用，实现的门槛低，弊端是不利于共享与重用。源代码级别的重用确实是很难做到的，有时判断是否可以重用需要耗费的精力可能比复制一个源代码、自己再改改的精力还要大，自然就不会去想着怎么重用了。源代码编写更多的是想着怎么根据自己的需要增加东西，而不是想着怎么重用别人的源代码，尽可能减少代码行的编写。

举一个简单例子，建立一个行政区划的辖区关系，可以用图 7-5 左边所示的数据库方式，先建立行政区划的模型，并用数据表的方式实例化这些行政地名，然后建立不同地名之间的行政归属关系。这种方式一个人很难独立完成，需要借助 IT 系统，从建模到数据的实例划分要好几个步骤才能实现，好处是所有的实例都是可以直接调用的，重用很方便，唯一性也很好。硬件配置管理就是用这种方式实现配置项的关系的。

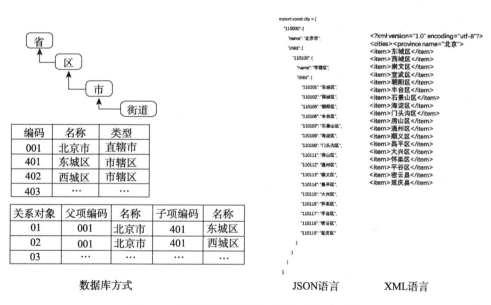

图 7-5　行政区划的两种不同实现方式示例

也可以用图 7-5 中间和右边的计算机语言直接表达这种行政区划的辖区关系，一个人就可以写一段代码，计算机可以直接解析、处理这种关系。这种方式非常灵活，实现成本也低，弊端是无法重用一个公共的配置项。唯一性也没有前者好。这就是软件配置管理表达两个配置项关系的常用方式。

软硬件配置管理的这种底层实现逻辑的差异决定了软硬件配置管理的人员的两种迥然不同的思维模式，不说互相学习、融合，两者在一起能互相说服对方都很难。两者虽渐行渐远，但在各自的专业领域里面，在不同的方向上继续发展，形成各自的专业优势。

启示 4：软硬件配置管理天然存在的差异阻碍了人员技能的融合，但两者可以在产品数据管理的同一个组织下各自发展。

第 8 章

产品基本信息统一业务经营管理语言

8.1　IPD 模式落地要动真格

经常有企业家问这样的问题：IPD 的理念我们理解了，但为什么就是落不了地？华为是怎么做到的？

或者有这样的感慨："我们企业搞变革，变革理念靠管理者层层往下传递，结果到最下面就全变了。而我们接触的很多从华为出来的人，他们不同的人讲一件事情，说法几乎是相同的。"华为怎么做到的？

他们说的其实是执行力的问题，IPD 能在华为成功落地，IPD 的要求能融入各级主管、员工日常工作的方方面面，华为确实有独到之处。以笔者长期的观察与思考，华为执行力强的原因可以总结为以下几个方面。

1. 人员的激励

华为的核心价值观是以客户为中心、以奋斗者为本以及长期艰苦奋斗。这种价值观首先体现在 IPD 流程中，IPD 就是客户需求驱动的。IPD 的重量级团队（IPMT、PDT 等）设置就是要快速响应客户需求，并承担商业成功的责任。对团队的考核除了销售、利润等财务指标，还有客户满意度、网上问题数等与客户利益密切相关的指标。

PDT 经理对来自不同领域的核心组代表有考核权，在 PDT 工作的来自跨部门的成员，奖金包由 PDT 分配，领域的人力预算来自 PDT 的需求等，通过这些措施加强 PDT 对跨部门团队（就是一个大项目组）成员的考核激励权力。

IPD 的各种要求融入干部的选拔、任用标准中，也融入员工岗位的任职要求中，以此牵引人员的成长。

负向激励也有。例如，华为为了落地 IPD 的质量要求，以产品质量的结果考核 PDT 经理。PSST 甚至有一个类似末位淘汰的"质量问责"制度，对于每年评选网上问题最多的产品，其 PDT 经理要"下课"。

2. 流程的遵从

质量管理不是只看产品质量的最终结果，而是重视过程是否达到要求。所以，"流程"后面紧跟着"质量"。流程质量就是指流程的要求是否得到了遵从。为此，华为有一支专业的 QA 经理团队，负责对流程质量的看护。QA 与质量检查（quality control，QC）是完全不同的：QC 通过测试、检测看最终生产的产品是否符合要求，而 QA 通过过程监控确保流程每一个点的查检表（checklist）都得到遵从。

3. IT 系统及工具

流程要求的遵从，不能靠人拉肩扛、严防死守，还需要有 IT 系统及工具加以固化。流程的本质是对最佳实践的总结固化，而 IT 系统的本质是对流程的固化与加速。举例来说，IPD 的 CBB 的实践要求硬件开发从元器件优选库中选用已经成熟的元器件，那么，就需要有一个这样的元器件优选库。不在库里面的元器件，需要开发人员填写"新器件引入申请电子流"先申请，而电子流中会设置采购认证、标准化审核等节点，对申请进行严格把关，控制 Part 的增长。

又如，要求产品行销人员按照 IPD 流程定义的产品特性、产品的推荐配置向客户报价，不允许向客户销售产品目录、可选配置范围以外的 Part，就需要行销人员用配置器对客户报价，配置器就固化了这个业务的约束。

4. 数据

IT 系统中流动的是数据，IT 系统只是一个载体，而真正驱动业务活动按照流程要求进行的还是 IT 系统中的产品数据、IT 系统设置的规则数据等。

产品数据的结构需要考虑流程落地的要求。例如，本书前述的产品在生产部门对不同 Part 有不同的操作，如加工、装配、采购、订单等，那么就需要对 BOM 中的 Part 设置不同的项目模板，而且 BOM 结构要符合交付的加工、装配、发货、工程安装的需求。

To B 的企业为了实现大规模定制，往往会采取 ATO 的制造模式，这就需要将产品 BOM 结构按照 ATO 模式要求进行构造。

为了实现研发过程透明，软件实现 E2E 的可追溯性，流程要求任何开发人员在修改代码时必须获得修改权限，而权限是自动从需求分解分配得到的，没有前面的客户需求，就不会凭空产生代码，这种网络安全的管理要求固化在 IT 系统中，通过 RR、SR、AR 以及 Story 这些数据的关系，自动将修改代码的任务分配给工程师。所以，IT 系统很重要，产品数据也很重要。

IPD 流程的核心理念与最佳实践中，关于流程型组织与矩阵式的组织结构中，关键是重量级团队的设置。

重量级团队就像是一个个"独立的小公司"，受投资驱动，对各自的产业的发展与产品的商业成功负责。与传统的职能组织不同，重量级团队都是虚拟团队（team），是根据产业机会、企业战略随时可以组建，又随时可以裁撤的组织。产业经营范围不断扩大需要大量的人力补充，同时又有一些业务在萎缩，或者前景不好需要裁撤，而新增、裁撤 PDT 都会比新增一个实体部门、裁撤一个实体部门方便得多。尤其是业务的裁撤，西方很多上市公司是整体裁员，涉及大量人员的离职补偿，成本高、阻力大。而 PDT 的裁撤只要将其投资减少或撤销，原来 PDT 占用的来自资源部门的那些人员会回到原部门，重新分配新的 PDT。

重量级团队（以 PDT 为例，下同）又不同于一个临时的项目组。事实上，它是对某一个产品、产品族，甚至产业独立经营管理的虚拟组织。说是"重量级"，是因为它确实承担了很大的经营管理责任；说是"虚拟"，是因为它没有自己独立的人力资源。比如，一个开发代表在 PDT 任职，其"组织关系"归属于开发部（DU 或 PDU），他只是现在为这个 PDT 服务而已。

投资评审委员会（investment review board，IRB）向 PDT 投资，PDT 有钱、有预算，可以向资源部门"购买"人力。PDT 只管按照产品规划快速交付产品，不用管人员的能力建设。

事业部不是 IPD。很多学习 IPD 的企业，在涉及组织设计的时候由于碰到各种阻力，只是简单地将原来的事业部改造为"重量级团队"，或称产品线，下面再设置 PDT，这其实没有真正理解重量级团队与实体资源部门之间的矩阵关系。或者即使理解了，也由于组织阵型变得复杂，企业相应的管理能力又没有跟上，就采取这种似是而非的改造方式，其实只是学了 IPD 的"形"，没有学到"神"。

重量级团队是一个统称，包括从 IRB 到 IPMT、PDT、TDT 等组织，要分层分级设计，上下级组织之间是一种投资的关系。具体来说就是上级组织给下级组织分解经营目标、授予资金、人力预算、分配奖金包。重量级团队与职能部门之间是资源买卖关系。具体来说就是重量级团队将人力预算分解分给实体部门，实体部门获得预算才能"养"预算内的人。

另外，下级团队可以从分配的投资中拿出一部分，根据自身产业发展需要建立 TDT，负责对本团队内的公共平台开发、技术开发，以实践 IPD 的异步开发模式。TDT 的地位与 PDT 是对等的，如图 8-1 所示。

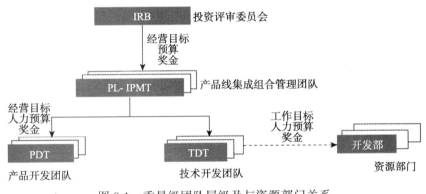

图 8-1　重量级团队层级及与资源部门关系

重量级团队从投资关系、资源买卖关系上解决了根本的组织间的利益问题，是人员激励的组织基础。同样地，这种机制真正落地还要依赖于流程的遵从和 IT 系统、数据。

重量级团队的运作管理，由专业的运营支撑团队、流程与质量团队负责，这不是本书重点。而支撑重量级团队落地的 IT 系统与数据是什么呢？

这就是 PBI，产品基本信息。

8.2　产品是重量级团队经营管理的对象

重量级团队的机制，使各级组织对自己产品的商业成功负责，承担商业成功的目标与责任，也享受商业成功带来的收益。在华为，非常明显的一种价值导向就是：业务成功的重量级团队，各级主管获得升迁的机会更多，年终奖金包的分配也会更多。所以，这种团队的设置，将团队、个人的积极性、活力充分释放出来，这也是华为人员"狼性"的根源所在。

重量级团队设置要先明确每个团队的经营管理的范围，明确"标的物"，就像中国农村改革开放之初要将各农户的责任田划分清楚，"责任田""分灶吃饭"都是要明确责任的。

重量级团队的"责任田"就是产品。

什么是产品？

就像一千个人眼里有一千个哈姆雷特，一千个人眼里恐怕也有一千个产品。

举例来说，无线 5G 是否为一个产品？如果是，5G 下面的基站、基站控制器又是什么？如果不是，5G 又是什么？

运营商产品都是可以按照具体配置向客户报价的，客户可以买一台整机，也可以只买其中一部分，如单板，那么这个单独买卖的单板算产品吗？如果不算，又是什么呢？

某个客户购买了一套 5G 基站，另一个客户购买了这套基站的不同配置，这里算一个产品还是两个产品？

运营商购买一个独立工作的部分还无法形成完整网络，一个网络往往需要集成多个组件。比如，5G 网络包含了核心网、接入网、传送网等，那么，这么多设备组成的一个完整网络算是一个产品吗？

某些重量级团队下有 TDT，开发一些平台，供各产品重复使用，这样的平台算不算产品？或者有 TDT 负责技术开发，这些技术算不算产品呢？

还有，向客户提供的备件或者是服务，算不算产品？

如果这些问题不回答清楚，怎么对重量级团队进行经营分析？又怎么对其进行考核？

业界对产品的定义也是含糊不清。比如，有行业标准称"产品就是人或自然创造的事物"，还有的标准将一篇篇文档、一份份图纸都称为"产品"。显然，这样的定义无法解决对重量级团队的"责任田"划分问题。企业内部必须对产品有一致的认识，否则无法统计产品的销售收入、成本和费用，也无法评价一个产品是否盈利。

　　华为早期对产品的定义没有达成一致的认识，2006 年销售收入已经超过千亿元，主力产品数量将近 100 种，但由于产品定义不统一，在经营管理上存在很多问题。仅举以下几个例子。

　　（1）各部门各自定义产品目录，导致语言不统一，一个产品从不同口给出的销售收入数据竟然差好几倍，反复核对、澄清花费大量人力和物力，统计信息上报不及时，可信度受到质疑。与现在很多企业的做法一样，当时华为也大量依赖"表哥""表姐"们用 Excel 这种低效方式统计数据。

　　（2）各体系在战略解码活动中使用不同的产品维度，导致对齐目标困难，各经营承诺目标参差不齐，犬牙交错。

　　（3）数据源不唯一。例如，销售配置器、ERP 与财务系统不通，导致产品的收入与成本、费用不一致。

　　……

　　IT 系统中的数据是必须有统一规范的，如对"产品"的名称，不能有歧义。华为早期的 C&C08A 产品，有人称"A 型机"，有人称"C&C08 A"或"CC08A"，有人干脆称"08 机"。这种混乱的叫法在当时很多报表基于人工作业的情况下问题还不是很大，但上了 IT 系统就不行；在产品种类少的情况下问题不大，产品多了就不行；在华为部门少、人员少的情况下问题不大，在成为国际化大公司以后就不行。对 IT 系统来说，只有一个 C&C08A 产品，不仅有唯一的名称，还有唯一的编码。这种数据对 IT 系统才是有效的。

　　这些问题的产生，从 IT 系统看是数据源不唯一，没有一个关于"产品"的基础数据可以被各 IT 系统调用。从经营管理看，则是华为关于产品还没有一个统一的规则，各部门理解不一致，导致语言不统一。

　　关于产品的定义，各部门、各个员工站在自己的立场，有不同理解，而且都认为自己是对的。"懂产品"的人太多，大家各执己见，反而导致这个问题变得复杂。这些关于"产品"的不同认识存在犬牙交错的关系：研发部门的产品往往与研发项目相对应，同一个研发项目开发的称为同一个"研发产品"；销售部门则认为产品就是根据在市场上的价值细分，向客户呈现的"销售产品"；计划部门根据计划预测的管理颗粒，又会设定一些"计划产品"；财经部门则将统计成本、收入、投入的产品单元称为"财务产品"。

　　由于各业务部门关于产品的定义争执不下，经过妥协搞了 3 个"产品"——

研发产品、销售产品、财务产品，但仍然没有解决对重量级团队的考核以及重量级团队的经营管理的统一语言问题。

直到 2008 年，华为才确定产品必须统一，各业务部门不得定义各自的产品，此时关于"什么是产品"之争才算尘埃落定。

产品定义，不是对"产品"进行术语定义，搞一个名词解释那么简单。而是基于这个术语定义，不仅老产品可以满足，新产品按这个定义也没有问题，可以不断演进。什么样的特性、功能新增或差异应该定义为一个新产品，什么情况下算是一个新版本？这些问题也必须在产品定义中回答清楚。

还有，就像重量级团队需要按梯队设置一样，产品多了也必须对其进行分类，形成分类结构树，那么这个分类结构树要以什么维度划分才能满足企业发展需要？这些都是产品定义要解决的问题。

是否规模小，而且产品、市场都相对单一的企业就不会面临华为当年关于产品定义的困境？一样会有。企业往往在发展、扩张的过程中发现原先对产品的定义可能不合适，需要重新讨论。比如，企业的产品形态发生变化，从原先单一的硬件形态发展为软件、云服务等新的产品形态，这时候如果已经有 PBI 这样管理产品目录的 IT 系统，则需要将其中的数据推倒重来，这对于一个高速发展的企业带来的清理、整改的工作量和业务影响都是很大的。

正确的做法是在企业还比较小的时候，就对齐业界标杆，将产品定义统一下来。面向未来，设计好可以扩展的、弹性的产品基本信息的架构，未来企业继续发展，也不会对原有的数据推倒重来。

启示 1：企业在规模较小时就对齐业界标杆，统一产品的定义、产品的新增标准、产品的划分规则，不仅使重量级团队的运作有了基础数据，而且企业在高速发展过程中，会有一个稳定的参考坐标系，为数字化的业务管理打下良好的基础。

8.3　企业经营管理的对象不仅仅是产品

产品是重量级团队经营管理的对象，是"联产承包责任制"的"责任田"。然而，重量级团队经营管理的对象不仅仅是产品。

IPD 有业务分层和异步开发实践。业务分层是按业务类别和价值链划分的层次分类，分外部层次与内部层次。在业务分层中，不同层次交付的成果按照独立的、有竞争力的、面向客户的业务来组织、管理和考核。每个业务分层的运作支撑上一个更高的内部或外部层次的运作，直至支撑上面某个外部业务分层的市场成功，如图 8-2 所示。

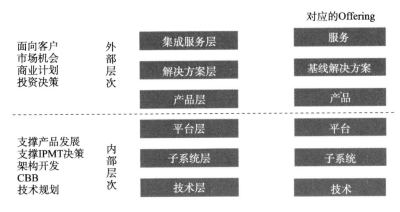

图 8-2　华为的业务分层模型

重量级团队自行投资，立项开发平台、子系统、技术也会为这些平台、子系统、技术设立 TDT，TDT 对各自的经营管理对象负有减少产品的重复开发、消除产品交付的技术障碍、保持产品技术的领先优势、加快创新的速度等商业责任。而且，这些平台、子系统技术会与产品相对独立，按照各自的发展路标演进。

大平台战略是华为 IPD 获得巨大的商业成功的实践之一。平台相当于一个最大颗粒度的 CBB（公共基础模块）。平台是指基于领域内统一架构下的一组公共组件，可由多个子系统有机集成，具有自我完善、深度满足产品业务动态需求的能力。这些公共组件再加上产品特性，能快速形成产品。

DXXX 是华为早期一个非常成功的软件平台，当时有超过 500 个产品版本共用这个平台，基于平台开发的产品，共用了 70%的平台代码，只有 30%的代码需要产品单独开发。

平台提升了产品开发交付的共享水平，缩短了产品交付时间，也从架构上提升了产品质量。

平台还有一个非常大的好处就是将平台交付与产品交付分两层：平台向产

品只交付二进制包，不交付源代码；而产品完成自身的代码开发后，与平台版本进行构建就形成最终交付的产品。可见，产品团队是拿不到全套代码的，这就从架构上根本杜绝了某一个团队可以将产品的全套代码"连锅端"的信息安全风险。

负责基线解决方案经营管理的是解决方案开发团队（solution development team，SDT），负责平台、子系统、技术经营管理的团队是 TDT，SDT、PDT、TDT 等团队交付与经营管理的就不仅仅是产品这么一个对象了，还有服务、基线解决方案、平台、子系统、技术，这些业务对象在华为统称为 Offering。

Offering 这个词来源于 IBM，有时翻译为"交付物""产品包"，但考虑翻译过程中可能损失了其中含义，引起新的混淆，华为一直保留 Offering 这个原版术语。在华为，这种直接用英文、缩略语，而不再采用中文翻译的情况还是很多的。

Offering 的定义为：为满足外部或内部客户需求而产生一套完整、可交付的有形和无形成果的集合。

Offering 构成了华为 IPD 流程中定义的所有重量级团队管理的核心，也是华为价值创造的载体，Offering 在"产品"的基础上对其外延进行了扩展，是产品基本信息的核心对象。

启示 2：*业务管理的核心是对业务对象的明确定义与管理，企业的业务是分层的，重量级团队管理的对象也不仅只有产品。引入 Offering 的定义可以拓展产品的外延，使企业的产品基本信息更具有可扩展性。*

8.4　Offering 与 Release

Offering 不是凭空产生的，而是规划出来的，对于产品，有战略规划（strategy plan，SP）、商业计划（business plan，BP），还有 Charter 开发流程（charter development process，CDP），产品开发有路标规划，按照路标逐步推出新的产品与新的版本。

对于平台、子系统、技术，有技术规划流程（technology planning process，TPP），对这些 Offering 也同样有路标规划，而且产品规划要与下层 Offering 的路标规划匹配，以便产品 Offering 的交付可以获得下层已经验证过的、成熟的 Offering。

因此，产品规划、技术规划是 Offering 的源头。在产品规划、技术规划流程中定义了 Offering，就像本书前述的 Part 管理一样，Offering 进入 IT，便于其他的 IT 系统直接调用，实现数据源的一致。

Offering 的信息架构与 Part 很类似，示例如表 8-1 所示。

表 8-1　Offering 的信息架构示例

Offering 编码	Of00089734	Of00089735
Offering 型号	C&C08A	C&C08B
Offering 名称（中文）	HUAWEI C&C08A 数字程控交换机	HUAWEI C&C08B 数字程控交换机
Offering 生命周期	EOS	GA
…	…	…

然而，光有 Offering 还不够，Offering 开发尤其是产品 Offering 是面向客户需求进行开发的，而客户需求很多且不断地滚动加入，一次开发根本无法满足客户的所有需求，Offering 必须不断地演进。这就需要引入 Release 的概念。

Release 是 Offering 对外部或内部客户的阶段性交付。它是同一 Offering 在不同时间点的交付，具体交付件由该 Offering 下的软硬件、资料、结构件、License 等各种 Item 的具体 Revision 组成。

Release 的中文翻译是"版本"，华为也经常称"Release 版本"。事实上，这个版本跟修订版本（revision）、适配性版本（version）都有本质区别，含含糊糊地用中文"版本"来表达，也牺牲了其中的很多含义。

Revision 是包含变更、修订、升级、向下兼容等含义的，在硬件 Part 的版本管理中用得比较普遍，本书的 Part 部分已经详细讲解过，此处不再赘述。

Version 则有同一个事件的不同方面或同一个事物衍生出不同的变形，以适应不同场景使用的含义。例如：我们经常说"我听到了这个故事的另外一个版本"就是指 Version；或者说"BMW 的中国版、欧版、美版"也是指 Version。总之，Version 是指一个时刻可以有多个，没有高替代低的含义。

而 Release 不仅有"版本"的含义，还有"发布"的含义，事实上，翻译成"发布"可能更为合理。因为一个 Release 就是一个 Offering 下面的一次正式的"发布"，是一个商品上市、正式推向市场的意思。

经常说汉语博大精深，是说汉语的微言大义，其简短的语句中包含着深刻道理。而英语是相反的，为了精确表达一个相似的事物，需要更多的单词、更长的句子，在工业管理和商业环境中，英语能使用的单词似乎更加丰富，但表达的意思更加精准，可以避免歧义、二义性。

所以，我们此处介绍就使用 Release 这个词，不再使用似是而非的中文翻译。

Release 是一个"特性包""特性集合"，而特性是指对客户有价值的产品的需求、功能、能力、特征。比如说，产品"具有防雷功能"是指功能，而"具有在雷雨地区的安全运行能力"就是特性。"产品设计符合 DFX 要求"这是需求，但不是特性，因为客户不会为这样的需求埋单。但是"产品升级不需要中断业务"这样的需求，如果其他的竞争对手无法实现，则可以成为特性。

华为的很多产品的硬件、软件在设计上解耦很彻底，客户特性的增强往往体现在 Release 的软件部分的升级。因此，很多情况下说的 Release 号，又往往与软件的版本有对应关系。

既然是软件，那么特性包就可以包含越来越多的特性。比如，R500 这个 Release 有 5 个特性，到了 R600 则有 6 个特性，前面的 5 个完全被继承了过来。如果客户愿意花钱购买第 6 个特性，则只需要升级软件即可。如果有新客户说不需要第 6 个特性，则有两种选择：将 R500 卖给他，5 个特性全部开通；或者将 R600 卖给他，但在 License 中不激活第 6 个特性，如果客户加钱购买了，则激活。

那么问题又来了，如果客户一直想使用低版本的 Release，不想升级怎么办？如果 R900 都出来了，客户还继续使用 R100，岂不是华为要背负太多的 Release 的维护责任？按照业界的惯例，华为会向客户承诺一个"版本窗"（如 4 个 Release）：在窗口期内，继续维护低版本 Release；过了窗口期，则不再提供最低那个版本 Release 的维护，而是牵引客户逐步升级，以享受后续质量更稳定可靠、更安全、特性更加丰富的 Release。

Release 的逐步升级、替代，以及客户侧的升级牵引，原理如图 8-3 所示。图中每一个横条代表某个 Release 的全生命周期过程，新老 Release 有重叠代表客户不一定全部会马上接受最新的 Release。

很多企业学习华为的 Release 管理，但理解偏了，他们将 Release 管理等同于版本管理，产品、产品配置因为技术优化、厂家器件停产替代、内部降成本优化、纠正缺陷等而发生的版本升级认为是 Release 的升级。但如果问道："这种升级你们是否希望与客户沟通？"回答是"否"，那就与 Release 完全是南辕北辙了。

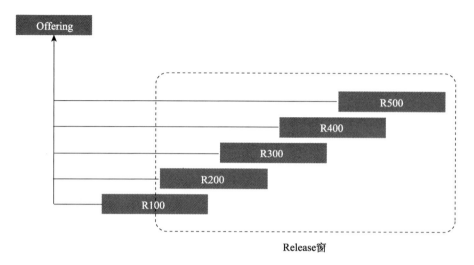

图 8-3　同一个 Offering 的 Release 升级演进示例

新的 Release 推出后，旧的 Release 是否完全被替代、兼容？这个是两个不同的路线问题。就像硬件的版本（Revision）升级必须兼容，新版本完全替代旧版本，如果不兼容，则用新的 Part 管理一样，华为的 Release 或软件的版本升级也很早采用了业界先进的单主干（one track）模式。

1996 年，某测试工程师完成了 EAST8000 用户程控交换机的软件版本 R501测试。R501 是在 R500 基础上的升级版本，测试工程师按照测试规程完成测试，确定该版本没有问题后就去当时的文件中心归档新的版本。当时负责软件归档管理的老员工袁工问："R501 推出后，R500 是否可以被收编？"测试工程师不知道为什么要收编 R500 版本。袁工就继续问："如果你不能确定 R501 可以收编R500，那么以后市场上就长期保持两个版本并存，而且各自演进，那么分支将越来越多，我们该用多少的开发力量去做这些分支的维护？"然后她再换个方式问："你只要确认，R500 所有的功能，R501 全部具备，R501 又已经完成了升级所要纳入的新需求，修复了已经发现的 R500 的缺陷就可以了。"测试工程师答："新需求已经纳入，缺陷修复也已经验证，但老版本的所有功能是否都包含，我没有测试。"袁工就认为没有完成新版本对老版本的完全兼容测试，要求重新测试。

这就是典型的分支版本还是单主干的区别。如图 8-4 所示，图中左边就是版本分支，右边是单主干。

图 8-4　分支还是单主干

华为很多 Offering 是要根据客户需求定制的，早期研发团队不理解分支带来的危害，总是随意拉出分支，快速满足了客户的定制需求。然而，越来越多的分支就意味着越来越大的维护工作量，还有缺陷、补丁等都要在各分支上同步。华为历史上曾经出现过一个 Offering 有 20 多个分支的极端情况。事实证明，多分支方式是不可行的。但客户的定制需求毕竟客观存在，无法杜绝，于是，经过反复探讨，华为最终确定允许为重要的客户拉分支，但只能演进两个 Release，然后必须被主干收编，回归单主干的管理模式。事实上，这种情况就等于把为某客户定制的特性收编到了全球的主干 Release 上，华为对外始终保持一个主干不断地演进。

启示 3：Release 不同于 Revision 与 Version，企业要正确理解其内涵。单主干是以软件开发为主的产品演进的优秀实践。

8.5　BOM 一级编码不是产品 Offering

很多企业把 BOM 与 Offering 混淆了，认为企业已经有了 BOM，而 BOM 是从产品开始层层往下分解的结构，从成品到半成品再到原材料、元器件。BOM 中的任何一个 Part 都指代一个唯一的成品、半成品或原材料。那么一个 BOM 的一级 Part（或称 Top BOM）是否就是产品呢？

某企业生产显示器的面板，一年新增的"产品"数量达到 200 多个，而且由于生命周期不同阶段形成不同的"产品"，一年新增数量达到 1000 多个。在生产线上又由于同一产品可能产生 n 个不同的质量等级，这么算下来，其"产品"一年会新增几千个。

调查发现，该企业其实将 BOM 与产品这两个不同对象混为一谈了。一个产品可以有多个不同的 Part 与之对应，由于工艺制程不同、生产的工厂不同、版本升级等，一个产品可能会出现很多的 BOM，但产品是产品，BOM 是 BOM，两者等同起来，就出现了信息架构的错位。这导致产品数量暴涨，产品的经营数据无法准确获得。

某新能源企业，对客户采取 100%定制方式，一个合同就定义一个 BOM，而且把 BOM 一级编码当作了产品编码，导致一年新增 2000 多个"产品"，也出现了产品的销售收入、成本统计的混乱，根本无法对事业部进行量化考核。

产品，或者 Offering，是与 BOM、Part 完全不同的业务对象，其用途是不同的。Offering 是业务的最小损益核算单元，用于承载各种财务数据、内部考核数据，并根据这些数据对重量级团队进行考核；而 BOM 的目的是表达一个产品的物料组成，为产品的销售、订单处理、生产发货、工程安装提供在物料层面的统一交易语言，打通全流程的配置。一个属于经营管理层面，另一个属于交易层面，这是有重大差别的。

产品与 BOM 也不一定就是一对多的关系。举例来说，有些产品对外的重大差别是体现在软件特性上，因为软件特性不同，对外作为不同的产品，而硬件差别不大，完全可以用一个模型 BOM（见本书第 3 章）来表达。这就出现多对一的对应关系。

所以，产品与 BOM 是面向不同管理需要的不同对象，不能混为一谈。当然，两者是有关系的。比如，实施了配置器的企业，其销售是从配置器的投标报价开始的，配置器就会集成产品的目录和BOM，通过配置计算的交易金额可以归结到产品上。同样地，一个合同的成本可以通过 ERP 集成的产品目录，从 BOM 的结构自动归结到产品上，这样产品的销售收入、成本都有了，该合同的盈利情况也因此可以获得。

产品与 BOM 虽然是两个不同对象，但要建立两者的对应关系。

启示 4：产品 Offering 与 BOM 的顶级编码不能等同，两者应该建立关联关系。

8.6   一个产品可有两个市场

2020 年以前，华为的产品有三大客户群：传统的运营商客户群、2011 年以后发展起来的企业网客户群和消费者客户群，分别对应于运营商 BG、企业网 BG 和消费者 BG。当然，2020 年以后华为有了更多的客户群，此为后话，此处仅分析运营商 BG 与企业网 BG 对应的产品。

BG 开始是"集团公司"的概念，相互之间除了共享大集团的品牌资源，其他基本上各自运作，跟事业部制很像。

然而，华为运作一段时间后发现，运营商 BG 与企业网 BG 的产品非常相似。比如，一个无线的 5G 网络，既可以部署在运营商网络中，也可以部署在大的企事业单位，组成内部 5G 网。两者不仅技术上重叠很严重，连 PDT 中的那些核心代表，如开发代表、制造代表、质量代表、财务代表、采购代表、技术支援代表，大多数也是重叠的。

为了避免重复设置组织，重复造轮子，华为后来对这两大 BG 进行了组织调整，把其中重叠部分，尤其是研发和产品线，从 BG 中分离出来，还是作为一个公共的组织，面向两大客户群，提供产品和解决方案。这个组织后来被称为 ICT 基础设施产业。而"剥离"了 ICT 公共资源后的两大 BG，其实基本上就剩下了销售组织。就好像一个公司，设置了两个市场部，一个是负责运营商 BG 销售，另一个是负责企业网 BG 销售，如图 8-5 所示。

图 8-5　一个产业面向两个 BG 市场

华为为了业务管理的需要，在 2012 年前后引入了"产业"（industry）的概念，其实这个产业也不是华为的发明创新，只是华为将"产业"与"市场"两个概念区分开来了。举例来说，"数字能源"是一个产业，这不仅是华为这么理解的，而是业界从技术路线上就是这么划分的，其中不仅包括了交直流的整流、逆变技术，还包含各种洁净能源，这个产业会维持很长时间，这样的划分比较稳定。而市场却是经常会变化的，企业为了业务的发展，会不断拓展新的市场。比如数字能源，对于华为的运营商 BG 来说，可能是将其作为其网络的配套设备对待的，不会突出这个产业的特点，所以，在运营商市场的产品目录分类里面，不一定会有"数字能源"。而到了企业网 BG，数字能源则是一个独立的产业分类，企业客户会有很多独立建设其数字能源设施的需求。

所以，对于 Offering 的分类来说，就出现了两种可能分类：按照市场的销售目录分类和按照产业的产业目录分类。市场可能有多个，就可以在销售目录"根节点"上出现多个销售目录的分支。例如，像"数字能源"的一个"光伏供电解决方案"这样的 Offering，既可以作为运营商网络无线基站的站点供电，也可以作为企业网的内部供电，甚至可以发展到家庭客户。这样一个 Offering 可以归属 3 个不同的销售目录，但其产业目录只有一个。

从这个业务管理的逻辑来看，产业目录的引入是必要的。事实上，华为在 2012 年前对 Offering 的分类是以市场为导向的，因为当时华为的市场相对单一，还没有一对多的场景，而且片面理解了"以客户为中心"这个价值导向，认为什么都按客户的习惯去设置是最合理的。然而，由于销售目录的灵活多变，而华为很多产品的投资回报期又很长，等到 5 年甚至 10 年后要统计产品投资收益情况时，可能分类已经变了，原来一个数通产品线，都已经被分解为 IP 和企业交换机这样的分类，那还怎么去统计投资回报率（return on investment，ROI）呢？

所以，从这个视角看，也要找到一个相对客观、稳定的对华为业务的分类，这就是产业目录。

最后一个问题，重量级团队该怎么设置？是以销售目录为准，还是以产业目录为准？

当然应该以客观、稳定的产业目录为准。

根据前面的分析，重量级团队是一个"小公司"，它负责一个产业，这个产业又是相对稳定的，重量级团队也是相对稳定的，这也是华为对重量级团队的考核追溯期可以很长的原因。因为如果能对一个产业的累计投资（主要是研发费用）、累计盈利计算清楚，则这个产业长期的 ROI 就可以计算清楚。

所以，华为有 ICT 基础设施产业，也就有 ICT IRB 这样的最高重量级团队。以下再分为无线网络产业 IPMT、云核心网产业 IPMT、传送与接入产业 IPMT 等。

启示 5：创新型制造企业如果能在发展早期就分清楚产业、市场、BG、重量级团队这些概念的区别，并融入产品数据和 IT 系统中，则未来发展就不会出现经营管理数据的混乱。

8.7　Offering 不是研发项目

Offering 是重量级团队经营管理的对象，也是企业的价值创造、价值传递的载体，是创新成果变现的唯一途径。

Offering 必须通过产品规划、技术规划而生成，又必须在 IPD 的 CDP 中正式立项来启动研发项目。

华为早期在研发团队中将 Offering 与研发项目混淆，认为研发项目等于 Offering，这也是信息架构的错位。

Offering 是为满足外部或内部客户需求而产生的一套完整、可交付的有形和无形成果的集合。

而项目是为创建某一专门产品、服务或成果而临时进行的一次性努力。对项目更具体的说明是，用有限的资源、有限的时间为特定客户完成特定目标的一次性工作。项目具有临时性、专门性和渐进性等特点。

Offering 是成果，是结果；项目是过程，是手段。Offering 的研发项目是为了得到这个 Offering 而进行的一次性、临时性的努力，Offering 则是研发项目的产出。项目的终止意味着 Offering 推向市场的开始。

项目不是 Offering，同样地，项目组也不是 PDT。项目组是临时组建的具有确定交付目标的团队，而 PDT 是负有商业成功责任的、跨组织的 E2E 的产品经营管理团队。PDT 是相对比较稳定的，当然，PDT 是虚拟团队，不会像实体组织那么稳定。PDT 可以批准多个研发项目的立项，并为这个研发项目埋单。PDT 团队成员的工作都会以研发项目的投入呈现出来，人人进项目，只是 PDT 下面的研发项目是系列项目，每个人可以同时为多个项目服务，也可以在一个项目结束后又进入另外的项目。

Offering 是通过研发项目实现交付的，而研发项目是花钱的，这些钱就是研发投入，通过 PDT 的预算授予项目组，并计入 Offering 的费用中。

在产品基本信息库中，必须建立起如图 8-6 所示的 Offering 与研发项目及重量级团队的关系，以上的预算拨付、费用归属等财务的概预核决才能实现。

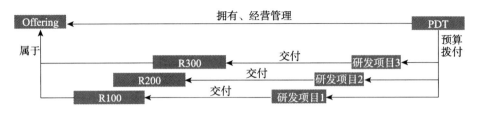

图 8-6   Offering 与研发项目及重量级团队

启示 6：Offering 是为企业挣钱的，研发项目是花钱的，两者都在重量级团队这个公共节点汇聚，企业就可以据此考核研发费用，统计 ROI。

8.8   总结：PBI 的价值

综上所述，PBI 包括了 Offering、Release、产业目录、销售目录、研发项目、重量级团队等信息，也包括了它们之间相互的关系、结构。PBI 独立于 BOM，但与 BOM 的一级 Part 建立关联关系。这样便于打通从 Offering 到 BOM 中的具体配置。

PBI 是产业经营管理、重量级团队运作的基础，也是全公司关于产品定义的唯一数据源。有了 PBI，华为的整个业务管理都有了数字化的基础，IPD 流程也才能真正落到实处。具体来说，PBI 的价值可以总结为以下几个方面。

（1）PBI 是华为公司治理架构在产品领域的体现，受公司治理架构的影响和约束。前述 BG 与 ICT 的关系就会集中体现在 PBI 中。

（2）确定了各 Offering 的准确定义，理顺 Offering 之间的交付关系，落地 IPD 的业务分层和异步开发实践。

（3）重量级团队的运作，需要依靠 PBI 精确的业务分层和唯一的 Offering 标识，进行绩效数据和投入人力数据的收集，以便从数据上体现 IPD 以商业成功为最终目标的导向。

（4）确定了在各市场的可销售产品范围，产品的生命周期实时刷新，与客户界面对于产品的责任清晰，实现真正意义的产品生命周期管理。

（5）对外认证、证书、客户资料等使用的产品与内部产品完全一致，更有利于法律责任及合规责任的精确定位。

（6）统一了产品维度信息，从产品规划到开发，从产品上市到销售预测，从产品要货到产品的成本管理，全流程有了统一语言，为数字化的业务报表奠定基础。

经过 6 年多的建设，到 2012 年，华为 PBI 的业务规则、管理流程、产品数据管理体系、IT 已经落地并稳定运行。截至 2017 年年底，PBI 库中已经有超过几万条 Offering 信息，PBI 实例总数有几百万条，PBI 被近 200 个 IT 系统调用，已经成为华为被访问最频繁的 IT 系统。

第 9 章

产品数据全景图

9.1 为业务服务是产品数据存在的唯一理由

"蓝血十杰"奖是华为在管理体系建设领域的最高荣誉奖，主要表彰华为历史上对管理体系建设和完善作出突出贡献的、创造出重大价值的优秀管理人才。2014 年 6 月 16 日，华为首批"蓝血十杰"颁奖大会在深圳隆重召开。华为罕见地邀请了十多家媒体全程采访这次颁奖大会，而且任正非开放地回答了媒体的大量问题，也因此使外界第一次与任正非有了广泛、深入交流华为内部管理的机会。

在这次颁奖大会的讲话中，任正非认为在互联网时代，过去的工业科学管理的思想和方法依然没有过时，互联网还没有改变事物的本质，现在"汽车还必须首先是车子，豆腐必须是豆腐"。当然不等于将来不会改变。但互联网现在已经改变了做事的方式，使传送层级减少、速度加快。

"我们今天坚持用 5 年时间推行 LTC 落地，实现账实相符，'五个一'工程，继续'蓝血十杰'的数字工程的目的，就是用互联网的精神，为改变内部的电子管理（应该是指 IT，作者注）打下坚实基础，并实现与客户、与供应商的互联互通。"任正非说。

"蓝血十杰"对现代企业管理的主要贡献，可以概括为基于数据和事实的理性分析和科学管理，建立在计划和流程基础上的规范的管理控制系统，以及客户导向和力求简单的产品开发策略。

"……但我们也要清醒地认识到，虽然'蓝血十杰'以其强大的理性主义精神奠定了战后美国企业和国家的强大，但任何事情都不可走极端，在 20 世纪 70 年代，由'蓝血十杰'所倡导的现代企业管理也开始暴露出弊端。对数字的过度崇拜、对成本的过度控制、对企业集团规模的过度追求、对创造力的遏制，事实上的管理过度，使得福特等一批美国大企业遭遇困境。"（"蓝血十杰"的具体事迹可以参阅海南出版社出版的《蓝血十杰》一书。）

任正非最后提到，管理的变革必须服务于"多产粮食"。如果管理改进做到极致，但华为的业务没有因此获得增长，这种管理又有什么意义呢？

"你们就拿着这个沉甸甸的'蓝血十杰'奖章当饭吃吧。"他以这么一句话结束了讲话。

关于 IT、数字化转型与业务的关系，郭平也有过类似的讲话："20 多年前反复讨论确定，华为不是要做世界级的 IT，而是要让 IT 成就世界级的华为。华为数字化转型的目标与企业整体战略目标进行了互锁。"

华为在企业规模还很小的时候就重视业务管理，很早就成立了各种相关的部门专门负责管理改进，早期的管理工程部（质量流程与 IT 部的前身），专门负责 IT 建设与流程建设。现在华为各级业务部门设置的质量与运营部和 CQOO 就是负责各类管理改进的专职部门与岗位。华为也从 1998 年就开始引入 IBM 顾问指导 IT 的战略与规划变革项目。如今，IPD 流程已经比较成熟，ISC、IFS、LTC 等变革纷纷落地，流程开始稳定运行并持续优化。支撑各大流程落地的 IT 系统也经过多年的优化从原来孤岛、烟囱式的 IT 建设走向 IT 的集成，而且顺应新技术的发展，这些 IT 纷纷开始云化、服务化转型。在数据管理方面，华为除了传统的产品数据管理，还于 2007 年成立了数据管理专业组织，任命了集团级数据负责人和各级组织的数据负责人，现在整个华为的数据管理部门下辖产品数据管理部等 9 个领域数据管理部，数据管理的范围覆盖到各大领域。数据底座已经初步建设起来，数据联接拉通了领域数据以及从元数据到主题域的各类数据资产，数据正在发挥越来越大的二次价值。

20 多年的持续改进，使华为在业务管理上取得了巨大进步，管理成果也足以使管理变革者们欢欣鼓舞。

然而，所有这一切必须服务于业务，所有的流程、IT、数据以及数字化转型，都应以为业务创造价值、使主营业务成功为目标。主营业务成功的具体表现就是"多产粮食"与"增加土地肥力"。用正式的表达来说就是：业务管理改进的最终目标，就是持续优化价值创造的过程，提供更多的解决业务问题的手段，使产品、服务与解决方案获得并保持质量好、成本低、快速响应客户需求的竞争优势。持续提升客户对华为产品、服务与解决方案的满意度，持续简化客户与华为之间的交易界面，提升客户的体验与满意度。

业务要做到业界第一，是华为的管理理念与经营目标，这种理念与目标也体现在业务战略中。事实上，华为所有的业务都会做竞争分析，锁定世界第一的竞争对手作为"标杆"，如果没有竞争对手，也要将做到第一作为产品的目标。

所以，这种目标的设计不是说"尽可能去做"，而是"必须做到"。有了目标，再审视自身的能力，如果能力不足，如关键技术能力不具备、关键专家缺失，那就去看"人才地图"，先看有能力的人在哪里，再看怎么获取这些人才，补齐能力短板。有些能力短板甚至可以通过并购、对外合作进行补齐。以目标倒推自己所必须具备的能力，这就是目标导向。用这种目标导向牵引，华为大多数业务真的做到了世界第一。

管理是服务于业务的，成就业务成为第一，而不是自己去做"第一"。

华为的每一个部门都有成为第一的冲动，包括管理部门，他们也希望成为业界第一。但任正非认为管理第一是不对的，能使业务成为第一的管理才是好的管理；反之，管理成了第一，但业务失败了，那这种第一也就失去了意义。

"蓝血十杰"是管理的精英，他们的加入，曾经使福特成为业界第一。然而，同样地，过度的管理，使福特失去了创新的活力，导致了福特后来的衰落。

在一次讲话中，关于管理变革，任正非提出了"七个反对"："当前我们的IFS与LTC的推行，正进行在关键时刻，我们要沿着科学的管理，改革我们的流程。我们要实现公司各个主干流程的融通，减少重复劳动，使之变得快捷有效。公司已经经历十几年的流程改造，初步形成了较为合理的流程管理，我们还要实事求是地、因地制宜地进行优化。变革要实事求是，从实用的目的出发，达到适用的目的。我们要继续贯彻'七个反对'：反对完美主义、反对烦琐哲学、反对盲目创新、反对没有全局效益提升的局部优化、反对没有全局观的干部主导变革、反对没有业务实践经验的员工参加变革以及反对没有充分论证的流程进入实用。"

总之，管理要追求实用、适用、简单。

关于产品数据管理，在其发展的整个历史过程中，并没有"产品数据管理要成为第一"这样的目标。相反，在大多数的时间里，产品数据管理滞后于业务发展需要，导致不得不对产品数据管理进行各种变革，改进管理以适配业务的发展。

比如：早期在国内市场，BOM 的问题，导致错货严重，发货成为业务快速扩张的制约因素，因此华为对研发进行了 BOM 能力的提升变革，也将 BOM 的能力融入后来的 IPD 流程中；产品报价复杂，导致配置器无法支撑订单管理的需要，订单录入成为海外产品交付的瓶颈，因此华为将配置器升级为网络版，并实施 S-BOM；海外海量 PO 的处理效率低，根本原因在于产品的报价配置与交付配置没有打通，存在过多的配置转换，因此华为实施了产品配置 E2E 的变革，用 S-Part 拉通了全流程；在 U 国的网络安全认证中，U 国政府发现华为的软件配置管理存在能力不足，无法实现代码重复构建，代码存在缺失或冗余，构建工具等没有纳入配置管理等问题，于是有了长达十多年的软件配置管理的改进。

这些产品数据管理的问题识别、改进都是滞后于业务发展的，产品数据不适应业务的发展，业务主管就会有感知，就会向产品数据提要求，以促进产品数据管理改进。

产品数据是对产品业务的真实反映，产品数据应该真实地代表产品、零部件、原材料等实物，真实地反映产品的组成关系、工作原理和功能特性，所以，产品数据必须客观、真实。从这个意义上说，产品数据是被产品的开发人员设计、开发出来的，是对产品研发结果的真实记录。另外，产品数据又包含了产品销售、加工制造、生产发货的流程要求，产品数据必须符合流程的要求。例如：产品数据的 BOM 结构中必须有可以被定价、报价、发货、区域存货、站点验收的共同对象，没有这个对象，产品在销售环节与开票环节的交易对象就无法对齐。BOM 结构必须与生产加工、制造装配过程一致，与生产的半成品库存管理一致，所以其中有分层分级的原材料、加工零组件、装配件、半成品、虚拟件、成品等层级结构，而且配有相关的加工、装配图纸，IE 可以基于这样的结构设计工艺路线，确保产品可以批量生产。不同的产品 BOM 中使用的 Part 必须实现标准化、模块化、归一化的设计，Part 的种类、数量要尽可能减少，增加跨产品的重用，如果 Part 过于分散、数量过于庞大，生产预测就不准确，就很容易引起一边缺料，一边又产生大量呆死料的矛盾问题。当然，产品设计的标准化、模块化、归一化是开发能力的要求，但需要产品数据固化这些要求，否则，即使开发能力达到"三化"的水平，也会由于 Part、BOM 的管理能力不足而拖了后腿。产品在生命周期过程中发生变更，于是就有版本升级，有生命周期状态的变迁，产品数据必须准确真实地呈现产品的不同版本与生命周期状态，PCN、EOX 等状态信息还需要与客户沟通。

产品数据必须在 IT 系统中被管理与应用，为了使 IT 系统能正确地、高效地管理产品数据，还必须对产品数据进行信息架构设计，识别产品所包含的业务对象、业务对象之间的关系、产品数据所有信息的结构，统一产品对象的术语，制定数据的标准、规则。考虑到 PDM 系统、ERP 系统都已经有非常成熟的应用架构，遵循业界标准的数据模型，产品的信息架构设计更多是应用成熟的 IT 软件，并适配 IT 应用架构。比如，对于产品 Offering，如果业务需要增加一个"生命周期状态"属性，只要对 Offering 这个实体下面的属性增加此字段就可以，无须重新设计 Offering 的信息架构。这样的实践就是符合面向对象的关系数据库的原理的，可以将很多业务规则嵌入这种基础数据中，形成一种结构化读取、判断的数字化处理方式。比如，"生命周期状态为 EOM 的产品不允许销售"这样的业务规则，只要在销售配置器中写成一条配置规则算法，系统就会自动拦截不符合销售条件的 Offering，EOM 之后的产品就不会出现在销售界面了。

产品数据管理虽然没有"第一"之说，但有"符合"或"不符合"、"适应"与"不适应"的区别。

能真实、客观地反映业务对象、业务状况、业务规则，而且信息架构与标准的 IT 软件包一致的产品数据，就是"符合""适应"的产品数据，是可以在业务成为业界第一的过程中起到积极作用、发挥其业务价值的产品数据。反之，不符合业务的真实情况、不适配 IT 的标准数据模型的产品数据，就是"不符合""不适应"的产品数据，会对业务的发展起阻碍作用。

产品数据的重点在"产品"，然后才是"数据"。离开了产品，数据也就没有意义。这也说明产品数据的 Owner 一定是产品的主管（重量级团队的 IPMT 总裁、PDT 经理等），而不是 IT、数字化团队等部门的主管。

产品数据管理的使命就是完成对产品对象、产品的生命周期过程、产品的全流程经营管理、交易的规则的数字化。说得通俗一点，就是将产品及其过程、业务规则"搬"到 IT 系统中进行数字化的表达与实现。

这个"搬"的过程首先是业务团队的职责。例如，硬件工程师认证一个新的元器件 Part，认证通过的 Part 进入了优选器件库，或者从优选器件库选型，挑选一个符合设计需要的成熟 Part。这里对 Part 的一进、一出的业务活动，暗含着元器件归一化的业务规则，是硬件工程师、采购认证工程师等主要角色完成的。但在做这个事情之前，PDE 要先建立 Part 的信息架构、开发 BOM 电子流，并有相关的数据质量管控等手段监控归一化的状况。

产品数据的各种电子流是业务流程与业务规则的载体，不能将产品数据流程与业务流程做成"两张皮"。例如"采购件 Part 编码申请流程"其实就是"采购件选型、认证与 Part 申请流程"的延伸，两者必须融为一体，由采购认证部门与产品数据管理部门共同设计一个面对用户全场景的电子流，用户的体验就是在审批流程中嵌入了 Part 编码的申请，两者一气呵成。

产品数据管理的规则必须承接业务规则，两者必须高度一致。例如，"产品命名规则""产品版本规则"都包含了如何定义独立的产品与如何升级产品版本等业务规则，规则的制定者既有业务管理部门人员，也有产品数据管理人员，两个部门共同签发规则，才能使业务规则在产品数据管理层面与 IT 层面落地。

产品数据管理对于研发的意义在于其通过标准化的数据固化了研发的优秀实践，如模块化、归一化设计，DFX 设计，配置管理等。

产品数据管理对于全流程的意义则是架起研发与外部世界的桥梁，使产品全生命周期可以共享完整、唯一、准确、及时、有效、一致和可追溯的产品数据，从而加速了产品的创新过程和交付过程，最终改善的是产品竞争力与客户的体验。

皮之不存，毛将焉附？产品是"皮"，产品数据是"毛"。

成就产品的高质量、低成本以及对客户需求的快速响应，提升产品及过程的内部运作效率，从而成就一流产品的竞争力，这就是产品数据的价值。

梳理清楚产品数据与产品的关系，就可以理解产品数据管理的愿景和使命。

华为早期产品数据管理的愿景——E2E 的信息拉通，成就卓越运营。

产品数据管理的使命是：围绕客户对产品信息拉通、集成、消费与创建的需求，构筑产品数据管理体系架构，确保全流程创建并应用完整、唯一、准确、及时、有效、一致和可追溯的产品数据，持续提升 E2E 流程的质量和效率。

华为的业务发展很快，管理总是跟不上，产品数据这么多年以来随着业务的发展也在持续改进，不断地解决业务的问题，消除信息传递的瓶颈。没有业务的高速发展，就不会有产品数据管理的进步。

产品数据管理的持续改进也离不开公司高层的重视。华为早期的 BOM 改进是任正非推动的，最高管理者的重视，唤起了研发体系的主管对产品数据管理的重视，使产品数据管理在全公司的落地有了很好的组织基础和文化基础。

IPD 流程推行后，产品数据管理体系直接纳入 IPD 流程，有了流程基础，产品数据管理这个管理要素会直接呈现在管理层，正是通过流程，将产品数据管理的各种要求落地到流程的活动中，并持续被监控。也正因为如此，在后端发现的问题，如销售的配置问题、交付配置问题、供应制造问题，高管们都会直接想到是否是产品数据管理出了问题。例如：2006 年，洪天峰看到订单履行出现了迟滞，交付成为海外合同履行的瓶颈，会想到是配置器和 S-BOM 没有打通报价配置和交付配置；2009 年，费敏看到一线开票困难，就想到是否产品配置没有打通；2011 年，梁华面对上百亿美金的服务的报价与交付，会想到服务 BOM 和 ERP 系统的支持。

这些高管都从自己管辖的业务领域视角对产品数据管理提出了很高的要求。产品数据管理不是从专业角度"推"给业务领域的，而是从业务发展的需求出发，由这些有系统思维的高管给出期望与要求，"拉"着产品数据管理向前走的。

软件配置管理的改进起初是由于 CMM 和 CMMI 的要求，向印度软件业学习而启动。在解决了信息安全问题后，则是由 U 国政府直接鞭策与驱动的第二次变革改进。2010 年开始，由于 U 国网络安全部门的高管要求网络安全认证必须先打好配置管理的基础，而且在后续长达 10 年的改进中，U 国政府持续在关注、跟踪配置管理的改进。

2010 年，产品数据管理刚刚经历了网络版配置器和 S-BOM 的变革，配置管理部也刚刚合并到产品数据管理部，PDM 业务评估及升级项目正在进行中，当时的 PSST 总裁徐直军屡次提出这样的问题："产品数据管理的全景图到底是什么？"

　　他认为产品数据管理的改进项目很多，每次都改进一个方面的问题，如BOM、配置器、S-BOM、PDM 等，周而复始，没完没了，这些问题在高层看起来很零散，虽然重要，但不成体系，只见树木，不见森林。那么，产品数据管理的整片"森林"到底是什么样子的？产品数据管理改进的"终极目标"到底是什么？有了森林，再去具体做一棵棵的树木，就不会偏离总体目标，不会破坏整个框架。

　　领导们的问题和要求，其实就是让产品数据管理找业界标杆，解读标杆公司的产品数据管理实践，学习它们的成功经验，确定产品数据的变革蓝图。

　　当时华为的业界标杆是 E 公司，而且是全方位地对标，不仅在主营业务上，而且在内部管理上，E 公司也是对标对象。多年来，华为产品数据管理也不断地在研究 E 公司的实践，但都比较零散，一直没有获得 E 公司产品数据管理的全景图。

　　启示 1：产品数据管理是为业务服务的，不能为了数据而数据，企业应该总结出产品数据及产品数据管理对产品竞争力的价值与贡献，并明确其高管责任。成就产品成功是产品数据管理的目标与追求。

9.2　从西天取回的真经

　　2009 年上半年，徐直军作为 PSST 总裁访谈了华为在 S 国的 S 研究所。有很多本地员工跟他抱怨说文档管理存在很大问题，作为本地员工，他们查找文档很困难，很多文档甚至没有英文化，文档与产品之间没有关联起来，文档存在缺失，或者多处复制同样内容但由于变更导致不同步的现象。

　　这些本地员工大多数是从 E 公司跳槽到华为的员工，很多人在 E 公司工作了十几二十年，对 E 公司某一个产品线、某一块业务领域的情况非常了解。根据他们的对比，华为文档管理与 E 公司存在相当大的差距。徐直军回国后安排无线产品线对 E 公司的文档管理体系进行分析研究。这个任务落在了小卫和当时 S 研究所副所长，即本地员工 U 的身上。事实上，参与 E 公司产品与文档信息解读的有来自 E 公司的配置管理、产品管理、配置器和 S-BOM、系统工程等岗位的六七名本地员工。

　　小卫是无线产品线的资深的 SE，在 S 研究所待了 3 个多月，从公开渠道收集了大量的 E 公司文档管理规则，也访谈了大量来自 E 公司的专家。经过分析，他发现文档管理其实不是一个孤立的领域，必须与产品结构、产品的编码、产品版本、文档的编码与版本、产品数据管理的 IT 系统、工具等各种产品数据的信息综合进行解读、分析、归纳总结，才能获得 E 公司在产品信息管理的全貌。最后，他输出了一篇内容详尽的《E 公司产品和文档信息管理体系解读》（以下简称《解读》）文档并提交给徐直军。

解读虽然由无线产品线担纲，但解读成果是通用的、公司级别的，需要产品数据管理专业组织代表华为对《解读》进行进一步的阐释，升级为华为公司的通用的对标实践。

S 研究所副所长 U 在《解读》的封面上写了这样的话：这是很枯燥但很重要的东西，是关于如何保持企业有序运作的方法。从这里也看出 E 公司员工在文档管理方面有很高的认识，有深入人心的文档文化。

整个《解读》可以概括为一个标准、一个规则、一个 IT。包括以下几个部分。

1. CBS（corporation basic standards）

CBS 既是一个关于产品数据的基本标准，又代表着一个制定、看护这套标准的组织，也是一个基本理念。

按照本地员工的观点，CBS 是 E 公司文化的支柱。他们在 20 世纪 30 年代制定了这套标准，然后就一直使用，迄今已经 80 年！这一点令人非常震撼！相比中国公司，包括华为制定了标准之后就经常改动、优化，然后带来整个公司伤筋动骨的产品数据整改，E 公司的标准能够稳定运行 80 年，从 20 世纪 30 年代经营电话机的一个小公司发展为今天的业界巨擘，标准没有改动过，几十年来很少有对公司伤筋动骨的折腾。这种前瞻性及对规则的坚持，确实值得敬佩。

负责这套理念和标准的部门有多少人？据本地员工介绍，由于基本标准已经很成熟，而且产品数据管理的工具都是外购的，后来这个部门的规模越来越小，2010 年时只有 3 人，而当时 E 公司全球员工已经超过 5 万人。反观华为，当时负责产品数据的规则、标准的能力中心至少有 40 人的规模。

E 公司产品数据管理的基本理念包含模块化设计、重用等实践，这些理念体现到集团的标准中并融入产品开发过程。

对规则的尊重，严格按文档操作，这是 E 公司企业文化的一部分。

2. 产品编码规则

需要说明的是，E 公司的"产品"范围很广泛，包括所有可以用结构化语言描述的事物，不仅包含整套设备、系统产品，还包括其零部件；不仅是 Part，也包括功能、系统等逻辑结构方面的对象；甚至连项目都被定义为"产品"。

对所有的"产品"进行统一的编码，这是 E 公司的可取之处。

业界确实也有"一切皆产品"的说法，就是所有可以用结构化语言表达的对象，如 Part、需求、系统、Offering 等，都是产品；也有 Product Item 或 Item 的说法。为了区分 Offering 中的"产品"，华为后来将这些"产品"均表达为 Item。

这个产品编码规则还包括版本规则，非常清晰定义了兼容性升级与非兼容性升级、功能性变更与实现变更的业务规则。

在这个产品编码体系中，E 公司还明确提出"产品四结构"的概念。一个系统产品，可以有多个不同的结构：商务结构、逻辑结构、实现结构和交付结构。这些结构是从同一个产品的不同视角去看的，也可以称为 4 个视图（view），分别是从客户视角、设计视角、开发视角与交付视角看到的 4 个不同的结构。BOM 结构是从产品的交付视角去看的，是产品的交付结构或交付视图。而其他的结构虽然也呈现出层层分解的特性，但不是 BOM 结构。

产品四结构定义其实也不是 E 公司的独创，业界早就有"多 BOM"的概念，认为产品在生命周期的不同阶段有不同的 BOM，如需求 BOM、功能 BOM、工程 BOM、制造 BOM、维护 BOM 等。但 E 公司的产品四结构引入了广义的"产品"，并引入 Part 以区分于一般的"产品"，将 BOM 结构与其他结构的关系、概念剖析得很清晰，而且这个结构与其产品的生命周期过程中产品演进、成熟的过程结合在一起，用这样简单易懂的模型表达产品全生命周期中的 Item 与其关系，如图 9-1 所示。

产品四结构概念早在 2003 年由 3 位瑞典学者共同撰写的一本书 *Implementing and Integrating-Product Data Management and Software Configuration Management* 中公开提出来，并作为案例进行讨论分析，远远早于华为解读 E 公司产品数据信息架构的时间。

E 公司产品四结构实践对华为来说具有很重要的借鉴意义。这个结构可以将过去华为在产品数据管理领域做的点点滴滴的改进串在一起，形成一个具有严谨的结构与演进逻辑，可以指导华为长期改进的产品数据全景图。

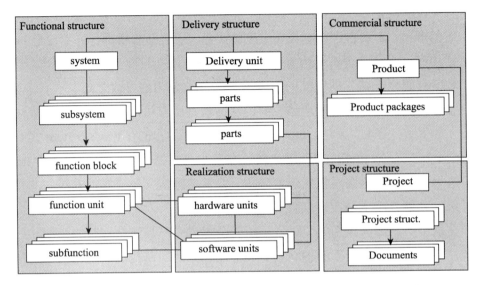

图 9-1　E 公司的产品四结构及项目结构

3. 文档分类和编号规则

文档分类和编号规则是指文档的编码规则、版本规则、分类规则。无独有偶，E 公司的文档的编码原理与华为的很像，也是在"产品"编码的基础上，增加一个"文档分类代码"，形成一个合成编码。这样做的好处是在 20 世纪 90 年代之前企业的 IT 水平尚低时，也能通过文档与 Item 之间的编码关系，人工建立起文档与 Item 之间的描述、参考关系。比如，一个 Item 的编码为 ABC12345，而一个《需求列表》这样的文档，其类别代码为 08901，那么 E 公司这个 Item 对应的需求列表的文档编码为：08901-ABC12345。

已经是数字化时代的今天，中国有很多大型国企还是以图纸为中心管理其产品结构，而不是以 Item 和产品结构为中心管理包括图纸在内的文档。这是脱胎于苏联计划经济时代的图纸、文档管理模式。而 E 公司作为西方跨国公司的典型，从 20 世纪 30 年代开始就走向产品结构、Item 组织信息的管理模式。这种模式可以抽象为本书前述的 ID 模型，现代的 PDM 软件都是以这个数据模型为基础的。

与 E 公司进行交叉比对，说明华为早期把这个关系理解正确了，华为走的是一条正确的路。

4. 各种数据库及支撑文件

数据库及支撑文件是指管理产品和文档的 IT 系统和工具。E 公司很早就建立了产品目录系统，类似华为的 PBI。它们的 PDM 系统是自研的 P 系统，这个系统用了很久，直到 2014 年才开始考虑上线业界的商用 PDM 系统。它们的文档管理系统是 G 系统，但与 P 系统集成，以便建立文档与 Item 的关系。

《解读》报送到徐直军那里，他对这篇干货满满的文档给予了高度重视，立刻转发给相关部门。《解读》引发了产品数据管理领域的公司级变革项目——产品信息架构梳理项目。

2010 年初春，产品数据管理部 5 位员工远赴 S 研究所，针对《解读》中的遗留问题与当地员工继续交流澄清，并启动了对前 E 公司的产品数据专家的招聘。这是产品信息架构项目启动前的准备工作。

S 国是北欧小国，人口只有 700 万人，但这里有好几家像 E 公司这样的跨国公司。他们在 S 国待了 3 周，身临其境，进一步感受当地员工对规则与文档的尊重、对工程的重视、对管理改进的精益求精的文化氛围，深感差距之大。

S 国有一个"瓦萨博物馆"，是将 17 世纪的一艘沉没海底的战船"瓦萨号"打捞上来后进行修复改造的主题博物馆。"瓦萨号"是当时世界上最大的炮舰，装修得很漂亮，里面的雕塑都是艺术品。国王为了显示威力，又加建了一层炮塔，但船体本身没有改，结果才开了 500 海里就沉船了。

这个博物馆里面不仅有大量精美、丰富的装饰品，而且有对这些在海底沉睡了 300 多年后重见天日的艺术品的详细记录，以及对这艘华而不实的失败战舰的沉没过程的还原与反思。S 国郑重其事地将一艘沉船改造成博物馆，不是为了炫耀，而是为了警示。

任正非在参观了瓦萨博物馆后，在一次内部讲话中说："……战舰存在的目的是打胜仗，装饰是多余的……变革的目的是多产粮食和增加土地肥力。在未来变革过程中，我们要强调目的才是最重要的，目的就是要多产粮食和增加土地肥力，凡是不能为这两个目的服务的，都要逐步简化。"

2013 年，华为的营业收入首次超过 E 公司，但考虑到 E 与华为重叠的业务只有无线产业，华为还是谦虚地认为单独拿无线与 E 公司相比，仍然存在差距。再过几年，无线产业单算也超越了 E 公司，但华为仍然把 E 公司作为自己的对标对象，尤其是在研发管理方面，IPD 已经运行 20 年了，华为还在持续研究 E 公司的研发组织、研发流程。

启示 2：标杆学习法是一种很好的提升管理水平的方法。然而，考虑到业务管理各要素的内在关系，学习标杆首先要全面理解标杆，梳理清楚其内在的管理架构。盲人摸象般地学习，容易以偏概全，学一个四不像。

9.3　用"产品四结构"构筑起产品数据的全景图

E 公司的产品四结构给了华为很大的启发。E 公司重视文档、重视规则，几十年如一日地坚守产品数据管理标准，这一点对华为有很大的触动；另外，华为在产品数据管理领域有了一定的积累，对很多问题已经有了很深的思考，E 公司产品四结构正好能回答华为当时面临的产品数据管理问题。

首先，华为很早就开始以 BOM 结构为中心，组织整个产品数据的信息。例如，BOM 下面是 Part，Part 下面是属性，这样就通过 BOM 把一个产品所有的结构化信息组织起来；然后，非结构化的文档与 Part 建立了关联关系，就把文档也统一到产品结构中；然而，以 BOM 结构为中心的产品结构组织起来的是否就是产品全生命周期的所有信息？如果是的话，PBI（产品基本信息）应该放在哪里？产品有 Release，Release 下面有特性，特性下面有需求，需求还对应了验证要求，有测试用例、缺陷，还有系统、子系统、功能、模块这些没有用 Part 管理的信息，又是什么呢？

其次，华为也学习了汽车工业的 BOM 结构，他们的"多 BOM 结构"或"BOM 多视图"也让华为困惑不已。在 2001 年前后，华为尝试推行 E-BOM，发现 E-BOM 根本不适应华为的情况，从而取消了推行。而汽车工业居然还有设计 BOM、功能 BOM、超级 BOM，一切的产品结构皆为 BOM，这样的实践在华为显然是行不通的，BOM 只有一个。那么剩下的产品结构又是什么呢？

最后，华为已经有 Part 编码、Offering 编码等规则，但没有对其他的产品 Item 进行统一编码。Item 的标识，包括版本标识都没有统一，该如何参考业界最佳实践并考虑自身的历史存量制定像 E 公司那样 80 年不变的规则呢？

E 公司的产品四结构首先承认产品结构可以有多个，但只有交付结构是用

BOM 来表达的，BOM 由 Part 构成，其他的结构都不是 BOM，由"产品"或"产品 Item"构成，Item 与 Part 不能画等号。Part 是 Item 的一种，只有在交付结构里面的 Item 才是 Part。

　　为了说明这个原理，首先解释什么是"交付"（Delivery）。在华为与 E 公司的语境中，交付是指将产品生产出来，发货到客户现场，然后完成现场工程安装的过程的所有活动。交付是 LTC 流程的概念，产品必须首先卖出去，形成买卖合同和交付合同，才有交付活动。那么在卖出去之前，尽管产品的研发已经完成，也完成了 PDT 向下游的"交付"，但那个"交付"是 Offering，不是 Delivery。而这之前的活动，均不是交付活动，如产品的商业模式设计、产品的架构设计、产品的详细设计、测试验证等，均是 IPD 流程的活动，而不是交付活动。

　　据此，可以对 Item 与 Part 进行定义。

　　Item：*产品从规划到概念、计划、开发、验证、发布、生命周期等阶段，以及从产品的投标报价到合同关闭全流程所涉及的产品本身或组成产品的业务对象，可以用结构化的数据表达。*

　　Part：*产品在交付过程中所使用的组成产品的、结构化的业务对象，可以在 ERP 系统和其他所有支撑交付过程的 IT 系统（如配置器）中被使用。*

　　下面对产品四结构进行说明。

　　PBI：产品是先规划再按照路标进行开发的，而规划的 Offering 及其演进路标版本要体现在 PBI 中，在 PBI 中有 Offering、产品目录（包括产业目录与销售目录），Offering 以下则是 Release。

　　有了 Release 规划，就进入 IPD 的概念阶段。

　　商务结构：随着华为营销能力逐步建立，华为后续的产品开发已经可以做到先进行商业模式设计，再进行开发。也就是说，先想好怎么卖产品，再开发产品。产品开发的目的就是要使商业模式设计落地到技术设计中，商业成功是产品开发的唯一及最终目的，这样的产品开发还没有开始，产品就已经赢了。所以，在产品的商务结构中，先对前面的需求进行打包，将对客户有价值的特性进行包装，形成特性列表和下面具体的定价项目（price item）。产品还没有开发出来，但产品的主要特性、卖点都已经确定了。

　　逻辑结构：华为采用"版本火车"方式逐步推出产品的特性（feature），特性又包装成 Release，如图 8-3 所示。有了特性，就考虑怎么在逻辑结构中设计与这些特性对应的功能，以便产品具备这些特性。一般来说，一个产品族会有统一的逻辑结构，代表这个产品族的系统设计架构。特性与需求从四面八方过来，但一个好的产品族架构可以承载这些不同的、滚动增加的需求，只要进行少量的增量开发即可快速形成新的特性，而不需要对产品系统架构进行伤筋动骨的改动以适应新的需求。这就是架构设计应该实现的目标。华为早期的产品架构是用文档来记录的，没有用逻辑结构的方式对其进行结构化管理，导致"架构腐烂"严重。因为没有管理好产品架构中各系统、子系统、模块、子模块化的接口，研发人员改动代码时慢慢地就动了接口，然后架构就被破坏了。因此，架构设计部门对这个逻辑结构是有现实需求的，他们希望用这样的以对象为中心的数据管理方式看护架构。

实现结构：有了逻辑结构，就要将此结构分解出来的最小单元"部署"到实现结构的硬件单元、软件单元上，此为实现结构。实现结构是实现产品原理的所有部分的关系，但这些硬件单元与软件单元还不一定就是 Part。比如，一个嵌入式软件需要用到一个商用的嵌入式操作系统，这是第三方提供的软件单元，但开发人员将其与自研的代码进行构建才会形成该嵌入式软件的完整版本，这才是 Part。

为了表达软件的完整性，在实现结构中，将编译、构建的工具均表达为 Item。

交付结构：实现结构的 Item 编译、合入到 Part 中，形成了 BOM 结构。有很多集成度很高的 IC Part，可能包含多个实现单元。软件的版本是 Part，其中可能也会包含多个软件的实现单元。

S-Part：既属于商务结构，又属于交付结构，是联系两个结构的桥梁。关于 S-Part 的原理以及 S-Part 所处的特殊位置，在本书第 5 章的配置 E2E 部分有详尽的叙述，此处不再赘述。

以上所有的业务对象均用 Item 表达，所有的结构都是表达 Item 与 Item 的关系。例如，系统 Item 由子系统 Item 组合而成，子系统 Item 往下是模块 Item。

Item 归根结底是一种信息的汇聚方式，包含编码、版本、描述等属性，也包含其技术规格特征属性，如一个接口的通信协议、一个电源板的额定功率、电流、电压等。

因为用属性表达的 Item 的信息毕竟有限，有些复杂 Item 就需要增加文档进行进一步描述。例如，一个机械部件的 3D 模型、一个单板的电路图等，这些文档要与 Item 建立关联关系。在产品域中，"文档是用于描述业务对象的"，这是产品数据管理的基本原理。这个原理可以前述的 ID 模型进行表达。

华为产品四结构基于图 9-1 所示的四结构进行优化，将 PBI 的产品目录与 Offering、Release 的关系也叠加在四结构上，并增加跨越商务结构与交付结构的 S-Part 对象。

这就是华为版的"产品四结构"。产品四结构将构成产品、贯穿产品从概念到发布全流程的信息全部识别出来并对其关系进行结构化的表达，是 PIA 的高阶数据模型。当然，产品四结构只是一种识别产品信息、表达关系的一种方法，各企业必须活学活用，不能拘泥于 4 个结构。事实上，华为最终识别出来的关于产品的结构也不止 4 个。华为的某友商就有 11 个结构。所谓"千人千面"，一千个人眼里可以有一千个产品的呈现方式，不同的业务领域、不同的角色可以有不同的"产品结构"，只要说的是同一个产品。很多企业的产品开发没有区分设计、开发、测试等过程，连 SE 与硬件开发工程师、软件开发工程师、测试工程师这种角色分工都没有，可能就不一定需要逻辑结构；企业如果还没有商业模式设计，也不一定有商务结构，但交付结构一定会有。

有了产品四结构，产品的数据资产就可以得到全面的识别与管理。围绕产品四结构可以建立起产品数据的全景图。包括以下几个方面。

（1）Item 的术语定义；Item 的 Owner（责任者）；Item 的属性架构、业务规则与数据标准。

（2）Item 的编码规则、版本命名及升级规则。

（3）文档的编码规则、命名规则、版本命名及升级规则。

（4）产品数据管理的业务差距及改进路标。

（5）产品数据管理的应用架构（application architecture，AA）。

（6）产品数据管理的流程架构与组织架构。

产品数据全景图是一个巨大无比的图，其中任何一块都很大，足以做一个或多个变革项目。比如，Offering 的产品统一定义，Offering 的产业目录、销售目录分离，Offering 的分类从 2006 年就开始改进，直到 2012 年才基本可用；一个 S-Part 的规则会签，遍历华为所有的业务部门，历时 9 个月之久！又如，制定集团级的 Item 的编码规则，因为华为历史存量很大、整改难度很高，也持续很多年。

某年收入达到 50 亿元的上市公司一直对于 Part 的定义很困惑，他们称自己管理的交付结构的对象为物料、零部件、零组件、成品、半成品，就是无法统一术语。在一次产品数据管理工程师与 IT 开发人员在一起的会议上，IT 主管就提出，要不然我们 IT 统一为"物料"，你们业务统一为"Part"。

这就是典型的信息架构不统一。连术语都无法在集团达成共识，不管是业务规则还是 IT 实现，根本就没有基础，又谈何数字化转型？

所以，全景图上的这些内容不是短期就能完成改进的，但全景图的好处是建立了一个从"此岸"到"彼岸"的现状描述与未来愿景描述，以及逐步接近目标的路径规划。华为从此在产品数据管理这个领域里面有了清晰的改进方向，并一步一个脚印地逐步去构筑这个宏伟的教堂。在这个过程中，可能会碰到阻碍，可以迂回、绕着走，但最终还要回到正确的方向上来。

启示 3：产品数据管理应该学习业界标杆并分析自身的差距，建立产品数据全景图。这个全景图既是信息架构又是数据资产总览，同时也是业务变革蓝图，可以一步一步地将企业从"此岸"带到"彼岸"。

9.4　PIA 变革

2010 年，PIA 项目正式启动。

按照变革的方法论，华为全面分析了产品数据管理的现状，并对照产品数据全景图找到差距，再根据实施策略制定了该项目的目标、范围、实施路径和节奏。

尽管从"发正确货"变革项目的研发 BOM 改进（1998 年）算起，直到 2010 年，华为在产品数据管理方面有组织地改进已经有 12 年时间，但对比产品数据的全景图，还是识别出大量的问题。以下仅举几个例子。

1. Item 的标识缺乏全局、长远的规则，全流程打通缺乏统一识别码

该问题又可以分为 3 个方面。

（1）Item 的编码扩位

Item 包含 Part，Part 的编码规则在 2004 年由于某一类 Part 增长过快导致

"爆码"，因此从最初 8 位的纯数字编码扩展为数字、字母混合编码。由于时间过于仓促，当时只是解决了眼前问题，没有下决心对编码进行"扩位"，即长远地、一次性解决这个问题。

华为的发展超乎了所有人的想象，8 位的数字、字母混合编码是否能适应未来继续高速发展的需要？而且，对结构化的产品数据的管理，已经从 Part 拓展到更大的范围，所有的 Item 都需要有统一的编码规则，对于 8 位编码是否已经足够，谁也无法给出肯定的回答。

PIA 项目终于找到对 Item 编码进行扩位的机会。而华为所有的 IT 系统都是基于 8 位编码这个假设开发的，很多系统已经用了 20 多年，要扩位就要对这些 IT 系统的代码进行分析、整改。

（2）Item 的版本规则不清晰，没有打通全流程

Item 在生命周期内会发生变更，变更需要在相同的编码基础上，用版本号加以进一步的识别。尤其是对于 Part 这种有实物形态的业务对象，版本号在准确传递信息过程中非常关键。

长期以来，华为的 Part 版本升级采用"向下兼容"这样的规则，始终按照最新版本生产，并可以以新替旧。这种规则大大简化了版本的管理，使版本的演进在一个主干上进行，不会出现多个版本分支的情形。

然而，例外总是会发生，"向下兼容"是需要研发能力保证的，有的时候，某些场景下无法兼容，存在指定版本发货的特例。而华为几乎所有的交付系统，如 ERP、MES 等都不处理版本号，需要"人工备注"说明本次需要哪个版本。从客户到订单、从计划到库存，缺乏版本号就带来在需要指定版本发货的情况下信息不通，靠人的责任心保证发对版本的问题。

（3）产品的标识一致性无法满足客户需求

随着华为产品进入欧洲，日韩的大 T、越来越多的客户提出华为产品上面没有规范化的标识，包括产品实物上的条形码信息、产品单板上的电子标签信息、网管平台上读取的产品标识信息。

2011 年，英国大 T EE 的运维主管访问华为，与产品数据管理部进行详细的交流，他们明确要求华为在产品实物的条形码上要有几个信息：编码、型号、版本号（revision）、序列号。而在此之前，德国电信、英国电信、沃达丰等客户早就提过此类要求。华为原来在实物上使用的是一维条形码，上面能承载的

信息非常有限，而当时华为的主要友商都已经使用二维码，二维码能承载的信息比一维码多好几倍。尤其对于一些尺寸特别小的实物，上面能贴标签的空间本来就很小，更加需要用二维码取代一维码。

产品标识与编码扩位、Revision 的改进是一体的，但考虑全球所有的客户以及华为当时已经相当庞大存量网络，从一维的条形码切换到二维条形码是一件非常复杂的事情。而 PIA 项目刚启动时，所有人都没有想到这个事情有多复杂。

2. 海量的文档没有结构化管理规则，信息共享效率低

2010 年时，华为 IT 系统中的产品文档篇数已经达到亿级。这些文档有些在 PDM 中，更多则分散到数量庞大的软件配置库中，与软件代码一起散落在各项目组。

华为当时已经有几千个配置库，相互之间共享性非常差，跨项目查阅文档非常困难。

需要指导下游生产的技术文件、技术支持文档、营销指导文档、客户资料的管理，由于有问题时用户就会投诉，管理相对比较规范。而数量更为庞大的研发过程文档就很凌乱。事实上，这些文档的用户群体是整个研发队伍，人数是华为的一半，文档查阅困难，文档的内容更新不及时，一处信息多处复制，信息一致性无法保证。这些问题直接影响到研发效率。

研发人员经常抱怨：写了文档却找不到，找到了也是错的，文档到底有什么价值？

文档与 Item 一样，也需要有识别码、编码与版本，但当时技术文件做到了这一点，其他的文档多数却没有做到。文档还要与产品结构上的 Item 建立关联关系，产品的变更管理要将 Item、文档、产品结构统一配套变更，确保变更的同步更新。

3. 产品外部特性与内部的功能、系统、实现单元之间的关系没有打通，产品的 E2E 可追溯性不好

产品的 BOM 结构只是产品的交付结构，但产品从需求到商业模式设计，再从系统分解分配、架构设计到产品的软件、硬件实现还没有用 Item 及其关系进行结构化的管理。

华为接收了客户需求，对于后续需要多少研发资源、多少时间能满足客户的需求，并没有做到"心中有数"，经常存在"需求过载"、过承诺的现象，影响客户的满意度。

产品的代码与功能、系统之间关系没有建立起来，接口经常会由于代码更改而被破坏，导致架构腐烂，对产品的交付及时性与产品质量带来长远的影响。

软件中出现代码冗余时也很难发现，对产品的安全可信带来不利的影响，因为代码很难追溯最初的需求，很难判断是否是冗余代码。

总之，就像现在很多企业的产品研发都没有产品的商务结构、逻辑结构、实现结构对过程进行有效的管理，产品只关注对外的需求满足，不关注内部的结构，只关注结果的质量，没有关注过程的质量，导致产品架构无法长期、稳定支持产品的演进，最终影响产品的竞争力。

4. 企业架构中欠缺对信息架构的梳理，导致应用架构缺失，IT 没有统一的规划，IT 的业务定位与关系凌乱

企业架构包括 4A：业务架构（business architecture，BA）、信息架构（information architecture，IA）、AA、技术架构（technology architecture，TA）。信息架构处于承上启下的位置，负责将业务架构中的业务流程、业务活动、业务规则用数字化方式进行表达并向 IT 提出落地的需求，如果应用架构不梳理清楚，那么在数字化转型过程中必定带来混乱。例如，价值流、业务流、数据流的关系没有梳理清楚，IT 重复建设或缺失必要的 IT 系统、IT 之间没有有效集成、数据存在多数据源或数据源不可信等。

关于信息架构，华为高层有这样的认识：我们非常关注业务流程、IT 工具建设，但对最核心的信息架构缺乏足够的认识和建设。这导致对业务流程交付件缺乏有效管理、流程落地困难；IT 建设重复低效，无法打通 E2E（众多 IT 系统的信息无法集成）；一系列老大难问题难以根治。

PIA 是华为在 2011 年的重点项目，也是由 PSST 主导的重大变革。徐直军曾经在《管理优化报》撰文，对 PIA 有这样的表述：PIA 是基于 IPD 流程业务架构中交付件展开信息架构、规则梳理，最终达成 IPD 交付件的有效管控。项目涉及研发各领域、流程、IT 等众多部门，其最终梳理结果将是企业级的基础信息架构，影响深远。

对于 IPD 流程推行来说，PIA 意味着 IPD 流程落地的"数字化"，目的在

于将 IPD 产生的所有信息有效组织起来，进行结构化的管理，以确保信息被高效地共享使用，进一步提升 IPD 的效能。

启示 4：有了业务全景图就必须开展变革项目逐步实现它。理想是要有的，但只有正视自身差距并发动业务部门脚踏实地去改进，才能逐步逼近理想。

9.5　为高速行驶的汽车换轮子

PIA 最难的不是规划"全景图"、建立长期的改进路标与蓝图，也不是将信息架构落地在 IT 中，而是对历史数据的"切换"。

切换或者整改，这是一个企业最劳民伤财的事情，尤其是对已经有大量的历史数据的企业来说，要切换架构与规则，这种颠覆性的变化带来的整改难度会成倍上升。而且，在切换的过程中，业务不能停下来。在华为的变革体系有这么一个比喻："为高速行驶的汽车换轮子"。

Part 编码规则的变更就属于颠覆性的变化，是牵一发而动全身的。

华为在 1996 年 ERP 上线时对企业未来发展估计不足，以为 8 位的编码足够使用，结果到 2004 年就出现"爆码"。又由于当时没有时间全面、系统地排查 IT 系统中对 8 位编码的解析代码，因此稍有不慎就可能引起 IT 系统"卡壳"，导致业务停线。华为不得已采用数字、字母混合编码，用于解决当时的燃眉之急而不敢轻易地扩位。

随着业务对象从 Part 扩展到 Item，编码需求增加很多倍，8 位的编码资源还是会成为企业发展的障碍，这个问题就成了一直悬在华为头上的达摩克利斯之剑，不知道哪天会落下来。

因此，华为在 PIA 项目群中特别规划了一个"Item 编码规则"子项目，其核心就是对 Item 编码（包括 Part 编码）进行扩位，确保编码资源足够长期使用。而且，要把所有 IT 系统中，对 Item 编码限制了长度的软件硬代码进行排查与解除。

当时华为有 600 多个 IT 系统，全部进行了排查，这个工作量尽管很大，但毕竟还是企业内部的事情。更困难的是，华为 Part 编码已经被客户、供应商、合作伙伴大量使用，已经像血液一样渗透到其他企业的 IT 系统中了。因此，编码的扩位还需要考虑对客户、供应商、合作伙伴的影响。

这次华为下了大决心，尤其是供应链体系，对于编码扩位以及二维码切换非常坚决，也积极推动市场部门与客户进行沟通，征求客户的同意。华为全球的运营商客户有 600 多家，这个沟通任务分配到各区域、各代表处，由他们通过自己的渠道与客户进行了沟通，而且征得了大多数客户的同意。

一维条码切换到二维条码，而且在条码上按照国际惯例显示更加完整、全面的产品标识信息，这看起来是一件很小的事情，但就像公民的身份证上面的信息发生变更，尤其是身份证号码变更一样，会涉及方方面面使用身份证信息的环节与应用系统。

当时就有运营商就提出，条码切换后，原来用于扫描条码的扫描枪要更换，而更换的费用，希望由华为来承担。

这些都不算是很大的问题。

欧洲有一家运营商 T 坚决不同意华为切换二维码，多层次沟通后，发现阻力主要在一位运维经理 J 那里。全球客户只要有一家不接受二维码，那就意味着要么放弃推行二维码，为了一家客户，不能满足更多客户的需求；要么其他客户切换到二维码，为这家客户定制原来的一维码，但定制成本又太高，且很容易出错。

说服这家客户接受二维码是唯一的选择。为此，产品数据管理部派了专家张晖与他沟通。

J 理解华为早期的 Part 编码是 6 位的，他要求华为改变 Part 编码规则，将编码都变成 6 位，这让张晖他们大吃一惊。我们的编码是 8 位的，怎么在他那里成了 6 位呢？

原来，很多年前，华为的产品 SN 中包含了 Part 编码的一部分。因为华为所有的单板都是 03 编码打头的，为了在有限的空间上能打印 SN，干脆把 03 这个默认的号位给省略了。于是，SN 中包含的只是单板 Part 编码的后 6 位。

然而，这个 SN 与 Part 编码的编码规则没有向全公司公布、宣传过，有些环节并不理解这个关系。在欧洲 T 客户那里就被错误解读了，当时 T 客户的客户经理曾经向客户解释说华为的 PN 是 6 位！客户就一直记住了这个"规则"。

现在切换到二维码了，要把 PN 完整的字符全部显示出来，编码又变为 8 位了，T 客户认为是华为变更了 PN 的规则。而他们不同意切换的原因是物流商也把"6 位的华为 PN"这样的规则写入他们 IT 系统的解析代码中了，如果贸然改变，T 客户不知道会发生什么后果。IT 系统的解析代码排查这把"火"烧到客户那里。

当张晖第二次去客户那里时，J 开口就问："你回去后说服华为将 8 位编码切换为 6 位了吗？"张晖回答说："还没有。"J 竟然把便携机一合，扬长而去！

后来动用了代表处的客户关系与 J 沟通，也没有沟通下来。

又过了若干年，J 由于工作调动，不再负责这件事，华为才重新沟通，说服了 T 客户接受了二维码切换方案。二维码切换终于搬开了前进路上最后一块石头，得以在全球推行。

二维码切换虽然最终成功了，但给华为的教训也很深刻。

（1）Item 的编码规则，尤其是 Part 编码规则是整个信息架构的基础，编码会被各个 IT 系统调用，影响各个业务环节，要考虑全面长远，尽量不要变更规则。

（2）Item 编码是 Item 的 ID，其规则要力求简单，不要包含过多的含义。Smart ID（见本书 2.8 节）是不可取的。

（3）Item 编码规则是产品数据负责的范围，IT 系统应该与之解耦。IT 系统只认 Item 编码，不要去解析其中的含义，编码只要是唯一的，IT 就不会出错。IT 不能要求 Item 编码具备什么含义，或者长度必须是几位。

启示 5：趁企业规模还不大、历史包袱不重的时候，把 PIA 做对，尤其是像 Part 编码规则、版本规则这样底层、基础的规则，要一次做对，避免后续反复整改。E 公司的 CBS 规则 80 年没有改变过，这才是好规则。

9.6　软件的实现结构不是软件 BOM

软件作为一种特殊的业务形态和存在方式，是否可以用 Part 进行表达，以及是否用 BOM 表示其组成、集成、构建的关系？这个问题在 2010 年 U 国网络安全认证启动之前本来是没有疑问的。

华为在解决了 BOM 的问题之后，已经非常明确，按照产品的业务流程，凡是支撑交付产品的结构，都可以表达为 BOM。例如，软件的版本，在生产部门需要获取该版本进行预安装，在服务部门需要从华为官网下载这个版本到现场加载，所以将其表达为 Part，有编码与版本等标识，在配置器中可以作为一个配置供客户选择、报价，在 ERP 中可以作为一个 Part 进行订单、任务令、核销等处理。当然，与硬件实物不同的是，软件不会有库存，没有物料成本，也不会产生呆死料。

生产部门与服务部门对软件的操作，只关注版本的下载、安装，不关注这个版本包、安装包里面是什么源代码、第三方软件、开源软件组成的，更不关注从源代码到二进制用什么编译器，从组件到版本用什么构建工具。这一切对他们来说本来就是黑盒，只要安装包的 Part 正确，版本号正确，他们的业务活动就不会出错。

然而，网络安全认证要求对组成版本的所有的源代码、二进制组件、开源软件、第三方软件、编译工具、构建工具、软件的开发与运行环境等都要保证完整性、一致性与可追溯性。所有这些内部要素都要纳入配置管理范围。

那么问题来了，组成一个完整版本的所有要素，是否可以表达为 Part？这个组成关系是否可以用 BOM 表达？

一个软件源代码不会进入生产系统，与交付结构没有关系，所以不能用 Part 表达。但是，按照前面 Item 与 Part 的定义，源代码可以用 Item 表达，开源软件、第三方软件、工具也是。而源代码、开源软件、第三方软件、工具是产品在开发阶段形成的实现单元，都是实现结构里面的 Item。

而实现结构本身就表达了这些单元之间的组成、依赖关系，这个结构用 PIA 的四结构可以非常清晰地放到实现结构中。如图 9-2 所示的软件版本实现结构示例。

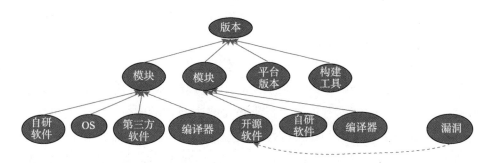

图 9-2 软件版本实现结构示例

可是，现在很多企业、组织没有区分产品不同结构对不同业务流程的作用，简单地将产品的实现结构也归入 BOM 结构中，这就是"多 BOM"的由来。

"软件 BOM"由于当前网络安全要求软件可重复构建，以致软件来源的安全与可信要求变得非常热门，甚至美国现任总统拜登都在其发布的"软件供应链安全的新网络安全行政命令"中大谈软件 BOM。

所谓的软件 BOM 是产品中所有软件组件（专有和开源代码）、开源许可证和依赖项的清单。它提供了对软件供应链以及可能存在的任何许可证合规性、安全性和质量风险的可见性。

严谨起见，本书将这个软件的实现结构表示为软件清单（bill of software，BOSW），而不是 SW-BOM。

BOM 是与复杂的业务流程和复杂的产品交付结构紧密结合的，BOM 本身有复杂的关系与逻辑，已经是一个不容易说清楚的概念，本书花费大量篇幅试图说清楚什么是 BOM，如果再把所有产品结构笼统称为 BOM，则会使复杂度进一步增加，在企业的实际场景中，容易使组织产生混淆，不利于问题的解决。

大型的软件开发是一个非常复杂的过程，一个软件包不仅包含了数以万计的自研的软件文件，还包括来自第三方的标准商业软件，以及来自开源社区的开源软件。而且，第三方软件含其他第三方，开源软件含其他开源软件这种层层嵌套的关系，配套的编译器、构建工具、操作系统、数据库等要求也非常的复杂。软件的实现结构可以将这些来源不同的软件标识出来，建立构建、集成及依赖关系。这样的关系建立可以带来多方面的好处。

（1）确保软件来源是合法、可信的，遵守政府规章制度。

（2）加快识别和补救潜在网络安全漏洞的进程。华为早在 2012 年就把软件的漏洞作为 Item 管理了，漏洞 Item 可以贯穿整个漏洞暴露、漏洞追溯、漏洞预警、漏洞修复的闭环过程。

（3）提供透明度并与客户、政府建立信任。

BOSW 建立后，由于整个软件的集成、构建过程都通过这个结构表达出来，这样就与软件构建的脚本有重复，企业必须解决两者的问题，或者通过构建脚本自动形成 BOSW，或者根据 BOSW 构建软件，这样才能确保 BOSW 与构建过程不是"两张皮"，研发才有动力去维护好 BOSW，BOSW 就会得到比较好的管理。

启示 6：为复杂软件建立 BOSW，符合其构建过程和依赖关系，确保软件的可重复性，增加软件的安全与可信。

启示 7：利用产品四结构原理建立 BOSW，与交付结构（BOM）分开，面向不同的过程，展现产品的多维结构。

9.7　产品数据管理组织建设

2004 年华为产品数据管理部有 40 多人，等到 2017 年，部门已经发展到 500 多人。产品数据的管理范围从原来仅支持供应制造的 Part、BOM 和技术文件扩展到以下方面。

（1）支持销售及交付 E2E 流程的配置器、S-BOM。

（2）支撑产品业务管理的 PBI。

（3）支撑软件过程的软件配置管理。

（4）反映产品数据全景图的 PIA。

产品数据支撑的业务深度与范围也在不断发展。例如，配置管理支撑网络安全认证，BOM 及配置器支撑贸易合规的美国技术含量的测算，PIA 支撑软件供应链的安全与可信等。这些业务场景是绝大多数企业都没有碰到过的。华为的产品在 U 国等国家骨干网络运行，由于华为的中国公司身份，当地政府就有了对华为有源代码交付及认证的要求。由于美国对华为供应链的封锁，就有了需要测算华为产品中美国技术占比的需求，以判断合同是否符合美国商务部确定的比例限制。产品数据要支撑这些业务，就必须对业务对象进行扩展，建立新的业务对象之间的关系。

产品数据管理部门需要多少人比较合适？这取决于产品数据管理的业务范围以及支持业务的广度和深度。企业产品线越长，产品数据管理的范围越大，支撑的业务范围越宽，深度越深，则人员数量越多。无法简单地用研发人员数量与 PDE 的比例计算 PDE 的人数。

产品数据管理部门应该放在哪个部门下面合适？华为早期的产品数据管理部在中试部，中试部解散后放在中研部，后来又放在 PSST。但关于其组织归属，20 多年来也有过很多的讨论，有人提出应该放在 IT 部门，有人则认为应该在供应链，甚至采购部门。产品数据管理部之所以没有离开过研发体系，是从产品数据本身的特性决定的，因为产品基础数据绝大多数源自 IPD 流程，为了从源头就管好产品数据，将产品数据管理部放在产品线是比较合理的，而所有的产品线都在 PSST 下，所以，产品数据管理部放在 PSST 下面就比较合理。

产品数据的源头是 IPD，但产品数据被产品全生命周期的业务流程所调用，要保证各业务环节都可以向产品数据管理部门提出需求，这种机制是靠跨部门的重量级团队保证的。PDT 包含使用产品数据的各业务领域的代表，他们可以通过 PDT 的运作提出产品数据管理的需求。

产品数据是管理体系的要素之一。在华为，整个管理体系包括流程、运作、成本、质量、信息安全、网络安全、IT、数据等要素，华为成立了各级的 CQOO 负责这些要素的管理，PSST 下面就有 CQOO，产品数据与其他管理要素一样，归属 CQOO 管辖。

产品数据管理，到底是谁的责任？

如果把产品数据作为企业的战略资产，那么这个战略资产首先有一个明确的 Owner，Owner 可以理解为是产品数据的拥有者、业主，也可以理解为是最终责任者。

产品数据是 IPD 流程的重要交付件，也是 IPD 流程运作的基础，因此，产品数据 Owner 就定位为 IPD 流程的 GPO。在华为，IPD-GPO 一般是负责研发的最高主管，也就是 PSST 总裁，是所有产品线或 BU 的最高主管。

ICT 基础设施产业的 PSST 总裁就是 ICT 产业的产品数据 Owner。同样地，某一个产品线的总裁就是该产品线产品数据的 Owner，某一个 PDT 经理就是该 PDT 的产品数据 Owner。不同层级的 Owner 有汇报关系（图 9-3）。

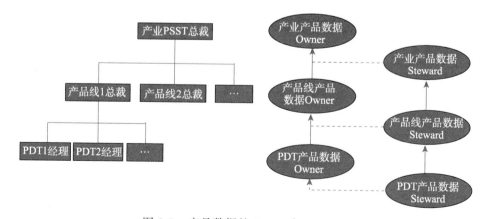

图 9-3　产品数据的 Owner 与 Steward

然而，产品数据 Owner 都是某一个业务的商业领袖，位高权重，不可能有很多精力去具体管产品数据的事情。而且，产品数据管理非常专业，需要有专人专职负责产品数据管理。这就是设置产品数据管理部门和相应角色（如 PDE）的意义。这个专业角色称为产品数据的管家（steward）。

产品数据 Owner 是产品数据的准确性、及时性、完整性、一致性、唯一性、有效性的最终责任者，是产品数据管理的指导者、直接支持者，产品数据管理战略的制定者，重大问题的决策者。

产品数据 Steward 是支撑产品数据 Owner 管理产品数据的专业人员，是产品数据管理的规则制定者、组织者、监督者。

根据业务层级的划分，产品数据 Steward 也对应分产业产品数据 Steward、产品线产品数据 Steward、PDT 产品数据 Steward 3 个层级，分别负责对应业务的产品数据管理。

随着组织进一步发展，产品数据 Steward 的团队也出现了进一步的分工。考虑到分级设置的 Steward 有很多职能在不同业务上是重复的（比如，产品数据的基础标准、规则对所有业务都通用，IT 系统也是统一管理的，产品数据管理能力建设也只要有一个公共组织统一负责就可以），因此，可以在产业Steward 的大部门将这些负责公共的标准、规则、流程，以及产品数据能力建设、IT 应用的人员分离出来，称为能力中心（center of expertise，COE）。而留在各业务，负责各业务的配置管理、BOM 结构设计、配置算法开发的人员则称为业务合作伙伴（business partner，BP）。

除此之外，产品数据管理还有很多事务性的工作，如数据录入与提取、IT之间集成数据的异常处理、IT 的业务数据设置、群组与权限的设置，以及手工单据处理、纸件文档的归档受控、数据发放之类的文控工作等，这些工作要求的技能不高，也不需要分业务处理，此时可以设置一个共享服务中心（shared service center，SSC），负责及时响应各方面的要求，高效处理日常事务。SSC有点类似客服的坐席，或政府、银行等服务机构的窗口，谁有时间就响应新请求。

COE、BP 与 SSC 3 个角色与产品数据 Owner 构成"三位一体"的稳固结构，如图 9-4 所示。

图 9-4   产品数据管理"三位一体"的组织角色与职责

这种结构参考了 IBM 的实践，很多年都非常有效。但需要特别注意，要想做好产品数据管理，人员的素质也很重要。首先，Owner 必须有产品数据管理的意识，关注、重视产品数据管理。其次，Steward 要对问题很敏感，能从专业的角度发现产品数据管理的问题，并与 Owner 之间有良好的互动关系；最后 Owner 对产品数据的认知也会由于 Steward 的不断汇报、求助而加强，反过来对产品数据管理进行有力的支持，或者对产品数据管理提出更高的要求。这种互动关系会使产品数据管理与业务不会做成两张皮。产品数据管理牢牢地紧扣"产品"这个业务，在产品的生命周期管理中深入渗透进去。

两个角色都应该明确自己的角色认知：Owner 不是专业人员，那么专业人员就帮着 Owner 去管理好产品数据，但有问题要向 Owner 汇报、求助；Owner 也要尊重专业人员的专业意见，知道怎么样从业务管理的高度去帮助产品数据管理。

基于这样的结构，可以在产品数据管理的认证资格和认证标准中固化不同角色的经验、技能与知识要求，形成对专业队伍组织能力与个人能力的强力牵引。

产品数据管理是全员的事情。在华为，几乎所有的部门都在创建产品数据或者在消费产品数据。产品数据管理最重要的一点是"供需双方"必须基于相同的信息架构、相同的 IT 创建或使用数据。产品数据一旦入库，就强制要求下游环节使用。而创建者要按照标准、规则形成下游可用的有效数据，符合产品数据准确性、及时性、完整性、一致性、唯一性、有效性的质量要求。供需双方基于相同的"游戏规则",按照契约化的规则约束双方的行为,产品数据管理才是有效的。图 9-5 表达了产品数据管理各方的互动关系。

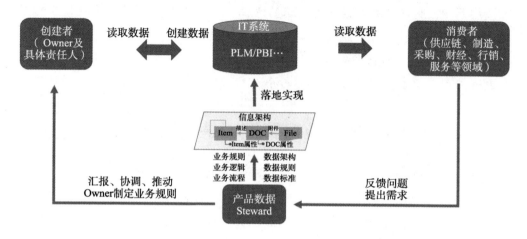

图 9-5　产品数据管理各相关角色的关系

某新能源企业关于产品与配置的信息源有 3 个,由 3 个部门各自维护,数据相互矛盾,下游无法共享使用,导致财务统计非常混乱,没有一致准确的产品维度的财务数据。而且销售管理等部门需要人工维护很多 Excel 表,人工进行不同数据源之间的产品、配置关系的对应。进一步分析发现,该企业没有一个责任组织负责信息架构设计,对于"产品"、BOM、配置等信息概念是混淆的,没有梳理清楚相互的区别,也没有明确产生这些信息的流程、Owner,要使用这些信息的部门也无力推动前端按照使用的要求输出数据,就凭自己的理解"自创"数据。

下游部门"自创"数据是非常普遍的现象,说明其将产品数据管理基本理念理解错了,也说明缺乏一个对信息架构负责的专业团队——产品数据 Steward,组织的缺失导致产品数据的增查改删(create-read-update-delete,CRUD)的关系混乱,大家都不相信系统里面的数据。更有甚者,下游部门如果比较强势,就会"自立山头",自己上线 IT 系统,与前端彻底割裂,这样一来产品数据也就失去了其意义,整个企业就乱了。

所以说,产品数据管理是包括创建者、使用者和产品数据管理专业团队共同的责任。全民皆兵，企业各业务部门共同努力才能把产品数据做好，当然，全民皆兵不是打乱战，而是建立三位一体的组织，明确各自责任，确定这种问题反馈、受理、闭环的机制，就能有序地、持续地改进产品数据的质量。

启示 8：明确产品数据管理组织的定位，有利于产品数据管理对业务的深入、有效的支撑；明确产品数据管理 Owner 与 Steward 的关系，有利于双方的互动，将产品数据与业务做成"一张皮"；三位一体的角色分工与职责定位，有利于牵引产品数据管理组织能力与个人能力的提升。

9.8　产品数据管理不是数据治理

某营收超过 500 亿元的新能源产品研制企业面临一些老大难的业务问题：合同签订后形成生产订单的周期过长、ERP 的 MRP 与市场计划脱节、产品变更节奏不受控等，导致合同履行周期长，缺料与呆死料同时存在，物料损失严重，交付流程效率低下。这家企业自己诊断为产品数据基础数据有问题，因此启动了产品数据治理项目，并聘请业界著名的管理咨询公司作为顾问进行数据治理方法论的指导。

然而，这个项目推行了两年多，却发现数据治理的方法论与该企业要解决的问题南辕北辙，在产品数据管理的基础能力上，如外购物料的生命周期管理、BOM 结构设计、配置器、EC 管理等方面数据治理方法论基本没有涉及，原来的问题照样存在。后来在实施 ISC 变革项目时，ISC 顾问提出只有启动产品数据管理改进项目才能解决这些问题。

该企业接受了顾问的建议，针对这些问题成立专题项目组，并聘请了产品数据管理的咨询老师给予辅导。经过一年多的努力，这些问题有了明显的改善。

数据治理是近 10 年内流行起来的一个新词，DAMA 在《DAMA 数据管理知识体系指南》（第二版）（DAMA-DMBOK2）中的 DAMA 车轮图给出数据治理与数据管理其他知识域的关系，如图 9-6 所示。

DAMA 车轮图定义了数据管理的整体框架，它将数据治理放在数据管理其他知识域的中心，因为数据治理是实现功能内部一致性和功能之间平衡所必需的。其他知识领域（数据架构、数据建模和设计、数据质量等）围绕车轮实现平衡，它们都是成熟数据管理功能的必要组成部分。

图 9-6　DAMA 车轮图——数据管理框架

按照 DAMA 给出的定义，数据治理（data governance）是对数据资产管理行使权力和控制的活动集合。数据治理是数据管理知识领域的一个域，相当于在财务管理系统中，将财务审计的职能从财务管理中分离出来，对财务管理进行"监管、审计"，但不负责"执行"。

按照此定义，数据治理是整个数据管理知识域中的一部分，只是将其放在中心位置而已。

然而，有些企业误解了"数据治理"的含义，认为数据治理是车轮图中的全部，可以取代数据管理。当然，现在业界确实很普遍地用"数据治理"取代 DAMA 车轮图所涵盖的整个数据管理框架。如果这只是一个术语或名称的不同，问题倒还不是很大，将整个车轮图称为广义的数据治理也可以。

问题在于很多企业不理解数据治理的真正含义，也不理解产品数据管理的真正含义，认为可以跳过产品数据管理，直接做好"数据治理"就可以。

这其实是避重就轻，对于一个企业的产品数据管理而言，推动业务部门达成共识，形成业务规则始终是最难的，因为这些工作不是 IT 部门、流程管理部门可以独立完成的，凝聚共识的过程其实是业务变革。但相对而言，对他人进行监管、审计相当容易一些，所以，数据治理很容易导向企业在进行产品数据管理相关改进时，不去做数据管理最难的部分，而是企图通过加强 IT 方面的努力，或者仅仅通过建立数据质量管理的指标、考核机制，对业务数据进行监管，绕过业务规则建立等难点。如果这样做，产品数据管理的执行的管理体系都没有建立起来，就要进行监管、审计，岂不是本末倒置？

产品数据管理是产品数据的 Owner 和 Steward 共同努力才能做好的，两个角色都很重要。如果非得说哪个更重要，那还是产品数据 Owner 更重要。产品数据 Owner 是产业总裁、产品线总裁、PDT 经理等商业领袖，产品数据的创建者则是研发人员、PDT 中的各个业务代表、工程师，他们是产品数据管理的主体。

数据治理的责任主体则是产品数据的 Steward、IT 开发人员等专业人员，他们不负责直接的数据创建职责，也不负责业务规则的建立。但作为专业人员，产品数据 Steward 要推动业务部门制定业务规则，统一业务沟通的语言，并落地到 IT 系统及产品数据管理的运营中。

产品数据管理是从业务对象、业务规则的数字化开始的，将业务规则、业务对象用标准的产品数据语言呈现出来。比如，将元器件 Part 化，将设计文件 BOM 化，统一产品、Offering 的术语、分类，将产品的配置原则算法化，等等，都是在做这件事情。而且这件事是产品数据管理中最难的，因为需要通过梳理业务流程、业务规则、识别业务对象并与业务主管、专家达成共识，形成统一的标准。

而数据治理很容易让人理解为直接跳过这些工作，直奔数据而去，直接对数据进行"治理"就可以。这样的话，数据治理就会变为空中楼阁，没有业务的数字化，谈何治理呢？

比如，对于企业用什么业务对象打通从销售到交付流程这样的共识都没有形成，对于什么是产品也没有标准术语与业务规则，却开始谈监管、审计，那么到底是监管什么、审计什么呢？

DAMA-DMBOK2 对数据管理的 11 个知识域所涉及的 IT 系统的实施路线建议分 4 个阶段。

第一阶段：数据建模和设计、数据安全、数据存储和操作、数据集成和互操作。

第二阶段：数据架构、数据质量、元数据。

第三阶段：数据治理、数据仓库和商务智能、参考数据和主数据、文件和内容管理。

第四阶段：属于高级实践，数据挖掘和大数据分析。

可见，对于数据管理，各组织应该根据自身的发展状况，循序渐进，不能跨越式发展。数据治理要等到企业在基础的数据库、大型应用系统（如PDM、ERP 等）开始实施，对其中的数据质量有要求的时候，再开始建设才能有成效。

为了进一步说明产品数据管理与数据治理的区别与联系，用一个产品数据中的"产品"为例子，说明"产品"这个基础的产品数据是如何管理起来，并如何能支撑到企业的业务可视化与业务决策的。

如表 9-1 所示，表格从下往上，像盖房子一样，一层一层往上盖，不能跳跃。

表 9-1　"产品"从产品数据管理到数据治理的全过程

步骤(从下往上)	步骤名称	内容	责任人	解决的问题	产品数据管理还是数据治理
八	数据分析	根据相关主题分析、决策与预测	业务端的数据消费者	举例："产品"在沙漠地区的故障率高的根因？根因消除后故障率下降的趋势	数据治理
七	数据汇聚与连接	"产品"相关的数据通过主题连接	IT 部门、数据管理专业组织	举例："产品"全球站点数据；"产品"的故障数据；"产品"的发货数据	数据治理
六	数据质量（DQ）管理	"产品"的数据准确可用，满足各方使用的要求。建立度量监控指标	产品数据管理部	"产品"数据的质量标准是什么，满足程度如何	产品数据管理和数据治理
五	IT 实施	将"产品"数据的管理需求落地在 IT 系统中，确保"产品"有唯一数据源	IT 部门	IT 系统如何实现"产品"数据的 CRUD	产品数据管理和数据治理
四	建数据模型	建立概念数据模型、逻辑数据模型和物理数据模型	产品数据管理部、IT 部门	"产品"相关的实体、属性及其关系？如何落地在 IT	产品数据管理和数据治理

步骤(从下往上)	步骤名称	内容	责任人	解决的问题	产品数据管理还是数据治理
三	建数据规则	产品编码规则、申请流程、业务对象与属性数据标准、数据字典、责任矩阵	产品数据管理部	关于"产品",企业有哪些术语需要统一,产品编码怎么分配	产品数据管理和数据治理
二	建业务规则	产品定义与分类规则;产品命名规则;Release命名及升级规则	产品规划部、IRB	怎么算是一个"新产品",怎么算是一个"新版本",如何分类	产品数据管理
一	梳理业务	梳理"产品"业务对象的产生及应用流程和业务场景,识别问题	产品数据管理部牵头,相关业务部门及IT部门参与	谁定义"产品",谁使用"产品"名称	产品数据管理

这 8 个步骤中,步骤一和步骤二是数据治理基本不会涉及的,因为业务梳理与业务规则建立过程非常艰难。从本书前面章节的故事可以看出业务达成共识、建立规则的过程需要公司高层、业务骨干的共同努力,需要大量变革项目的实施才能成功。因此,在数据治理过程中,很容易被"绕着走",看起来数据治理做得很成功,其实根基不稳,最后还是服务不了业务。

前述案例曾经提到某企业的关于"物料"和 Part 无法达成共识,最后是业务与 IT 各自表述。说的就是步骤一和步骤二没有做好,然后就直接进入到后续步骤。这个企业的数据治理最后的效果可想而知。

华为的数据治理引入是在 2006 年,那时候产品数据管理已经有了坚实的基础,所以产品域的数据治理相对比较好。而对于全公司的所有领域而言,产品域是最基础、最关键的,数据治理也就因为有这个基础而走得比较顺利。

2006 年,华为引入了 IBM 的数据管理方法论,这套方法论的整体框架与DAMA 基本相同。当时,IBM 定义了信息管理成熟度模型,将其分为 5 个等级。前面两个等级是满足信息对业务过程的支撑、对业务管理的支撑、在产品领域,那就是华为花了 20 多年建立起的产品数据管理体系。

从第三个等级开始,数据成为企业的战略资产。此时,企业将主数据、交易数据、元数据等各类数据作为企业的战略资产进行管理,引入数据的上下文环境,数据变成有意义的信息,各类数据会被注册,进入数据湖,并引入数据主线，对不同领域的数据进行连接，支撑企业各个维度的商务智能（business intelligence，BI）和智能运行中心（intelligent operations center，IOC）。

从 2007 年开始，华为设立数据管理专业组织，建立数据管理框架，发布数据管理政策，任命数据 Owner，通过统一信息架构与标准、唯一可信的数据源、有效的数据质量（data quality，DQ）改进机制，实现了数据质量满足业务运作需要的目标，打通了 E2E 流程，提升了业务运作效率。

从 2017 年开始，华为建设了数据底座，将包括产品数据在内的主数据、交易数据、元数据等数据资产从不同的数据源中按照入湖标准归入数据湖中，并实现了跨领域的数据汇聚、连接，按照不同主题向华为全球数据消费者提供数据服务。

到了这一步，作为一家非数字原生型企业，华为实现了从"数据用于支撑产品"到"数据本身就是产品"的转型与升级。而这个时候，就可以全面应用数据治理的方法论对数据进一步治理，提升数据本身的价值，向着数字化、智能化的方向跨出一大步。

华为的主营业务就是产品，产品数据管理有 20 多年发展的积累，整个数据治理的数据底座就有非常坚实的基础。

综上所述，可以将产品数据管理与数据治理进行对比，如表 9-2 所示。

表 9-2　产品数据管理与数据治理对比

	产品数据管理	数据治理
对象	产品主题域的主数据、参考数据	各领域的主数据、交易数据、参考数据、元数据、观测数据、报告数据
范围	产品全生命周期	各领域数据、外部数据
目标	将产品的过程数字化，打通产品的 E2E 流程的信息，支撑产品的卓越运营	对数据资产进行进一步的开发、汇聚、联接、分析，实现业务的可视化，提升数据本身的价值
责任主体	产品数据 Owner、产品数据 Steward 共同负责，但产品数据 Owner 责任更重	数据 Steward、IT 人员等角色为主
主要的 IT 系统	PDM/PLM	主数据管理（master data management，MDM）、数据湖、Digital Thread 等
适用企业类型	以产品为主业的非数字原生企业	数字原生企业（互联网、金融、保险等行业）最适合；非数字原生企业在数据管理高级阶段适用

续表

	产品数据管理	数据治理
理念成熟时间	20 世纪 90 年代	21 世纪最初十年
广度	业务对象广度小	业务对象广度大
深度	业务深，IT 浅	业务浅，IT 深
挑战性来源	业务的复杂性，如产品本身的复杂性与业务流程的复杂性	海量数据处理的 IT 能力和技术
对其他领域的依赖性	较小	较大。要拉通除产品域以外的其他领域数据，甚至外部数据（供应商、合作伙伴、公共信息）才有意义，单独一个领域独立开展数据治理意义不大

启示 9：企业不要用数据治理取代产品数据管理，两者有本质的区别。企业高管要正确认识产品数据管理的本质，只有做好产品数据管理，数据治理才有基础。

9.9　产品数据管理是数字化转型的基础

2023 年 2 月 28 日，华为举行"突破乌江天险，实现战略突围——产品研发工具阶段总结与表彰会"。任正非为实现国产替代的产品研发工具团队颁奖，被表彰的有 PDM 等多个研发工具团队。

2023 年 4 月 20 日，华为举办了"英雄强渡大渡河"MetaERP 表彰大会，宣布实现自主可控的国产 MetaERP 研发，完成对旧 ERP 系统的替换。

这两次表彰大会，宣布华为在研发工具与 ERP 系统上突破了美国封锁，实现了国产替代。此时距离 1997 年甲骨文公司（Oracle）的 ERP 上线已经 26 年，距离 2002 年 Windchill PDM 上线已经 21 年。从任正非要求的"软件包驱动的业务变革"，削足适履穿"美国鞋"，到现在将业务变革成果固化到国产软件包中，联合国内合作伙伴造"中国鞋"，20 多年历史轮回，似乎回到原点。

然而，回顾华为当年实施这些美国软件包的痛苦、业务变革的艰辛，华为亦步亦趋跟着美国的软件包学习，通过 20 多年的努力，实现了业务转型的成功，对研发流程、供应链流程进行了脱胎换骨的改造，其骨子里用业界固化到软件包中的管理理念，深刻地改造了华为的高管及广大员工，并将其融入各个工程师、工人以及供应商、EMS 厂商日常作业的方方面面。

就 ERP 而言，与之相关的业务变革就有 ISC、全球供应链（global supply chain，GSC）、主动智能供应链（ISC+）和 IFS 等业务变革，以及海外 ERP 的全面推行、全球供应网络（5 个供应中心、3 个区域物流中心、5 个全球采购中心）布局等重大的业务优化。

在此基础上，华为联合国内工业软件厂商，对美国软件包进行重构，开发出自主可控的国产软件包。因此，这个历史轮回其实是一个螺旋式的上升，从"美国鞋"到"中国鞋"，不是简单的 IT、软件包的开发实现，而是对华为 20 年变革成果的二次固化。

因此，这个过程是这样发生的。

步骤一：购买美国软件包。

步骤二：按照美国软件包中包含的先进的管理理念，改造、重构华为的业务流程。

步骤三：将重构后的业务流程用国产软件重新实现。

步骤三是被迫发生的，如果没有美国对中国企业的无理打压与技术封锁，如果美国软件包可以继续使用，华为不会走到这一步。"拿来主义"，开放地吸收国内外先进的技术成果是华为一贯的策略。尤其是产品的开发、制造使用的各种工具、IT 系统，过去基本是美国公司提供的，利用美国提供的"锄头"多产粮食以及增加土地肥力，这也是华为多年来聚焦主业、高速发展的因素之一。而现在，因为美国的技术封锁，华为不得不自己开始"造锄头"。

当然，美国的软件包也存在问题，尤其像 ERP，多年来技术架构已经比较老旧，与其他 IT 系统之间的集成不好，人机界面也不够友好，与现代化的工业软件面向业务场景的服务化、云化的架构相比已经在技术上比较落后。

举例来说，PDM 中管理的 BOM 结构发布到 ERP 中时，由于两个 IT 系统之间的数据模型有差异，总是存在磕磕碰碰，集成的数据经常出错，尤其是有 EC 的时候更加明显。BOM 从 PDM 发布到 ERP 时，其实是把 BOM 数据复制一份到异构系统，然后靠业务管理或额外增加软件功能保证两边的一致性。

而现在既然要重构这两个 IT 系统，就有可能将双方都使用的 BOM 数据管理统一到一个公共平台中，实现 BOM 的完全同源。

所以，第三步不是简单地复制美国的软件包，而是用最新的软件技术重构软件包，甚至对软件包的业务定位与业务边界都重新界定。

继续学习美国软件包的先进理念，去除其落后的、不合理的技术架构，使重构后的工业软件基于服务化、云化的技术，极大地改善了易用性、性能和需求的响应速度，这是本次被动国产替代带来的积极意义。

这次国产替代的两个 IT 系统，PDM 与 ERP 都与产品数据密切相关，一个是产品数据的数据源，另一个是应用 Part、BOM 等数据实现供应链流程的集成打通。产品数据管理有 20 多年的积累，有比较清晰的数据架构和业务部门可以接受的数据质量，在本次国产替代中，这些都是基础的、有利的因素。

那么，产品数据管理与数字化、数字化转型是什么关系？

首先，产品数据是最大的产品数字化。

所谓数字化，是指对象数字化、过程数字化和规则数字化。而产品数据是对产品研发成果的记录，是产品研发共享和重用、提升产品质量与效率的基础数据，是计划、采购、制造、发货、工程安装的主数据，也是打通产品交易流程的关键信息。因此，产品数据其实就是将"产品"的相关对象用数字化的方式呈现，并在 IT 系统中创建、变更和应用，并对"产品"的研发、生产、销售、管理的所有业务过程在 IT 系统中的打通、衔接进行有效支撑。当然，产品数据也有业务规则的数字化，如"产品"的定义规则、命名规则、升级规则，产品配置的规则等。

产品数字化过程如图 9-7 所示。

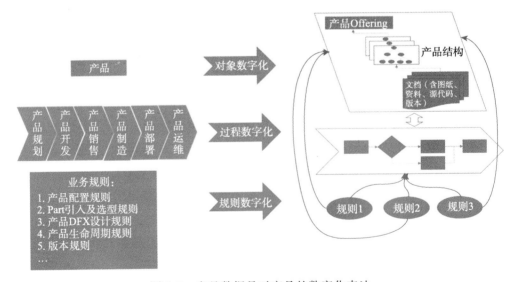

图 9-7　产品数据是对产品的数字化表达

这个数字化过程其实在 20 多年前就发生了，只不过当时还没有"数字化"这个词汇。IT 化、信息化是当时的提法，现在业界还在为数字化转型、数字孪生等新名词争论不休的时候，华为其实已经在产品的数字化这条路上悄悄地走了 20 多年。

很多企业现在连 ERP 中最基本的 MRP 功能都没有用起来，MRP 还是在 ERP 体外用 Excel 表格处理，MRP 与库存模块、采购模块无法集成，却号称自己已经实现了数字化转型，这是没有理解数字化的内涵与实质。

其次，产品数据管理是产品数字化转型的基础。

数字化转型不只是将数据从纸件形式或文档形式搬迁到 IT 系统中那么简单。其重点不是"数字化"，而是"转型"。

1998 年华为就在 IBM 帮助下制定了 IT 战略规划，这是华为最早的数字化转型的战略规划。按此规划，研发过程的数字化就是后来上线的 PDM 系统，这是等 IPD 流程有一定基础后才成功实施的。制造过程数字化就是 ERP。产品数据管理就是将"产品"这个业务对象数字化，是两个数字化的基础，产品数据管理使能研发和制造的数字化转型。

转型首先是业务的改造，华为的业务变革搞了 20 多年，业务的主干流程已基本打通。例如，交易流程实现产品配置的打通，这就在交易数字化上有很好的基础。然后是将 IT 的最新技术用于优化这些业务流程，在主干流程基础上，围绕角色、场景重整作业流，用服务化灵活编排复杂的业务场景，使 IT 适应业务多变、灵活的能力更强，使客户获得 ROADS（实时、按需、全在线、自助、社交化的英文缩写）体验。这就是数字化转型的业务与技术"双轮驱动"。

数字化转型的三大目标：效率提升、体验提升和模式创新。

其中产品数据或产品的数字化主要支撑了效率提升。以此为基础进行技术驱动的作业优化的转型，就可以向体验提升，甚至模式创新转变。

举例来说，华为站点勘测业务过去主要靠服务工程师跑现场，人工勘察、记录站点的几何、位置、网元信息。这当然需要产品数据先管理好产品名称、软硬件版本、Part 编码、BOM 等信息。华为数以千万计的站点由于分布广泛，地处野外或居民楼，路途远耗时长，进站还涉及业主、物业、客户等各方协调，勘测成本非常高。现在技术发展了，可以通过 AI 自动识别、360 度全景拍照和光学字符识别（optical character recognition，OCR）技术替代人力完成站点数据的远程采集。这不仅改善了作业人员和客户的体验，而且因为作业模式改变，商业模式也会发生改变。例如，远程工勘服务业务的推出创造了新的商业机会。

数字化转型需要数据底座支撑，使不同领域的数据消除信息孤岛，对各层级的数据进行汇聚、连接，从而达到数据的在线、共享与智能。

数据底座需要有数据治理，而在产品领域，产品数据管理是数据治理的必经之路，因此，产品数据管理也是数字化转型的基础。

数据底座的数据源于各个数据源系统。例如，产品基础数据来源于 PDM、ALM 等系统，产品的交易数据源于配置器、ERP 等系统，产品的站点数据源于站点管理系统，而其他的客户数据、供应商数据、合作伙伴数据、HR 数据等也是源于各自的数据源。相较于数据湖中的海量数据，产品数据只是其中小部分。靠传统的产品数据管理方法与 IT 工具，确实不足以管理好这么复杂的数据，需要全面实施数据治理。

启示 10：产品数据就是对产品的数字化，产品数据管理是数字化转型的基础。数字化转型是势不可挡的浪潮，但企业如果连最基础的产品数据管理都没有做好，那还是应该静下心补这堂课。

后 记

在华为 30 多年波澜壮阔、风云激荡的传奇式的发展历史中，产品数据就像是一朵小小浪花，有时被抛上巨浪的巅峰，又重重落入海中；有时被浪潮裹挟冲击坚硬的礁石，最后粉身碎骨；有时在黑漆漆的海面上，面对无边无际的黑暗惊疑不定，无所适从；更多的时候则在风平浪静中与大海一起浅吟低唱，被遗忘在浩瀚无边的大海中。

然而，几乎华为历史上所有的业务变革，都会将产品数据卷入其中，产品数据见证了华为的业务变革历程，在这个独特的位置上，窥一斑而知全豹。对产品数据发展历程的回顾，其实也是从这个独特的视角对华为业务管理优化过程的全面回顾。

写华为的书很多，但迄今为止还没有一本专门写华为产品数据的书。笔者从事华为产品数据管理 20 多年，离开华为后一直有一个心愿，希望能把这段历史进行系统的梳理总结，也算是报答华为 20 多年来给予的成长与发展的机会。

然而，笔者又很纠结，不知道该怎么写这么一个大多数人不熟悉的专题。写得太深或过于专业，大多数读者会因为本书太难理解而失去继续读下去的兴趣；而且，过于具体地写产品数据管理的细节，也担心涉及华为的内部管理机密。写得太浅，又可能什么都没有了。产品数据有这样的特点，魔鬼隐藏在细节中，差之毫厘，谬以千里，笔者还是希望能让读者读完本书后有所收益。

就这样纠结了多年，直到笔者接触其他企业的产品数据管理时，突然想明白了这个问题：现在中国业界产品数据管理不是欠缺具体的规则、流程与标准，而是不知道为什么需要这些规则、流程与标准，以及基于什么原则来制定规则、流程与标准。这个问题不解决，再详细、完整的规则、流程与标准都无法实施。而这个问题的原因在于企业的管理层对产品数据管理没有认知、不重视，企业的业务流程上的各角色对产品数据管理存在很多的误解。

所以，本书没有写华为产品数据管理具体的规则、流程与标准，而是重点写华为对产品数据管理基本理念、原理的理解过程。对比国内现在很多企业在这方面理解普遍有偏差的现状，华为也走过对产品数据管理普遍理论的困惑、误解、纠偏、落地的曲折道路。只不过由于华为业务复杂、变化快、业务体量大，这条路更加艰难。如同其他的管理改进，华为就像是中国工业界的先锋，帮着其他企业提前蹚通了产品数据管理的雷区，并把千千万万中国企业管理实践的探索集于一身。大多数正在从事产品数据管理变革的企业，多少都能从华为产品数据管理发展历史中看到自己的影子。

泰山不拒细壤，故能成其高；江海不择细流，故能就其深。世界上任何伟大的事业，都是由点点滴滴的小事累积起来的。中国企业不缺雄才伟略的战略家，缺的是能将伟大目标解构成一块一块可以落地实施的模块的系统架构师，以及能将管理改进落地到日常操作的实干家。

产品数据的价值在于衔接各业务流程、各作业环节，使产品全生命周期的管理有效率，从而获得产品内在的竞争优势。企业的最高管理者应该理解这个基本原理并要求其供应链、销售、研发的高管在产品数据管理上协同起来。一个领域是无法独立解决产品数据管理的问题的。

高管的觉醒，是产品数据管理能否获得发展的关键。

但产品数据管理毕竟不是高管们的专职、专业的工作，需要有一支专业团队，帮助高管们负责日常的产品数据管理。这个专业团队是"明白人"，他们能把问题分析清楚，并能从产品数据管理的角度向高管提出改进建议，高管则给予指导和支持，签发管理要求，授权专业团队对产品数据管理工作进行度量、监督、奖惩。

专业的产品数据管理团队，是持续将产品数据管理往前推进的关键。他们在完成产品数据管理日常工作的同时，应该不断影响企业高管，获得他们的持续关注与支持。

因此，讲华为产品数据的故事，是要说清楚产品数据为什么要做、做不好会影响到什么业务、为什么会影响、做好了会产生什么价值，这比直接告诉读者华为的产品数据管理策略、规则、流程与标准更有意义。不同的企业，业务模式、业务假设会差别很大，理解了这些原理、理解了华为产品数据管理的历史过程，企业可以设计自己的管理体系，而不是照搬照抄别人。

很多人在问，华为的成功是否有捷径和诀窍？

非常遗憾，没有捷径。华为反而走过很多的弯路，有过很多失败的尝试。这些案例在本书中比比皆是。如果华为曾经踩过的雷、掉过的坑能给其他企业一些启示，那么也算是华为给业界的一大贡献。

华为的成功也没有诀窍，华为产品数据管理所遵循的都是业界早就已经有的原理和方法论，这些东西都是开放的，根本没有秘密可言。

但为什么华为拿到这些原理和方法论，不断地探索和实践，就能"炼"成，而很多企业一直苦苦寻找捷径与诀窍却毫无建树？答案都在本书中。